Der Schutz von geographischen Angaben
und Ursprungsbezeichnungen für Agrarerzeugnisse
und Lebensmittel in der Europäischen Gemeinschaft
nach der Verordnung 2081/92

Europäische Hochschulschriften

Publications Universitaires Européennes
European University Studies

Reihe II
Rechtswissenschaft

Série II Series II
Droit
Law

Bd./Vol. 3164

PETER LANG
Frankfurt am Main · Berlin · Bern · Bruxelles · New York · Oxford · Wien

Christina Mikorey

Der Schutz von geographischen Angaben und Ursprungsbezeichnungen für Agrarerzeugnisse und Lebensmittel in der Europäischen Gemeinschaft nach der Verordnung 2081/92

PETER LANG
Europäischer Verlag der Wissenschaften

Die Deutsche Bibliothek - CIP-Einheitsaufnahme

Mikorey, Christina:

Der Schutz von geographischen Angaben und Ursprungsbezeichnungen für Agrarerzeugnisse und Lebensmittel in der Europäischen Gemeinschaft nach der Verordnung 2081/92 / Christina Mikorey. - Frankfurt am Main ; Berlin ; Bern ; Bruxelles ; New York ; Oxford ; Wien : Lang, 2001
(Europäische Hochschulschriften : Reihe 2, Rechtswissenschaft ; Bd. 3164)
Zugl.: Mannheim, Univ., Diss., 2000
ISBN 3-631-37594-8

D 180
ISSN 0531-7312
ISBN 3-631-37594-8

www.peterlang.de

Vorwort

Die vorliegende Dissertation wäre ohne die Unterstützung, die ich von vielen Seiten erfahren durfte, nicht möglich gewesen. Dafür an dieser Stelle Dank sagen zu können, ist mir eine besondere Freude.

Danken möchte ich Herrn Prof. Dr. Rolf Sack, der mir zur dieser Arbeit den Anstoß gegeben hat, mir während meiner Tätigkeit am Lehrstuhl den notwendigen Freiraum zur Erstellung dieser Arbeit gab und mich stets gefördert hat.

Dank schulde ich auch Herrn Prof. Dr. Pirmin Spieß für die prompte Erstattung des Zweitgutachtens.

Meinem Freund Alexander Gommlich möchte ich für die stete und unermüdliche Diskussionsbereitschaft, insbesondere aber für seine immer vorhandene, liebevolle Unterstützung herzlichst danken.

Für die Durchsicht der Arbeit bedanke ich mich bei meinen Freundinnen Esther Roos und Susanne Stieglitz, die trotz umfangreicher anderer Verpflichtungen dafür noch Zeit fanden.

Danken möchte ich schließlich meinen Eltern. Ihnen und allen anderen, die mir auf dem Weg zur Fertigstellung dieser Arbeit geholfen haben, widme ich diese Arbeit.

Die vorliegende Arbeit wurde im September 2000 abgeschlossen und von der Fakultät für Rechtswissenschaft der Universität Mannheim im Wintersemester 2000/2001 als Dissertation angenommen. Rechtsprechung und Literatur sind bis einschließlich September 2000 berücksichtigt.

Mannheim, im Dezember 2000 *Christina Mikorey*

Inhaltsverzeichnis

Kapitel 1: Einleitung

Am 14. Juli 1992 hat der Rat der Europäischen Gemeinschaften die „Verordnung (EWG) Nr. 2081/92 zum Schutz von geographischen Angaben und Ursprungsbezeichnungen für Agrarerzeugnisse und Lebensmittel“ verabschiedet. Mit dieser Verordnung beabsichtigte der Rat, das Recht der Bezeichnungen, die auf die Herkunft des mit ihnen gekennzeichneten Erzeugnisses Bezug nehmen, für den Bereich der Agrarerzeugnisse und Lebensmittel europaweit zu harmonisieren.

Die Verordnung ist nunmehr seit etwa sieben Jahren in Kraft und mehrere hundert geographische Bezeichnungen sind nach Maßgabe der Verordnung registriert worden. Dennoch bleibt ihr materieller Inhalt mehr als unscharf, obwohl sie in allen Mitgliedstaaten unmittelbar geltendes Recht ist. Viele Mitgliedstaaten betrachten die Verordnung als Fremdkörper in ihrem Rechtssystem und behandeln sie weitgehend stiefmütterlich. Dies ist auf den teilweise unklaren Wortlaut der Verordnung und nicht zuletzt auf die Handhabung der Verordnung durch die Kommission zurückzuführen.

Dennoch bietet die Verordnung ein wirksames Instrument zur Verbesserung des Schutzes geographischer Angaben und Ursprungsbezeichnungen in Europa. Daher will diese Arbeit einen Beitrag zum Verständnis der Verordnung leisten. Dazu wird zunächst ein Überblick über die Entstehungsgeschichte gegeben. Dann wird der Geltungsbereich der Verordnung gegenüber dem Recht der Mitgliedstaaten und insbesondere dem deutschen Recht abgegrenzt und schließlich eine abschnittweise Kommentierung der Verordnung vorgenommen werden.

Kapitel 2: Terminologische Unterschiede und Gemeinsamkeiten zwischen EG-Verordnung und nationalem Recht

A. Ursprungsbezeichnungen, geographische Angaben, einfache und qualifizierte geographische Herkunftsangaben

Im deutschen Recht ist man eine bestimmte Terminologie im Bereich geographischer Herkunftsangaben gewöhnt. Es wird unterschieden zwischen einfachen und qualifizierten geographischen Herkunftsangaben.

Unter einer „*einfachen geographischen Herkunftsangabe*“, wird eine Angabe, deren Aussagegehalt sich in dem Hinweis auf die geographische Herkunft des damit gekennzeichneten Erzeugnisses erschöpft, verstanden. Eine einfache geographische Herkunftsangabe wäre etwa die Bezeichnung „Schwetzinger Äpfel“.

Dagegen ist die „*qualifizierte geographische Herkunftsangabe*“ eine Angabe, die sich, über den Hinweis auf die geographische Herkunft hinaus, in den Augen der Verbraucher außerdem auf bestimmte Eigenschaften oder die Qualität des Erzeugnisses bezieht. Der Verbraucher verbindet mit dem Erzeugnis die Assoziation einer besonderen Güte aufgrund seiner Herkunft. Ein Beispiel für eine qualifizierte geographische Herkunftsangabe wäre z. B. „Schwetzinger Spargel“.

Sowohl die einfache als auch die qualifizierte geographische Herkunftsangabe werden nicht nur zur Bezeichnung von Agrarerzeugnissen und Lebensmittel, sondern auch von industriellen Erzeugnissen verwendet.

Diese Terminologie wird *neben* der Verordnung, z. B. in § 126 ff. des deutschen Markengesetzes, auch weiterhin noch verwendet. Sie ist jedoch *nicht* die Terminologie der Verordnung.

Die Verordnung 2081/92 kennt *ausschließlich* „Ursprungsbezeichnungen“ und „geographische Angaben“[1]. Eine Definition dieser beiden Begriffe wird in Art. 2 Abs. 2 der Verordnung vorgenommen[2].

Im Sinne von Art. 2 Abs. 2 a) der Verordnung bedeutet „*Ursprungsbezeichnung*“ der Name einer Gegend, eines bestimmten Ortes oder in Ausnahmefällen eines Landes, der zur Bezeichnung eines Agrarerzeugnisses oder eines Lebensmittels dient, das aus dieser Gegend, diesem bestimmten Ort oder diesem Land

---

1 Soweit in dieser Arbeit von geschützten oder eingetragenen geographischen Bezeichnungen gesprochen wird, sind damit ausschließlich geschützte geographische Ursprungsbezeichnungen und geographische Angaben gemeint.

2 Siehe dazu ausführlich unten Kap. 5.

stammt und das seine Güte oder Eigenschaften überwiegend oder ausschließlich den geographischen Verhältnissen einschließlich der natürlichen und menschlichen Einflüsse verdankt und das in dem begrenzten geographischen Gebiet erzeugt, hergestellt und verarbeitet wurde.

Unter einer „*geographischen Angabe*" versteht die Verordnung in Art. 2 Abs. 2 b) den Namen einer Gegend, eines bestimmten Ortes oder in Ausnahmefällen eines Landes, der zur Bezeichnung eines Agrarerzeugnisses oder Lebensmittels dient, das aus dieser Gegend, diesem bestimmten Ort oder diesem Land stammt und bei dem sich eine bestimmte Qualität, das Ansehen oder eine andere Eigenschaft aus diesem geographischen Ursprung ergibt und das in dem begrenzten geographischen Gebiet erzeugt und/oder verarbeitet und/oder hergestellt wurde.

Der Begriff der geographischen Ursprungsangabe bzw. der „appellation d'origine contrôlée" wurde bereits vor Inkrafttreten der Verordnung (in der Übersetzung der jeweiligen Landessprache) in denjenigen EG-Mitgliedstaaten verwendet, die ein der Verordnung vergleichbares Schutzsystem kannten. Der Begriff der geographischen Angabe ist dagegen eine Neuschöpfung der Verordnung.

Kennzeichnend für die von der Verordnung benutzten Bezeichnungen ist es, daß sie für Erzeugnisse verwendet werden, denen ein durch die Definition festgelegter Zusammenhang mit dem Ursprung zu eigen ist. Dabei besteht der Zusammenhang bei der Ursprungsangabe darin, daß sich der Ursprung in den Eigenschaften des Erzeugnisses selbst niederschlagen muß. Dagegen kann bei der geographischen Angabe der Zusammenhang auch nur in den Augen der Verbraucher bestehen.

Die Begriffe der Verordnung haben im deutschen Recht *keine Entsprechung*, insbesondere kann die einfache geographische Herkunftsangabe nicht unter die Verordnung subsumiert werden. Eine Verwandtschaft läßt sich allenfalls zwischen der geographischen Angabe i. S. d. Verordnung und der qualifizierten geographischen Herkunftsangabe des deutschen Rechts feststellen. Denn sowohl für die Annahme einer geographischen Angabe i. S. d. EG-VO als auch für die einer qualifizierten Herkunftsangabe i. S. d. §§ 126 ff. MarkenG ist es erforderlich, daß die Verbraucher mit der Herkunft des Erzeugnisses eine bestimmte Qualität verbinden.

B. Die Unterscheidung zwischen unmittelbarem und mittelbarem Hinweis auf die geographische Herkunft

Aus dem nationalen Recht kennt man die Unterscheidung zwischen unmittelbaren und mittelbaren Angaben, die sich auf die geographische Herkunft beziehen.

Unter einem unmittelbaren Hinweis auf die geographische Herkunft, versteht man die ausdrückliche Nennung des Ortes, der Region oder des Landes, aus dem das Erzeugnis kommt, im Namen des Erzeugnisses. Eine unmittelbare Nennung der Herkunft enthalten z. B. „Schwarzwälder Schinken", „Lübecker Marzipan" etc.

Unter einem mittelbaren Hinweis wird jeder sonstige Hinweis verstanden, mit dem das Erzeugnis gekennzeichnet ist, und aus dem der Verkehr auf die Herkunft des Erzeugnisses schließt. Ein solcher Hinweis kann sowohl in einer bestimmten Form der Verpackung (etwa der Bocksbeutel) als auch in bestimmten Symbolen (der Eiffelturm oder die Baskenmütze) oder Farbkombinationen (wie etwa rot-weiß-grün für Ungarn oder Italien) bestehen.

Die Verordnung selbst benutzt keinen der beiden oben angesprochenen Begriffe.

Kapitel 3: Die Entstehungsgeschichte der Verordnung 2081/92

A. Das Vorfeld des ersten Entwurfs

Bis zum Inkrafttreten der VO 2081/92 war die Regelung des Schutzes von geographischen Herkunftsangaben für Agrarerzeugnisse und Lebensmittel in Europa uneinheitlich und im wesentlichen in zwei unterschiedliche Systeme getrennt[3]. In mehreren südeuropäischen Staaten (Frankreich, Italien, Spanien und Portugal) existierte ein System sog. kontrollierter Ursprungsbezeichnungen, der „appellations d'origine contrôlées"[4]. Die nördlichen Mitgliedstaaten schützten Angaben über die geographische Herkunft hingegen, indem sie die Irreführung über die geographische Herkunft eines Erzeugnisses allgemein verboten.

In Frankreich existierte ein besonders ausgereiftes System zum Schutz von Ursprungsbezeichnungen. Anhand des französischen Systems soll deshalb ein kurzer Überblick über den Schutz der „appellations d'origine" gegeben werden[5].

---

3 Vgl. dazu *Beier/Knaak*, GRUR Int. 1992, 411 ff. m. w. N. Allgemein zum Schutz geographischer Angaben in Europa *De Vlétian*, Industrial Property 1989, 318 ff.; *Dutoit*, in: Les indications de provenance et les appellations d' origine en droit comparé, Genf 1983, S. 117 ff.; *Jung*, Der Schutz von geographischen Herkunftsangaben im multi- und bilateralen europäischen Vertragsrecht sowie im EG-Recht, Bern 1988; *Sinanioti*, Der Schutz geographischer Herkunftsangaben und Ursprungsbezeichnungen, München 1987.

4 Ausführlich zum französischen System der „appellations d'origine" *Plaisant*, in: Les indications de provenance et les appellations d' origine en droit comparé, 1983, 68 ff.; *Reger*, Der internationale Schutz gegen unlauteren Wettbewerb und das TRIPs-Abkommen, Köln, 1999, S. 116 ff.; Ulmer/*Krasser*, Das Recht des unlauteren Wettbewerbs in den Mitgliedstaaten der EWG, Band IV: Frankreich, München, 1966, S. 365 ff. Zur italienischen „denomination d'origine" ausführlich *Sena*, in: Les indications de provenance et les appellations d' origine en droit comparé, S. 98 ff.; Ulmer/*Schricker*, Das Recht des unlauteren Wettbewerbs in den Mitgliedstaaten der EWG, Band V: Italien, München, 1965, S. 236 ff. Zum Schutz von Ursprungsbezeichnungen in Griechenland vgl. Ulmer/Beier/Schricker/*Alexandridou*, Das Recht des unlauteren Wettbewerbs in den Mitgliedstaaten der EWG, Band VII: Griechenland, München, 1993, S. 169 ff.

5 Vor Inkrafttreten der Verordnung war der Schutz von Ursprungsbezeichnungen im Gesetz vom 6.5.1919, geändert durch Änderungsgesetz vom 6.7.1966 geregelt. Heute ist der Schutz der appellations d'origine in den Artikeln L. 115-1 bis 115-26-4 Code de la consommation geregelt (die aktuelle Fassung des „Code de la consommation" ist unter www.legifrance.gouv.fr abrufbar).

Als Ursprungsbezeichnung schutzfähig waren nur solche geographischen Bezeichnungen, die Erzeugnisse kennzeichneten, die einen Zusammenhang mit den geographischen Verhältnissen am Ursprungsort aufwiesen. Für die Anerkennung einer geographischen Bezeichnung als Ursprungsbezeichnung war es notwendig, daß die Benutzungsbedingungen durch einen hoheitlichen Akt festgelegt wurden[6]. Nur ausgewählte und berühmte Erzeugnisse wurden zur Ursprungsbezeichnung erhoben. Dabei handelte es sich in der Regel um die „kulinarischen Nationalheiligtümer" dieser Länder. Berühmte Ursprungsbezeichnungen Frankreichs waren etwa „Roquefort"[7] oder das „Bresse-Huhn"[8]. Die bekanntesten italienischen Ursprungsbezeichnungen dürften der „Prosciutto di Parma"[9] und der „Parmiggiano Reggiano"[10] gewesen sein.

Die Ursprungsbezeichnungen in Frankreich waren umfangreich gegen jede widerrechtliche Benutzung einschließlich der Benutzung mit entlokalisierenden und anderen Zusätzen geschützt. Ihr Schutz war kennzeichenähnlich ausgestaltet. Insbesondere aber bestand der Schutz unabhängig vom Bestehen einer Täuschungsgefahr. Die Entwicklung einer anerkannten Ursprungsbezeichnung zur Gattungsbezeichnung war ausgeschlossen[11].

Im Übrigen bestand in allen europäischen Mitgliedstaaten, auch den Ländern, in denen ein Schutzsystem für Ursprungsbezeichnungen existiert, ein Schutz von Angaben über die geographische Herkunft nach Maßgabe des Verbots der Irreführung über die geographische Herkunft[12]. Die Interessen der ortsansässigen

---

6 Dieser hoheitliche Akt konnte entweder in einer gerichtlichen Entscheidung oder in einem Verwaltungsdekret liegen. Darin wurden die Bedingungen für die Benutzung durch Abgrenzung des Herkunftsgebietes und Festlegung bestimmter Qualitätserfordernisse im einzelnen festgelegt. In der Praxis hat sich die Festlegung der Benutzungsbedingungen durch Verwaltungsdekret durchgesetzt, vgl. *Streber*, Die Vereinbarkeit des Schutzes geographischer Herkunftsangaben, 1994, S. 18.

7 Gesetz vom 26.7.1925 zum Schutz der Ursprungsbezeichnung „Roquefort".

8 Gesetz vom 1.8.1957 zum Schutz der Ursprungsbezeichnung „Vollailles de Bresse".

9 Gesetz vom 5.7.1970, Nr. 506 über die Ursprungsbezeichnung „Prosciutto di Parma".

10 Gesetz vom 10.4.1954, Nr. 125 über verschiedene Ursprungsbezeichnungen für Käse.

11 *Reger*, Der internationale Schutz gegen unlauteren Wettbewerb und das TRIPs-Abkommen, 1999, S. 116 ff. m w. N.

12 *Beier/Knaak*, GRUR Int. 1992, 411 ff., 416. Zum Schutz geographischer Herkunftsangaben gegen Irreführung in den übrigen Mitgliedstaaten der EG vgl. *Bredow*, Recht der Werbung in Europa, Band 4 Spanien, Rn. 34 ff.; *Henning-Bodewig*, Recht der Werbung in Europa, Band 2, Belgien, Rn. 113 ff., 123 ff; *Kur*, Recht der Werbung in Europa, Band 3, Dänemark, Rn. 52 ff.; *Ulmer/Beier*, Unlauterer Wettbewerb in den Mitgliedstaaten der EWG, Band I, Vergleichende Darstellung, München, 1965, Nr. 231 ff.; Ulmer/*Schricker/Wunderlich*, Unlauterer Wettbewerb in den Mit-

Hersteller wurden daher nur insoweit geschützt, als das Publikum über die geographische Herkunft der Ware getäuscht wird. Man sprach deshalb von einem mittelbaren oder indirekten Schutz der geographischen Herkunftsangaben über das Irreführungsverbot. Maßgebend dafür, ob eine solche Täuschungsgefahr vorlag, war die Auffassung des Verkehrs, insbesondere der Verbraucher. Die Reichweite dieses Schutzes war somit davon abhängig, wie ernst die Gerichte die Gefahr der Irreführung der Verbraucher über die geographische Herkunft und den daraus folgenden indirekten Schutz der geographischen Angabe nahmen. Dementsprechend unterschiedlich gestaltete sich auch das Schutzniveau in den EG-Mitgliedstaaten[13].

Einige Mitgliedstaaten der EG hatten außerdem bilaterale Abkommen zum Schutz geographischer Angaben abgeschlossen[14]. Diese bilateralen Abkommen boten bestimmten ausgewählten, in den Anhängen zu den Verträgen einzeln aufgeführten geographischen Angaben einen umfassenden Schutz gegen die Benutzung durch Nichtberechtigte im jeweils anderen Vertragsstaat. Der Schutz erfolgte nach Maßgabe der in den Verträgen niedergelegten Bestimmungen.

Auf Ebene der EG existierten nur Regelungen zum Schutze von geographischen Bezeichnungen für Weine und Spirituosen. Die WeinVO[15] bietet geographischen Bezeichnungen für Wein einen umfassenden Irreführungs- und Verwechslungsschutz sowie einen Schutz vor der Verwendung mit Zusätzen und in

---

gliedstaaten der EWG, Band II/1 Belgien und Luxemburg, S. 447 ff., S. 750 ff., München 1967; Ulmer/*Baeumer*, Unlauterer Wettbewerb in den Mitgliedstaaten der EWG, Band II/2, Niederlande, München 1967, S. 266 ff; *Ulmer/v. Westerholt*, Unlauterer Wettbewerb, Band VI, Vereinigtes Königreich von Großbritannien und Nordirland, Rn. 418 ff.; Ulmer/Beier/Schricker/*Alexandridou*, Unlauterer Wettbewerb in den Mitgliedstaaten der EWG: Griechenland, Band VII, München, 1993, S. 169 ff.

13 Zu den Unterschieden vgl. ausführlich *Beier/Knaak*, GRUR Int. 1992, 411 ff., 416 ff m. w. N.; *Ulmer/Beier*, Unlauterer Wettbewerb in den Mitgliedstaaten der EWG, Band I, Vergleichende Darstellung, 1965, S. 166 f.

14 Ausführlich zum Schutzprinzip bilateraler Abkommen, *Jung*, Der Schutz von geographischen Herkunftsangaben im multi- und bilateralen europäischen Vertragsrecht sowie im EG-Recht, 1988, S. 92 ff; *Schricker*, GroßKomm UWG, Einl F 124 ff.; *Streber*, Die internationalen Abkommen der Bundesrepublik Deutschland zum Schutz geographischer Herkunftsangaben, Köln, 1993, S. 67 ff.; *v. Gamm*, FS für Brandner, Köln 1996, S. 375 ff.

15 VO (EWG) 2392/89 des Rates zur Aufstellung allgemeiner Regeln für die Bezeichnung und Aufmachung der Weine und der Traubenmoste vom 24.7.1989, ABl. L 232, S. 13 ff. Ausführlich zum Schutz von geographischen Wein- und Spirituosenbezeichnungen, *Jung*, Der Schutz von geographischen Herkunftsbezeichnungen für Weine und Spirituosen im internen und externen Recht der EG, Bern 1990.

abgewandelter Form[16]. Darüber hinaus wird ein absoluter Vorrang der geographischen Bezeichnungen gegenüber Weinmarken gewährt, die geographische Bezeichnungen enthalten[17]. Die SpirituosenVO[18] schützt geographische Bezeichnungen für Spirituosen, die in eine Liste eingetragen worden sind. Diese Bezeichnungen sind jenen Erzeugnissen vorbehalten, deren wesentliche Produktionsphase in dem betreffenden geographischen Gebiet stattgefunden hat[19]. Verboten wird durch die SpirituosenVO auch die Verwendung der Listenbezeichnungen in Übersetzung und mit entlokalisierenden Zusätzen[20]. Eine Bezeichnung, die in die Liste eingetragen ist, kann nicht mehr zur Gattungsbezeichnung werden.

B. Der Entwurf der VO 2081/92

Die Generaldirektion IV (Landwirtschaft) der Kommission legte am 21.12.1990 einen Vorschlag für eine Verordnung (EWG) des Rates zum Schutz geographischer Angaben und von Ursprungsbezeichnungen bei Agrarerzeugnissen und Lebensmitteln vor[21]. Die darin vorgesehenen Schutzvoraussetzungen, das Verfahren und der Schutzinhalt unterschieden sich teilweise von den Regelungen, die später die VO 2081/92 vorsah.

Der Verordnungsvorschlag orientierte sich zum einen an den bereits im Wein- und Spirituosensektor bestehenden Regelungen[22], zum anderen am Vorbild des südeuropäischen Systems zum Schutze von Ursprungsbezeichnungen. Vorgesehen war der Schutz von Angaben über die geographische Herkunft entweder als „geschützte Ursprungsbezeichnung" oder als „geschützte geographische Angabe"[23]. Als geschützte Ursprungsbezeichnung sollte der Name einer Region, eines bestimmten Ortes und in Ausnahmefällen eines Landes gelten, der zur Bezeichnung eines Agrarerzeugnisses oder Lebensmittels aus dieser Region, diesem Ort oder Land dient, bei dem Qualität und Eigenschaften wesentlich oder ausschließlich vom geographischen Umfeld beeinflußt werden und das in dem geographi-

---

16 Art. 40 Abs. 1 VO 2392/89.

17 Art. 40 Abs. 2 und 3 VO 2392/89.

18 VO (EWG) 1576/89 des Rates zur Festlegung der allgemeinen Regeln für die Begriffsbestimmung, Bezeichnung du Aufmachung von Spirituosen vom 29.5.1989, ABl. L 160 S. 1 ff.

19 Art. 5 Abs. 3 b) VO 1576/89.

20 Art. 8 VO 1576/89.

21 SEK (90) 2415 endg., GRUR Int. 1991, 277 ff.

22 Vgl. *Reger*, Der internationale Schutz gegen unlauteren Wettbewerb und das TRIPs-Abkommen, 1999, S. 142.

23 Art. 3 Nr. 1 und 2 des Vorschlags.

schen Gebiet produziert und/oder verarbeitet wurde. Als geschützte geographische Angabe sollte der Name einer Region, eines bestimmten Ortes und in Ausnahmefällen eines Landes gelten, der zur Bezeichnung eines Agrarerzeugnisses oder Lebensmittels dient, das aus dieser Region, diesem Ort oder diesem Land stammt und bei dem sich eine Eigenschaft oder ein Renommée dem geographischen Umfeld einschließlich natürlicher und/oder menschlicher Faktoren zuschreiben läßt. Den Definitionen gemeinsam ist, daß sie beide das Vorliegen eines Zusammenhangs zwischen der Qualität oder dem Ruf des Erzeugnisses verlangen. Sie unterscheiden sich jedoch- wie auch in der Endfassung der Verordnung - darin, daß für das Vorliegen einer geographische Angabe ein weniger starker Zusammenhang verlangt wird als für das einer Ursprungsbezeichnung. Außerdem war die Registrierung der geschützten Angaben in ein Verzeichnis auf Ebene der Gemeinschaft erforderlich[24]. Eine Beschränkung des Schutzes auf Bezeichnungen, die Agrarerzeugnisse und Lebensmittel betreffen, die in Anhang II zum EGV aufgeführt sind, war nicht vorgesehen[25]. Diese Einschränkung des Geltungsbereichs wurde erst später vorgenommen. Die eingetragenen Bezeichnungen sollten gegen jede „Verwendung, die einen unlauteren Wettbewerb darstellt und die den Verbraucher über den tatsächlichen Ursprung des Erzeugnisses täuschen könnte“, geschützt werden[26]. Außerdem wurde eingetragenen Angaben Schutz gegen die Benutzung als Gattungsbezeichnung gewährt[27]. Vor kollidierenden Markenrechten, selbst gegenüber älteren oder berühmten Marken, sollten die eingetragenen Angaben einen generellen Vorrang genießen[28].

C. Kritik am Verordnungsvorschlag

Der Vorschlag der Kommission erfuhr insbesondere von deutscher Seite heftige Kritik[29]. Hier sah man durch den Entwurf den Bestand der in Deutschland bisher geschützten geographischen Herkunftsangaben bedroht[30]. Die Schutzvoraussetzungen, die durch den Vorschlag aufgestellt wurden, waren den deutschen Er-

---

24 Erwägungsgrund 9, Art. 3 des Vorschlags.
25 Erwägungsgrund 9, Art. 1 des Vorschlags.
26 Art. 14 des Vorschlags.
27 Art. 14 Abs. 2 des Vorschlags.
28 Art. 14 Abs. 1, 5. Spiegelstrich des Vorschlags.
29 Vgl. BT-Drks. 12/1369 vom 23.10.1991, S. 1 ff.; Eingabe des Grünen Vereins vom 26.3.1992, GRUR 1992, 368 ff., 369; *Beier/Knaak*, GRUR Int. 1992, 411 ff., 424. Auf internationaler Ebene lehnte die AIPPI den Entwurf in eindeutiger Weise ab, vgl. Resolution zu Frage Q 62 AIPPI-Jahrbuch 1992/II, S. 349.
30 Eingabe des Grünen Vereins vom 26.3.1992, GRUR 1992, 368 ff., 369; *Beier/Knaak*, GRUR Int. 1992, 411 ff., 424.

zeugern fremd und stellten außerdem hohe Anforderungen an den Nachweis der Eignung zur Eintragung. Man befürchtete daher, daß es für die überwiegende Anzahl der in Deutschland anerkannten geographischen Bezeichnungen nicht gelingen könnte, eine Eintragung nach Maßgabe der Verordnung zu erlangen, und die bisher auf nationaler Ebene geschützten Herkunftsangaben nunmehr schutzlos wären. Der Kommission wurde vorgeworfen zugunsten agrarpolitischer Erwägungen außer Acht gelassen zu haben, daß es sich bei dem Schutz geographischer Herkunftsangaben um ein wichtiges Teilgebiet des geistigen Eigentums handele, das sich in den einzelnen Mitgliedstaaten auf der Grundlage unterschiedlicher Traditionen, Interessen und Systeme entwickelt habe. Zwischen diesen hätte ein angemessener Ausgleich gefunden werden müssen. Indem die Kommission sich einseitig am bestehenden französischen und italienischen System ausgerichtet habe, habe sie wichtige Aspekte des Schutzes geographischer Herkunftsangaben außer Acht gelassen[31].

D. Der weitere Verlauf des Gesetzgebungsverfahrens

Der Verordnungsvorschlag erfuhr auf Ebene der EG mehrfache und umfangreiche Veränderungen[32]. Unter den aufeinanderfolgenden Ratspräsidentschaften Luxemburgs und der Niederlande wurde der Anwendungsbereich des Vorschlags immer mehr eingeschränkt. Als der Vorschlag schließlich das Europäische Parlament erreichte, war dieser auf Produkte des Anhangs II zum EGV beschränkt und ein Schutz nur noch für Ursprungsbezeichnungen beabsichtigt[33]. Dieser Vorschlag wurde vom Europäischen Parlament abgelehnt[34].

Unter der Ratspräsidentschaft Portugals, Anfang 1992, erfuhr der Vorschlag wiederum einige Änderungen. Frankreich brachte erneut den Vorschlag ein, geschützte geographische Angaben wieder in die Verordnung aufzunehmen[35]. Außerdem wurde von deutscher Seite der Schutz aller, d. h. auch der einfachen geographischen Bezeichnungen auf Basis einer gegenseitigen Anerkennung der jeweiligen nationalen Gesetzgebung vorgeschlagen[36]. Es wurde ein Diskussionspa-

---

31 Eingabe des Grünen Vereins vom 26.3.1992, GRUR 1992, 368 ff., 369; *Beier/Knaak*, GRUR Int. 1992, 411 ff., 424.

32 Vgl. *Heine*, GRUR 1993, 96; *Kolia*, EIPR 1992, 233 ff., 235; *v. Mühlendahl*, ZLR 1993, 187 ff., 194.

33 *Heine*, GRUR 1993, 96; *Kolia*, EIPR 1992, 233 ff., 235.

34 *Kolia*, EIPR 1992, 233 ff., 235.

35 *v. Mühlendahl*, ZLR 1993, 187 ff., 194.

36 *Kolia*, EIPR 1992, 233 ff., 235; *v. Mühlendahl*, ZLR 1993, 187 ff., 194; vgl. dazu auch *Beier/Knaak*, GRUR Int. 1992, 411 ff., 424.

pier geschaffen, welches die Änderungsvorschläge mit dem geänderten Entwurf zusammenfaßte[37].

Nach schwierigen Verhandlungen über die Reichweite und den Anwendungsbereich der Verordnung sowie über den Schutz von bereits bestehenden Marken wurde die Verordnung am 14.7.1992 im Rat verabschiedet[38]. Die Verabschiedung erfolgte im Rahmen des Pakets zur Reform der Gemeinsamen Agrarpolitik. Da im Rahmen dieses Agrarpaketes wichtige deutsche Anliegen berücksichtigt worden waren, konnten von deutscher Seite keine wesentlichen Änderungen am Konzept der Verordnung mehr durchgesetzt werden[39]. Von deutscher Seite wurden zugunsten von Zugeständnissen an anderen Teilen des Agrarpaketes die grundsätzlichen Bedenken hinsichtlich dieser Form des Schutzes zurückgestellt. Die Verordnung ist am 15.7.1993 in Kraft getreten.

---

37 *Kolia*, EIPR 1992, 233 ff., 235.
38 *v. Mühlendahl*, ZLR 1993, 187 ff., 193, 195.
39 *v. Mühlendahl*, ZLR 1993, 187 ff., 193.

Kapitel 4: Die von der Verordnung erfaßten Erzeugnisse, Art. 1 Abs. 1 VO

A. Warenkategorien

I. Von der Verordnung erfaßte Erzeugnisse

Gemäß Art. 1 Abs. 1 der VO sind als Ursprungsangaben und geographische Angaben erstens Erzeugnisse schutzfähig, die in Anhang II des EG-Vertrages aufgeführt und zum menschlichen Verzehr bestimmt sind. Zweitens werden noch die in Anhang I[40] und II[41] der VO 2081/92 genannten Lebensmittel und Agrarerzeugnisse vom Schutzbereich erfaßt.

II. Nicht von der Verordnung erfaßte Erzeugnisse

Die Verordnung gilt nicht für Produkte, die weder in ihren Anhängen I und II noch im Anhang II des EGV aufgeführt werden. Dieses ergibt sich im Umkehrschluß aus dem Wortlaut von Art. 1 Abs. 1 der VO 2081/92. Nicht unter die Verordnung fallen daher industrielle Erzeugnisse wie z. B. Kleidung, Porzellan oder Metallwaren. Vom Schutz ausgenommen sind gemäß Art. 1 Abs. 1, Satz 2 VO außerdem Weinbauerzeugnisse und Spirituosen[42].

---

40 Dieser führt Erzeugnisse, die als Lebensmittel i. S. d. Art. 1 Abs. 1 VO gelten auf, nämlich: Bier, natürliches Mineralwasser und Quellwasser, Getränke auf der Grundlage von Pflanzenextrakten, Backwaren, feine Backwaren, Süßwaren oder Kleingebäck, natürliche Gummen und Harze.

41 Dieser führt Erzeugnisse, die als Agrarerzeugnisse i. S. d. Art. 1 Abs. 1 VO gelten auf, nämlich: Heu, ätherische Öle, Kork und Koschenille.

42 Art. 1 Abs. 1, Satz 2 der deutschen Fassung der VO spricht von einem Ausschluß „alkoholischer Getränke“ aus dem Anwendungsbereich der Verordnung. Dabei handelt es sich jedoch um einen Übersetzungsfehler. Tatsächlich mit dem Begriff „alkoholische Getränke“ gemeint sind nur Weine und Spirituosen. Dieses ergibt sich daraus, daß in allen übrigen offiziellen Fassungen der Verordnung nur Weine und Spirituosen aus dem Anwendungsbereich ausgeschlossen werden. Daß es sich um einen Übersetzungsfehler handelt, zeigt sich außerdem an der ausdrücklichen Erwähnung von Bier in Anhang I der VO 2081/92.

B. Problem: Reichweite der Kompetenzgrundlage

Problematisch ist, ob die Verordnung durch Art. 37 EGV (ex-Art. 43 EGV) gedeckt ist oder ob nicht vielmehr zusätzlich Art. 95 EGV (ex-Art. 100a EGV) ergänzend hätte herangezogen werden müssen[43]. Auf die Ermächtigungsgrundlage des Art. 37 EGV (ex-Art. 43 EGV) können grundsätzlich nur solche Maßnahmen gestützt werden, die sich auf Agrarerzeugnisse und Lebensmittel im Sinne des Anhang II zum EGV beziehen[44]. Allerdings erfaßt die Verordnung auch Erzeugnisse, die *nicht* in Anhang II zum EGV aufgeführt sind. Sollte Art. 37 EGV (ex-Art. 43 EGV) nicht alle von der Verordnung erfaßten Erzeugnisse abdecken, wäre die Verordnung insoweit als teilnichtig anzusehen[45].

Der EuGH hat jedoch festgestellt, daß von der Ermächtigungsgrundlage des Art. 37 EGV (ex-Art. 43 EGV) unter bestimmten Voraussetzungen auch eine Maßnahme gedeckt ist, die, über die in Anhang II zum EGV enthaltenen Erzeugnisse hinaus, noch weitere Erzeugnisse erfaßt[46]. Dieses ist der Fall, wenn die Maßnahme im wesentlichen Erzeugnisse betrifft, die im Anhang II zum EGV aufgeführt sind und darin nicht enthaltene Erzeugnisse nur zweitrangig miterfaßt sind[47]. Außerdem muß die Maßnahme das Ziel des Art. 37 EGV (ex-Art. 43 EGV), nämlich die Steigerung der Produktivität der Landwirtschaft, verfolgen[48].

Beide durch den EuGH aufgestellten Kriterien werden durch die Verordnung erfüllt. Zum einen ist die weit überwiegende Anzahl der durch die Verordnung geschützten Erzeugnisse im Anhang II zum EGV aufgeführt. Die in den Anhängen zur Verordnung aufgeführten Erzeugnisse sind lediglich Ergänzungen dieses Katalogs. Außerdem dient die Verordnung ausweislich des zweiten und sechsten Erwägungsgrundes der Förderung des ländlichen Raumes und somit dazu, den Landwirten zusätzliche Einnahmequellen zu verschaffen. Die Verfolgung weiterer Ziele durch die Verordnung ist dabei unschädlich. Denn Art. 37 EGV (ex-Art. 43 EGV) stellt nach Auffassung des EuGH die geeignete Rechtsgrundlage für jede Regelung der Produktion und die Vermarktung landwirtschaftlicher Erzeug-

---

43 *Beier/Knaak*, GRUR Int. 1993, 602 ff., 608; *v. Danwitz*, GRUR 1997, 81 ff., 87; *Tilmann*, GRUR Int 1993, 610 ff., 611 f..

44 EuGH Slg. 1988, 855 ff., 896; *Gilsdorf/Priebe* in: Grabitz/Hilf, Art. 38 EGV Rn. 6 ff.; *Korte/van Rijn*, in: Groeben/Thiesing/Ehlermann, Art. 43 EGV Rn. 2 f. jeweils m. w. N.

45 *Beier/Knaak*, GRUR Int. 1993, 602 ff., 608. Vorsichtig unter Hinweis auf die korrigierende Auswirkung des „effet utile" in der Rechtsprechung des EuGH *v. Danwitz*, GRUR 1997, 81 ff., 87.

46 EuGH Slg. 1989, 3799. So auch *Gilsdorf/Priebe*, in: Grabitz/Hilf, Art. 38 EGV Rn. 18 ff.; *Heine*, GRUR 1993, 96.

47 EuGH Slg. 1989, 3799.

48 EuGH Slg. 1989, 3799.

nisse dar, wenn diese zur Verwirklichung eines oder mehrerer Ziele der Gemeinsamen Agrarpolitik beitragen[49].

Art. 37 EGV (ex-Art. 43 EGV) ist daher eine ausreichende Ermächtigungsgrundlage für die Verordnung.

49 EuGH Slg. 1988, 855 ff, 896, Erw. 14.

Kapitel 5: Begriff der geographischen Ursprungsbezeichnung und der geographischen Angabe, Art. 2 Abs. 2 VO

Agrarerzeugnisse und Lebensmittel können nach Maßgabe der Verordnung in zwei Kategorien geschützt werden. Die Unterteilung in zwei verschiedene Schutzkategorien wird anhand der Definitionen vorgenommen, die die Verordnung in Art. 2 Abs. 2 VO vorgibt, und dient der korrekten und differenzierten Verbraucherinformation über die Produktidentität[50]. Produkte, die einen besonders engen Zusammenhang mit ihrem Herkunftsort aufweisen, können als „geschützte Ursprungsangabe" (g. U.) eingetragen werden. Produkte, welche die Anforderungen an die Ursprungsbezeichnung nicht erfüllen, aber den Anforderungen der g. g. A. genügen, werden als „geschützte geographische Angabe" (g. g. A.) eingetragen[51]. Auf die Rechtsfolgen der Eintragung hat die Unterscheidung keinerlei Auswirkungen, beide Arten von Angaben genießen gleichermaßen den Schutz nach der Verordnung.

Von den beiden Bezeichnungsformen ist die Ursprungsbezeichnung jedoch die werbekräftigere. Denn in Ländern, die bereits vor Inkrafttreten der Verordnung ein System kontrollierter Ursprungsbezeichnungen kannten, werden die Verbraucher vorerst auch weiterhin Erzeugnisse, die mit einer Ursprungsbezeichnung gekennzeichnet sind, bevorzugen. Denn mit diesen verbinden sie Erzeugnisse außergewöhnlicher Tradition und Qualität, wohingegen sich die geographische Angabe einen der Ursprungsbezeichnung entsprechenden Ruf erst noch erarbeiten muß.

Die Begriffe „Ursprungsbezeichnung" und „geschützte geographische Angabe" werden in Art. 2 Abs. 2 VO definiert[52].

A. Die Definition der Ursprungsbezeichnung in Art. 2 Abs. 2 a) VO

Der Begriff der Ursprungsbezeichnung wird in Art. 2 Abs. 2 a) VO definiert als „der Name einer Gegend, eines bestimmten Ortes oder in Ausnahmefällen eines Landes, der zur Bezeichnung eines Agrarerzeugnisses oder eines Lebensmittels dient, das aus dieser Gegend, diesem bestimmten Ort oder diesem Land stammt

50 Vgl. *Fezer*, MarkenG, 2. A., Vorb. § 130 Rz. 11; *Heine*, GRUR 1993, 96 ff., 98.
51 So auch *Fezer*, MarkenG, 2. A., Vorb § 130 Rz. 8.
52 Vgl. *Fezer*, MarkenG, 2. A., Vorb. § 130 Rn. 9 f.

und das seine Güte oder Eigenschaften überwiegend oder ausschließlich den geographischen Verhältnissen einschließlich der natürlichen und menschlichen Einflüsse verdankt und das in dem begrenzten geographischen Gebiet erzeugt, verarbeitet und hergestellt wurde". Die Definition ist an diejenige angelehnt, die das Lissabonner Ursprungsabkommen[53] vorgibt[54].

I. Agrarerzeugnisse und Lebensmittel

Eintragungsfähig sind Agrarerzeugnisse und Lebensmittel, die in Anhang II zum EG-Vertrag oder in den Anhängen I und II zur Verordnung aufgeführt sind[55]. Unter den dort aufgeführten Kategorien lassen sich die meisten zum menschlichen Verzehr geeigneten Lebensmittel fassen. So sind eintragungsfähig etwa Fleisch und Fleischwaren, Molkereiprodukte, Getreide und Backwaren. Aber auch Bier, natürliche Mineralwässer, natürliche Gummen und Harze, Heu und ätherische Öle sowie Kork sind eintragungsfähig.

Nicht unter die Verordnung fallen Weine und Spirituosen. Diese werden durch die Verordnungen 2392/89/EWG[56] und 1576/89/EWG[57] geschützt.

II. Benennung des Ursprungs

Das Produkt muß durch den Namen einer Gegend, eines bestimmten Ortes oder eines Landes gekennzeichnet sein.

---

53 Zum Lissabonner Ursprungsabkommen vgl. *Reger*, Der internationale Schutz gegen unlauteren Wettbewerb und das TRIPs-Übereinkommen, Köln, München 1999, 127 ff. m. w. N.

54 *Fezer*, MarkenG, 2. A., Vorb. § 130 Rz. 9. Der Definition des Lissabonner Ursprungsabkommens folgt auch das französische Recht zum Schutze der appellations d'origine, vgl. dazu *Plaisant*, in: Les indications de provenance et les appellations d' origine en droit comparé, Genf, 1983, 68 ff.

55 Siehe hierzu ausführlich oben Kap. 4, A.

56 ABl. Nr. L 232 vom 9.8.1989, 13 ff.

57 ABl. Nr. L 160 vom 12.6.1989, 1 ff. Zum europäischen Weinrecht vgl. *von Zumbusch*, Das Verhältnis des EG-Weinbezeichnungsrechts zum deutschen Wein- und Wettbewerbsrecht, München 1990; *Michel*, Der Schutz geographischer Herkunftsangaben durch das Markenrecht und certification marks, Berlin 1995, S. 55 ff. Siehe dazu auch oben Kap. 3 A.

1. Name einer Gegend

a) Definition

Legt man die Bedeutung des Wortes „Gegend“ im Deutschen zugrunde, handelt es sich hierbei um „ein geographisch nicht genau begrenzbares Gebiet“[58]. Unter „Gegend“ könnte jedoch auch das Gebiet einer Verwaltungseinheit zu verstehen sein. Dieses wäre aufgrund der Verwendung des Begriffs „région“ im französischen Text und der Aufteilung Frankreichs in dementsprechend bezeichnete Verwaltungseinheiten denkbar. Nicht jeder Mitgliedstaat der EG kennt jedoch der französischen „région“ entsprechende Verwaltungseinheiten. Ein derartiges Verständnis des Wortes „Gegend“ kann daher nicht zugrunde gelegt werden.

Vielmehr ist unter einer „Gegend“ i. S. d. Verordnung ein aus natürlichen oder soziologischen Gründen zusammenhängendes Gebiet zu verstehen, in welchem das gleichmäßige Vorliegen der Linkvoraussetzungen[59] gewährleistet ist[60]. Wichtig ist daher vor allem, daß die genannten Bedingungen in der gesamten Gegend tatsächlich übereinstimmend vorliegen. Ein aus natürlichen Gründen zusammenhängendes Gebiet liegt etwa dann vor, wenn eine Region durch einen Gebirgszug, eine Senke, einen Sumpf, eine Gäulandschaft, einen See oder Fluß geprägt ist[61]. Ein durch aus soziologischen Gründen zusammenhängendes Gebiet kann etwa bei Vorliegen gemeinsamer Traditionen, Ernährungsgewohnheiten, einer gemeinsamen Mundart, oder aufgrund von politischen Gründen (früheres Fürstentum/Königreich) vorliegen[62].

Die Grenzen einer so definierten „Gegend“ und die Begrenzungen einer Verwaltungseinheit werden sich jedoch oft decken. Eine „Gegend“ kann allerdings auch mehrere oder nur Teile von Verwaltungseinheiten umfassen[63].

b) Deckungsgleichheit des tatsächlichen Produktionsgebietes einer geschützten Ursprungsangabe mit der namensstiftenden Gegend

Fraglich ist, ob die Herkunft des Produktes mit den geographischen Grenzen des Gebietes, das diesen Namen tatsächlich trägt, deckungsgleich sein muß.

---

58 *Duden*, Bedeutungswörterbuch, 2. A. Mannheim, 1985.

59 Zum Linkerfordernis siehe ausführlich unten Kap. 5 A. IV.

60 So auch GA *Pergola*, Schlußanträge zu „Feta“, Slg. 1999, I-1541 ff., 1551, Rz. 8.

61 Vgl. die Spezifikationen von „Schwarzwaldforelle“, „Odenwälder Frühstückskäse“, „Allgäuer Bergkäse“ oder „Pecorino Toscano“.

62 Vgl. GA *Pergola*, Schlußanträge zu „Feta“, Slg. 1999, I-1541 ff., 1551, Rz. 8.

63 *Kommission* zitiert nach GA *Pergola*, Schlußanträge zu „Feta“, Slg. 1999, I-1541 ff., 1551, Rz. 8.

In der Rechtssache „Molkerei Großbraunshain“ vor dem EuG begehrten die Kläger die Nichtigerklärung der VO 123/97[64] der Kommission[65]. Die Kläger vertraten die Ansicht, daß nur Erzeugnisse, die in dem Landkreis Altenburger Land hergestellt worden sind, mit der Ursprungsangabe „Altenburger Ziegenkäse“ gekennzeichnet werden dürfen. Deshalb seien in der Spezifikation des Produktes „Altenburger Ziegenkäse“ zu Unrecht neben dem Landkreis „Altenburger Land“ weitere Landkreise als zulässiges Produktionsgebiet genannt worden. Ein Produkt mit der Bezeichnung „Altenburger Ziegenkäse“ könne nur aus dem namensgebenden Kreis stammen und nicht auch aus anderen Landkreisen wie etwa Gera, Zeitz und Wurzen.

Das EuG hat diese Argumentation abgelehnt. Es geht davon aus, daß das Produktionsgebiet eines Erzeugnisses über das geographische Gebiet, das den Namen tatsächlich trägt, hinausgehen kann bzw. mit diesem Gebiet nicht tatsächlich deckungsgleich sein muß[66]. Nach Ansicht des EuG, ist es Sache der Mitgliedstaaten, das Produktionsgebiet in der Spezifikation genauer festzulegen. Diese haben die meiste Sachkenntnis und sind daher auch am besten in der Lage, das geographische Gebiet, in der das Erzeugnis hergestellt wird, unter Berücksichtigung der regionalen Besonderheiten bei Herstellung und Vermarktung festzulegen[67].

Dem EuG ist zuzustimmen. Denn die Festlegung von Verwaltungseinheiten durch den Staat erfolgt ohne Rücksicht auf das traditionell gewachsene Produktionsgebiet eines Agrarproduktes. Aufgrund der gewachsenen Strukturen des Herkunftsgebietes traditioneller Produkte ist es daher nicht unüblich, daß ein Erzeugnis, das eine bestimmte geographische Bezeichnung trägt, auch außerhalb der Verwaltungseinheit, die den Namen der Herkunftsangabe tatsächlich trägt, hergestellt wird[68]. Eine andere Interpretation der Verordnung würde bewirken, daß ausschließlich solche Gebiete durch die Verordnung gefördert würden, die mehr oder weniger zufällig Namensgeber für Produkte geworden sind, die heute in einer größeren Region hergestellt werden.

---

64 ABl. L 22 vom 24.1.1997, S. 19. Mit dieser Verordnung hat die Kommission die Bezeichnung „Altenburger Ziegenkäse“ in das Verzeichnis der Verordnung 2081/92 aufgenommen.

65 EuG Slg. 1998, II-3533 ff., 3541, Erw. 9 - Molkerei Großbraunshain.

66 EuG Slg. 1998, II-3533 ff., 3541, Erw. 71 - Molkerei Großbraunshain

67 EuG Slg. 1998, II-3533 ff., 3561, Erw. 65 - Molkerei Großbraunshain.

68 Vgl. z. B. die Spezifikation für „Kölsch“, das ebenfalls nicht nur in Köln hergestellt wird, sondern außerdem in Bedburg, Bonn, Brühl, Dormagen, Frechen, Leverkusen, Monheim und Wiehl, http://www.maff.gov.uk/foodrin/foodname/beerales/germany/kolsch.htm. Auch „Tomme de Savoie“ wird nicht nur in den Departements Savoie und Haute Savoie hergestellt, sondern auch noch in Teilen des Departements Ain, http://www.maff.gov.uk/foodrin/foodname/cheese/france/tomme.htm.

2. *Name eines bestimmten Ortes*

Unter „Namen eines bestimmten Ortes" ist meist der Name einer Stadt oder eines Dorfes zu verstehen, der dem Produkt seinen Namen verliehen hat. Da der Begriff „Ort"[69] in einem allgemeinen Sinne verwendet wird, kann darunter auch eine Stelle zu verstehen sein, die weder Stadt noch Dorf ist, wie etwa der Name eines Sees oder einer Höhle. Diese Stelle muß jedoch genau abgrenzbar sein, wie sich aus dem Adjektiv „bestimmt" ergibt.

3. *Name eines Landes*

Der Wortlaut der Verordnung läßt die Verwendung eines Landesnamens nur ausnahmsweise zu. Der Ausnahmefall, an den der Gemeinschaftsgesetzgeber dabei gedacht hat, betrifft Luxemburg[70].

Fraglich ist, wann „ausnahmsweise" ein Ländername eintragungsfähig ist. Das offensichtlichste Kriterium dafür ist zunächst die Größe des Landes. Für eine Gewährung der Eintragungsmöglichkeit bei besonders kleinen Ländern, wie etwa Luxemburg, sprechen Billigkeitserwägungen. Denn den dort ansässigen Erzeugern steht im Gegensatz zu denen anderer Länder nur *eine* markante geographische Ursprungsbezeichnung zur Verfügung. Würde man ihnen diese Ursprungsangabe mit dem Argument versagen, es handele sich gleichzeitig um einen Ländernamen, würde dieses zu einer Diskriminierung der dort ansässigen Hersteller führen. Je kleiner das Land ist, dessen Name als Herkunftsbezeichnung für ein Produkt eingetragen werden soll, desto eher besteht daher die Möglichkeit der Eintragung.

Die Intention des Verordnungsgebers, eine Ausnahme nur für besonders kleine Länder zuzulassen, liegt der tatsächlichen Eintragungspraxis der Kommission jedoch nicht zugrunde. Denn in das Verzeichnis eingetragen worden sind auch zwei traditionelle Käsebezeichnungen, „Svecia" und „Danablu", deren Name jeweils an ihr Herkunftsland Schweden bzw. Dänemark angelehnt ist. Beide Käsesorten werden landesweit hergestellt. Weder Schweden noch Dänemark sind Kleinstaaten wie etwa Luxemburg[71]. Legt man die ursprüngliche Absicht des Verordnungsgebers zugrunde, hätte keine der beiden Bezeichnungen eingetragen werden dürfen.

---

69 In der französischen Fassung steht „lieu déterminé", in der englischen „specific place".

70 So *Heine*, GRUR 1993, 96 ff., 99; *v. Mühlendahl*, ZLR 1993, 187 ff., 194.

71 „Svecia" wird seit 1920 unter diesem Namen hergestellt, http://www.maff.gov.uk/foodrin/foodname/cheese/sweden/svecia.htm, ebenso wie „Danablu", http://www.maff.gov.uk/foodrin/foodname/cheese/denmark/danablu.htm.

Die Größe des Landes allein ist daher nicht das entscheidende Kriterium für die Eintragungsfähigkeit einer Länderbezeichnung sein. Deutlich wird dieses auch daran, daß „Gegenden" unabhängig von ihrer Größe eintragungsfähig sind, obwohl manche Gegenden eine wesentlich größere Fläche haben als etwa Luxemburg. Entscheidendes Kriterium für die Feststellung der Eintragungsfähigkeit eines Ländernamens kann folglich nur das Vorliegen eines „Links" sein[72]. Dieses Merkmal allein beschränkt die Eintragungsfähigkeit von Ländernamen in sinnvoller Weise. Denn je größer das betreffende Land ist, desto schwerer wird es fallen, den Zusammenhang zwischen Qualität oder Eigenschaften des Produkts und seiner Herkunft nachzuweisen und desto seltener werden die Eigenschaften, die den Link begründen, flächendeckend vorliegen[73]. Bei einer sehr allgemeinen Bezeichnung wie etwa „Deutsches Getreide" wird ein Link daher kaum feststellbar sein.

Die Beschränkung der Eintragungsfähigkeit von Ländernamen auf Ausnahmefälle ergibt sich somit bereits aus den Tatbestandsvoraussetzungen der Verordnung. Die Einschränkung der Eintragungsfähigkeit von Ländernamen durch den Wortlaut der Verordnung ist m. E. überflüssig und trägt lediglich zur Verwirrung bezüglich der Feststellung der tatsächlichen Eintragungsfähigkeit einer Bezeichnung bei.

III. Aus der Gegend, dem Ort, dem Land „stammend"

Nach dem Wortlaut der Verordnung muß das Produkt, das mit der Ursprungsangabe gekennzeichnet ist, auch aus dem jeweiligen geographischen Gebiet „stammen" [74]. Das Erfordernis ist Ausfluß des 7. Erwägungsgrundes, wonach ein der Verordnung entsprechendes Produkt dem Verbraucher eine Garantie für die Herkunft geben soll.

Eine Ursprungsangabe stammt grundsätzlich nur dann aus dem angegebenen Ursprungsgebiet, wenn alle Grundstoffe aus dem Gebiet stammen, das in der Spezifikation angegeben ist. Dieses ergibt sich zum einen daraus, daß Erzeugung, Herstellung und Verarbeitung kumulativ im Ursprungsgebiet vorgenommen wer-

72 Art. 2 Abs. 2 a), 2. Spiegelstrich bzw. Art. 2 Abs. 2 b), 2. Spiegelstrich VO.

73 So auch GA *Pergola*, Schlußanträge zu „Feta", Slg. 1999, I-1541 ff., 1550 f. Rn. 7, 8.

74 Englisch: originating; Französisch: originaire. Vgl. *v. Mühlendahl*, ZLR 1993, 187 ff., 190; Teilweise wird zu Unrecht unter den Begriff des „stammens" bereits der Inhalt von Art. 2 Abs. 2 a), 2. Spiegelstrich VO gefaßt, vgl. GA *Pergola*, Schlußanträge zu „Feta", Slg. 1999, I-1541 ff., 1551 Rn. 8. Im Ergebnis hat dieses jedoch für die Frage, ob eine Ursprungsbezeichnung vorliegt, keine Auswirkungen.

den müssen. Zum anderen legt dieses auch der Umkehrschluß aus Art. 2 Abs. 4 VO nahe, der bestimmt, daß ausnahmsweise ein Erzeugnis auch dann als Ursprungsbezeichnung angesehen werden kann, wenn die Grunderzeugnisse nicht alle aus dem Verarbeitungsgebiet *stammen*[75].

IV. Das „Link"-Erfordernis

Am Vorliegen eines „Links" entscheidet sich, ob eine geographische Angabe als Ursprungsbezeichnung eintragungsfähig ist. Die Verordnung umschreibt das Erfordernis in Art. 2 Abs. 2 a), 2. Spiegelstrich in folgender Weise: Ein mit einer Ursprungsbezeichnung gekennzeichnetes Produkt muß seine Güte oder Eigenschaften überwiegend oder ausschließlich den geographischen Verhältnissen zu verdanken haben *und* in dem spezifizierten Gebiet erzeugt, verarbeitet und hergestellt worden sein. Es muß also zwischen dem Produkt und dessen Herkunft ein besonderer Zusammenhang bestehen. Bildlich gesprochen muß man die geographischen Besonderheiten dem Produkt ansehen oder sie herausschmecken können.

Der Nachweis eines solchen Zusammenhangs zwischen Scholle und Ähre ist jedoch nicht ohne weiteres zu erbringen. In den Spezifikationen bereits eingetragener Produkte findet man dazu höchst unterschiedliche Angaben. Diese reichen von dem einfachen Hinweis, daß das Produkt in der genannten Region angebaut wird[76], über die umfangreiche Darstellung der Geschichte und Tradition des Produktes in der Region[77], bis zu empirisch nachweisbaren Unterschieden zwischen dem einzutragenden Produkt und solchen aus anderen Regionen[78]. Im folgenden soll daher untersucht werden, welche Anforderungen an die einzelnen Tatbestandsmerkmale des Links zu stellen sind[79].

---

75 *v. Mühlendahl*, ZLR 1993, 187 ff., 190. Zu Art. 2 Abs. 4 VO siehe ausführlich unten Kap. 5, B. Teilweise wird zu Unrecht unter den Begriff des „stammens" bereits der Inhalt von Art. 2 Abs. 2 a), 2. Spiegelstrich VO gefaßt, vgl. GA *Pergola*, Schlußanträge zu „Feta", Slg. 1999, I-1541 ff., 1551 Rn. 8. Im Ergebnis hat dieses jedoch für die Frage, ob eine Ursprungsbezeichnung vorliegt, keine Auswirkungen.

76 Spezifikation für die griechische „Tsakoniki Aubergine", http://www.maff.gov.uk/foodrin/foodname/fruitveg/greece/aubergin.htm

77 Spezifikation für das italienische „SABINA" Olivenöl, http://www.maff.gov.uk/foodrin/foodname/fatsoils/italy/sabina.htm

78 Spezifikation für britische „Cornish Clotted Cream", ABl. C Nr. 140 vom 7.5.1997, S. 4 f.

79 Welche Angaben erforderlich sind, um den Link nachzuweisen, wird unten Kap. 7, B. 6. dargestellt.

1. Güte und Eigenschaften des Produktes

Als Merkmale, auf die für die Feststellung eines Links zwischen dem Produkt und dessen Ursprung abzustellen ist, nennt die Verordnung die Güte und die Eigenschaften eines Produktes.

Der Begriff „Güte“[80] bezeichnet im deutschen die positiv oder negativ bewertete Beschaffenheit einer Ware[81].

Der Begriff „Eigenschaft“[82] wird umschrieben als ein zum Wesen einer Sache gehörendes Merkmal[83]. Eigenschaften sind damit objektiv bestehende und nachweisbare Merkmale, eine Wertung wie bei „Güte“ beinhaltet der Begriff nicht. Als Eigenschaften kommen etwa in Frage: der Geschmack, die Konsistenz, die typische Zusammensetzung der Zutaten, die Farbe, das Aussehen, die Reinheit des Produktes, die Unbelastetheit mit Rückständen aus Medikamenten und Pflanzenschutzmitteln, die Herstellungsmethode, Art der Schlachtung, Aufzuchtsweise sowie die chemische Zusammensetzung.

Für die Anerkennung einer geographischen Bezeichnung als Ursprungsbezeichnung oder geographische Angabe genügt es jedoch nicht, daß das darunter angemeldete Erzeugnis irgendwelche, ganz allgemeinen Eigenschaften oder ganz allgemein Qualität aufweist. Vielmehr muß eine besondere Eigenschaft oder Qualität vorliegen, die das unter der geographischen Bezeichnung angemeldete Erzeugnis von anderen, gleichartigen Produkten unterscheidet. Dieses ist der Fall, wenn die besondere Eigenschaft oder Qualität auf die geographischen Verhältnisse am Ursprungsort zurückführbar ist[84]. Denn ausweislich der Erw. 2 und 3 der VO sollen durch die Verordnung zum einen Erzeugnisse mit bestimmen Merkmalen gefördert und zum anderen das Bedürfnis der Verbraucher nach Produkten mit besonderen Merkmalen befriedigt werden.

Es ist aber nicht erforderlich, daß sich die besondere Eigenschaft oder Güte naturwissenschaftlich nachweisen läßt. Denn über eine Lebensmittelgattung läßt sich zwar oft sagen, daß Produkte einer bestimmten Herkunft besonders gut schmecken. Es wird sich jedoch nicht immer wissenschaftlich nachweisen lassen, worin der besondere Geschmack besteht.

---

80 Englisch: quality; Französisch: qualité

81 *Duden,* Bedeutungswörterbuch, 2. A., 1985 zu „Güte“, „Qualität“. Da die Begriffe einen identischen Inhalt haben, werden sie im folgenden als Synonyme benutzt.

82 Englisch: characteristics; Französisch: caractère

83 *Duden,* Bedeutungswörterbuch, 2. A., 1985, zu „Eigenschaft“.

84 Vgl. zu dem Erfordernis der geographischen Verhältnisse am Ursprungsort ausführlich unten Kap. 5, A. IV. 2. a).

2. *Das Verdankenserfordernis, Art. 2 Abs. 2 a), 2. Spiegelstrich VO*

Nach Art. 2 Abs. 2, 2. Spiegelstrich VO ist für die Anerkennung eines Produkts als Ursprungsangabe erforderlich, daß dessen Qualität oder besondere Eigenschaften ausschließlich oder überwiegend auf die am Ursprung herrschenden geographischen Verhältnisse zurückzuführen sind.

a) *Definition der geographischen Verhältnisse*

Die Verordnung definiert nicht, was unter geographischen Verhältnissen zu verstehen ist, nennt als Beispiele dafür jedoch die natürlichen und menschlichen Einflüsse am Ursprungsort.

Unter natürlichen Einflüssen sind alle organischen und anorganischen, ohne menschliches Zutun entstandenen, existierenden, sich entwickelnden Erscheinungen, die die Entstehung des Produktes beeinflussen, zu verstehen[85]. Darunter fällt das Klima einer Region, die dortige Bodenbeschaffenheit, die in der Region vorherrschende Fauna und Flora, und die Landschaftsform (Gebirge, Meer, Sumpf, Wüste etc.).

Unter menschlichen Einflüssen sind die Einflüsse zu verstehen, die auf die besondere Erfahrung zurückzuführen sind, die die Erzeuger des Produktes bei der Herstellung gesammelt haben. Die in manchen Fällen schon seit Generationen vorhandenen und immer wieder weiterentwickelten Methoden von Anbau, Aufzucht und Weiterverarbeitung und das Know-how, das die auf das Erzeugnis spezialisierten Hersteller haben können, beeinflussen stark die Qualität des Produktes bzw. sind Ursache für die besondere Eigenschaft.

Weitere Einflußgrößen außer den natürlichen und menschlichen Einflüssen sind trotz des Wortlautes der Verordnung, der etwas anderes („einschließlich") auszusagen scheint, nicht vorstellbar.

b) *Ausschließliches oder überwiegendes Verdanken*

Die Qualität oder die Eigenschaften des Erzeugnisses müssen den geographischen Einflüssen zu verdanken sein. Dieses liegt immer dann vor, wenn alle relevanten, die Qualität bzw. besonderen Eigenschaften ausmachenden Merkmale des Produktes aus der Ursprungsregion kommen.

Eingetragen werden können aber auch Erzeugnisse, deren Qualität oder besondere Eigenschaften nur „überwiegend" den geographischen Verhältnissen am Ursprungsort zu verdanken sind. Es stellt sich hier aber die Frage, für welche

85 *Duden*, Bedeutungswörterbuch, 2. A., 1985.

überörtlichen Einflüsse die Ausnahme geschaffen worden ist. Immer vor Ort erfolgen die menschlichen Einflüsse, da Erzeugung, Verarbeitung und Herstellung laut Gesetzeswortlaut am Ursprungsgebiet erfolgen müssen. Da aber auch die natürlichen Einflüsse aufgrund ihrer Natur ortsgebunden sind, kommen als Einflüsse, die nicht dem Ursprung des Erzeugnisses zuzuordnen sind, lediglich die Zutaten in Frage. Aus dem Erfordernis, daß das Erzeugnis aus der Ursprungsregion „stammen" muß und aus dem Erfordernis der Erzeugung, Verarbeitung und Herstellung des Erzeugnisses im Ursprungsgebiet ergibt sich, daß alle wesentlichen Zutaten aus dem Ursprungsgebiet herkommen müssen[86]. Die Einschränkung kann daher nur in dem Sinne verstanden werden, daß Nebenzutaten, die für die Herstellung zwar gebraucht, aber von geringer Relevanz im Herstellungsprozeß sind, auch von außerhalb des Ursprungsgebietes kommen können. Für alle übrigen Zutaten, die mehr als nur „Nebenzutaten" sind, ist dagegen die Ausnahmevorschrift des Art. 2 Abs. 4 VO zu beachten, wonach Grunderzeugnisse eines Produkts nur dann nicht aus dem Ursprungsgebiet stammen dürfen, wenn die in Art. 2 Abs. 4 VO festgelegten Voraussetzungen erfüllt sind. Als Nebenzutat, die nicht unter Art. 2 Abs. 4 zu fassen wäre, kann z. B. Salz angeführt werden.

3. *Erzeugung/Verarbeitung/Herstellung in Ursprungsgebiet*

Das Produkt muß in dem begrenzten geographischen Gebiet erzeugt[87], verarbeitet[88] und hergestellt[89] werden. Diese Schritte müssen kumulativ im Ursprungsgebiet erfolgen, wie sich aus dem Wortlaut und aus dem Vergleich mit der Definition der geographischen Angabe, bei der die Schritte auch alternativ in anderen Regionen vorgenommen werden können, ergibt.

Aus der Reihenfolge der Begriffe Erzeugung, Verarbeitung und Herstellung ergibt sich, daß die Anzahl der Arbeitsschritte vom Rohstoff bis zum Endprodukt mit jeder Stufe zunimmt. Unter Erzeugung ist somit der Anbau oder die Aufzucht von Agrarerzeugnissen zu verstehen, wie etwa Getreideanbau, Obstanbau oder die Viehzucht. Unter Verarbeitung fällt die Weiterverarbeitung der erzeugten Agrarerzeugnisse, d. h. beispielsweise das Mahlen des Mehls und das Schlachten des Viehs. Unter Herstellung ist schließlich die Weiterverarbeitung der so gewonnenen Stoffe zu einem komplexen Endprodukt, wie Käse, Brot oder Schinken zu fassen. Die Grenzen zwischen den einzelnen Stufen, insbesondere zwischen Weiterverarbeitung und Herstellung, sind allerdings fließend.

86 Siehe oben Kap. 5 A. III.
87 Englisch: production; Französisch: production.
88 Englisch: processing; Französisch: transformation.
89 Englisch: preparation; Französisch: élaboration.

Ein Aufweichen des Erfordernisses, daß alle Herstellungsstufen am Ursprungsort vorgenommen werden müssen, ist nicht dadurch möglich, daß man innerhalb einer einzelnen Stufe die Vornahme eines Teilarbeitsschritts in einem anderen Gebiet zuläßt. Diese strenge Anforderung ergibt sich daraus, daß alle Herstellungsstufen kumulativ am Ursprungsort vorgenommen werden sowie alle Grundzutaten von dort stammen müssen. Die Verordnung läßt außerdem bei den Herstellungsschritten, im Gegensatz zu den geographischen Einflüssen, die nur überwiegend dem Ursprung zuzuordnen sein müssen, gerade keine solche Ausnahme zu.

B. Der Ursprungsangabe gleichgestellte Erzeugnisse

Der Ursprungsangabe gleichgestellt werden nach Maßgabe von Art. 2 Abs. 4 VO ausnahmsweise auch solche Bezeichnungen, bei denen die Grundzutaten der betreffenden Erzeugnisse nicht vollständig aus dem in der Spezifikation bezeichneten Gebiet stammen. Für Bezeichnungen für Erzeugnisse, deren Grundzutaten nicht vollständig aus dem Spezifikationsgebiet stammen, kommt nur die Eintragung als geographische Angabe in Betracht.

Voraussetzung für die Eintragung ist zunächst, daß es sich bei den Zutaten, die nicht aus dem Ursprungsgebiet stammen, um bestimmte Grunderzeugnisse, nämlich lebende Tiere, Fleisch und Milch (Art. 2 Abs. 5 VO), handelt. Weitere Grunderzeugnisse sind grundsätzlich nicht von der Ausnahme erfaßt, sie können jedoch im Verfahren nach Art. 15 VO zugelassen werden[90].

Ferner muß sichergestellt sein, daß

- das Gebiet, in dem das Grunderzeugnis hergestellt wird, begrenzt ist,
- besondere Bedingungen für die Erzeugung der Grunderzeugnisse bestehen und
- ein Kontrollsystem für die Einhaltung dieser Bedingungen vorhanden ist.

Die Ausnahmeregelung ist nach Art. 2 Abs. 7 VO nur bis 2 Jahre nach Inkrafttreten der Verordnung anwendbar. Ferner kommt sie nach Art. 2 Abs. 6 VO nur für solche Produkte in Frage, die im Ursprungsland bereits als Ursprungsbezeichnung anerkannt sind bzw., wenn eine solche Regelung nicht besteht, deren Tradition und Außergewöhnlichkeit des Ansehens nachgewiesen sind. Ihr liegt der Gedanke zugrunde, sicherzustellen, daß Herkunftsangaben, die vor Inkrafttreten der Verordnung den Status als Ursprungsbezeichnung bzw. ein ihr gleich-

90 Von dieser Ausnahme ist bisher nicht Gebrauch gemacht worden.

kommendes Ansehen hatten, nicht durch die Eintragung schlechter gestellt werden[91].

Ferner ist mit der Ausnahme bezweckt, daß Produkte, die seit jeher in Arbeitsteilung hergestellt werden, auch weiterhin so hergestellt werden können, ohne daß die Hersteller mit der weniger werbeträchtigen Kennzeichnung als geschützte geographische Angabe vorlieb nehmen müssen. Da die Bedingungen für die Herstellung der Grunderzeugnisse ähnlich streng sind und nach festgelegten Herstellungskriterien erfolgen, ist der Link zwischen Ursprung und Produkt hinreichend gewährleistet.

C. Die Definition der geographischen Angabe i. S. v. Art. 2 Abs. 2 b) VO

Neben der Ursprungsangabe bietet die Verordnung als weitere Form, in der eine geographische Bezeichnung eingetragen werden kann, die geschützte geographische Angabe an. Eine Bezeichnung gilt gemäß Art. 2 Abs. 2 b) VO dann als „geographische Angabe“, wenn dieses der Name einer Gegend, eines bestimmten Ortes oder in Ausnahmefällen eines Landes ist, der zur Bezeichnung eines Agrarerzeugnisses oder eines Lebensmittels dient, das aus dieser Gegend, diesem bestimmten Ort oder diesem Land stammt und bei dem sich eine bestimmte Qualität, das Ansehen oder eine andere Eigenschaft aus diesem geographischen Ursprung ergibt und das in dem begrenzten geographischen Gebiet erzeugt und/oder verarbeitet und/oder hergestellt wurde.

Die geographische Angabe unterscheidet sich von der Ursprungsangabe insbesondere dadurch, daß der geforderte Link mit dem Ursprung weniger eng sein muß. Dieses drückt sich zum einen darin aus, daß es auch genügt, wenn das Erzeugnis bei den Verbrauchern Ansehen genießt und keine Zurückführbarkeit der Qualität oder der Eigenschaften des Erzeugnisses auf den Ursprung aufweist. Zum anderen müssen nicht mehr alle Verarbeitungsstufen in der Ursprungsregion vorgenommen werden.

91 Ein Fall von Art. 2 Abs. 4 VO liegt bei „Parma Schinken“ vor. Dort beziehen die Erzeuger das Fleisch aus diversen, in der Spezifikation genannten italienischen Regionen, http://www.maff.gov.uk/foodrin/foodname/meatbase/italy/parma.htm; vgl. auch *v. Mühlendahl*, ZLR 1993, 187 ff., 190.

I. Eintragungsfähige Produkte

Unter einer geographischen Angabe können die gleichen Erzeugnisse eingetragen werden, die auch unter der Ursprungsangabe eintragungsfähig sind[92].

II. Benennung des Ursprungs

Auch für die Auslegung der Begriffe „Gegend“, „Ort“ und „Land“ in Art. 2 Abs. 2 b) VO ergibt sich kein Unterschied zur Ursprungsangabe[93].

III. Aus der Gegend, dem Ort, dem Land „stammend“

Um als geographische Angabe anerkannt zu werden, muß das Erzeugnis aus der Region, deren Namen es trägt, stammen. Ein Erzeugnis, das mit einer geographischen Angabe gekennzeichnet werden soll, stammt dann aus dem angegebenen Ursprungsgebiet, wenn es an diesem Ort die in den Augen der Verbraucher wesentliche Prägung erhalten hat. Im Gegensatz zur Ursprungsbezeichnung ist es für die geographische Angabe aber nicht erforderlich, daß *alle* Grunderzeugnisse des Erzeugnisses aus der namensstiftenden Gegend kommen[94]. Es genügt, wenn nur die Herstellung des Endproduktes am Ursprungsort erfolgt, ohne daß eine einzige Zutat vom Ursprungsort selbst stammt[95].

IV. Das „Link“-Erfordernis

An den Link zwischen Herkunft und Erzeugnis stellt die Verordnung bei der geographischen Angabe geringere Anforderungen als bei der Ursprungsangabe. Für das Vorliegen einer geographischen Angabe genügt es, wenn sich eine bestimmte Qualität, das Ansehen oder eine andere Eigenschaft aus dem geographischen Ursprung ergibt und das Erzeugnis in dem begrenzten geographischen Gebiet erzeugt und/oder verarbeitet und/oder hergestellt wurde. Als geographische Angabe eintragungsfähig sind daher auch Bezeichnungen für Erzeugnisse, die mit

---

92 Vgl. oben Kap. 5 A. I.
93 Siehe oben Kap. 5, A. II.
94 Zur Ursprungsangabe vgl. oben Kap. 5, A. III.
95 Siehe unten Kap. 5, C. IV. 3.

dem Ursprungsort nichts anderes verbindet, als daß sie dort aus Zutaten verschiedenster Herkunft zusammengefügt worden sind.

1. Bestimmte Güte, Ansehen oder andere Eigenschaft des Produkts

Das Kriterium, an dem die Ursprungsverbundenheit festgemacht wird, ist nicht - wie bei den Ursprungsangaben - die Qualität bzw. die Eigenschaften im allgemeinen. Der Wortlaut verlangt stattdessen, daß eine *bestimmte* Qualität, das Ansehen oder *eine* andere Eigenschaft sich aus dem Ursprung ergibt.

a) Bestimmte Qualität

Bei Betrachtung des Wortlauts fällt auf, daß bei der g. g. A. anstelle des Wortes „Güte" der Begriff „bestimmte Qualität" verwendet wird. Daß mit der unterschiedlichen Terminologie bei Ursprungsbezeichnung und geographischer Angabe zunächst keine unterschiedliche Auslegung der Begriffe gewollt ist, wird bei Heranziehung der englisch- und französischsprachigen Fassung der Verordnung deutlich. Da an der Stelle, wo die deutschsprachige Fassung zwei verschiedene Begriffe verwendet, sowohl in der französischen als auch der englischen Fassung jeweils der identische Begriff, „quality" bzw. „qualité", verwendet wird, hat die Unterscheidung im deutschen Text lediglich stilistische Gründe. Bei „Güte" und „Qualität" handelt es sich daher um identisch auszulegende Begriffe[96].

Im Unterschied zur Ursprungsangabe muß jedoch nicht die Qualität im allgemeinen, sondern eine *bestimmte* Qualität auf den Ursprung zurückzuführen sein. In „bestimmter" Qualität liegt eine Begrenzung. Das Wort „Qualität" verliert dadurch seine allgemeine Bedeutung und wird auf ein einzelnes Qualitätsmerkmal reduziert. Es muß daher nicht die gesamte Qualität des Produktes, insbesondere nicht die der Einzelzutaten, sondern nur ein Ausschnitt daraus auf die Herkunft des Produktes zurückführbar sein[97].

b) Ansehen

Alternativ zum Vorliegen einer bestimmten Qualität genügt es für die Anerkennung einer geographischen Herkunftsangabe als geschützte geographische Angabe auch, wenn die Herkunftsangabe Ansehen[98] genießt. Wann Ansehen aber vor-

---

96 Siehe auch oben Kap. 5. A. IV. 1.

97 So ist bei „Lübecker Marzipan" die Qualität des Gesamtprodukts Marzipan zwar auf Lübeck zurückführbar, nicht aber die Qualität der Grundzutat Mandeln selbst, vgl. http://www.maff.gov.uk/foodrin/foodname/confec/germany/lubeck.htm.

98 Englisch: reputation; Französisch: réputation

liegt und wo es räumlich vorliegen muß, ist in der Verordnung nicht näher geregelt und bedarf der näheren Untersuchung.

aa) Vorliegen von Ansehen im Verkehr

Nach einer in der Literatur vertretenen Ansicht besteht Ansehen bereits dann, wenn der Verkehr eine allgemeine Wertschätzung mit der geographischen Angabe verbindet. Eine Vorstellung davon, ob das Erzeugnis irgendwelche Eigenschaften hat, die die Wertschätzung rechtfertigen, muß nach dieser Ansicht nicht vorliegen [99]. Denn mit jeder Bezeichnung, die als Hinweis auf eine geographische Herkunft aufgefaßt werde, und sei sie auch völlig unbekannt und neu, verbinde der Verkehr aufgrund der werblichen Herausstellung eine Wertschätzung[100].

Diese Auffassung ist abzulehnen. Denn Ansehen i. S. d. VO kann nicht allein aufgrund der Kennzeichnung eines Erzeugnisses mit einer geographischen Herkunftsangabe vorliegen, auch wenn der Verkehr deswegen mit ihr eine allgemeine Wertschätzung verbindet[101].

Für das Vorliegen von Ansehen kann man aber auch nicht verlangen, daß sich das Ansehen auf das Vorliegen einer bestimmten, wissenschaftlich nachweisbaren Qualität oder bestimmte Eigenschaften bezieht[102]. Dieses ginge zu weit und würde eine große Hürde vor die Eintragung einer Bezeichnung als geographische Angabe aufstellen. Schließlich ist das Vorliegen einer bestimmten, objektiv nachweisbaren Qualität nicht einmal für die Anerkennung einer Ursprungsangabe Voraussetzung und kann daher erst recht nicht für den Schutz als geographische Angabe verlangt werden[103].

Richtigerweise ist für das Vorliegen von Ansehen eine konkrete Qualitätserwartung zu verlangen[104]. Die besondere Qualitätserwartung des Verkehrs muß sich, neben der diffusen Erwartung, daß Produkte mit Herkunftsangaben eine besondere Wertschätzung verdienen, auf zusätzliche Merkmale stützen.

---

99 *Tilmann*, GRUR Int. 1993, 610 ff., 614; *Knaak*, GRUR 1995, 103 ff., 111.

100 *Tilmann*, Die geographische Herkunftsangabe, München, 1976, S. 17; *ders.*, GRUR Int. 1993, 610 ff., 614; *Steeger*, WRP 1994, 584 ff., 587.

101 So aber *Knaak*, GRUR 1995, 103 ff., 111 unter Hinweis auf BVerfG GRUR 1979, 773 ff., 777 - Weinbergsrolle; BGH GRUR 1982, 564 ff., 566 - Elsässer Nudeln; BGH GRUR 1987, 535 ff., 537 - Wodka Woronoff.

102 So auch *Tilmann*, GRUR Int. 1993, 610 ff., 614. Zur vergleichbaren Problematik unter TRIPs vgl. *Reger*, Der internationale Schutz gegen unlauteren Wettbewerb und das TRIPs-Abkommen, 1999, S. 163 ff.

103 Siehe oben Kap. 5, A. IV. 1.

104 So wohl *Steeger*, WRP 1994, 584 ff., 589.

Sinn und Zweck der Verordnung ist nach den Erwägungsgründen die Förderung von Erzeugnissen mit besonderen Merkmalen[105]. Wenn es möglich wäre, Zeichen für Erzeugnisse einzutragen, die weder tatsächlich noch in der Vorstellung der Verbraucher eine konkrete besondere Eigenschaft aufweisen, widerspräche dieses der Verordnung. In einem solchen Fall kann auch nicht mehr von einem Link gesprochen werden, denn die einzigen Merkmale, die das Produkt dann noch mit dem Ursprung verbinden würden, wären der Name des Erzeugnisses selbst und die allgemeinen Qualitätserwartungen des Verkehrs aufgrund der Kennzeichnungsweise. Erzeugnisse zur Eintragung zuzulassen, die weder in der Realität noch in der Vorstellung der Verbraucher irgendwelche besonderen Merkmale haben, würde deshalb in einem Widerspruch zu all den übrigen Alternativen des Linkmerkmals in Art. 2 Abs. 2 b) VO stehen, welche dann weitgehend leer liefen.

Das Ansehen der Verbraucher muß sich daher zwar nicht auf wissenschaftlich nachweisbare Eigenschaften des Produktes selbst gründen. Zu verlangen ist aber, daß sich das Ansehen zumindest auf die Erwartung stützt, daß das Produkt aus einem bestimmten Grund, etwa wegen traditioneller Herstellungsverfahren oder der Bekanntheit der Gegend für das Produkt, etwas besonderes ist[106].

Gegen eine solche Auslegung des Tatbestandsmerkmals Ansehen, könnte man zwar einwenden, daß dadurch „neuen" Angaben über die geographische Herkunft die Eintragung verwehrt würde[107]. Schließlich ist ein gewisser Zeitablauf notwendig für den Aufbau konkreter Qualitätsvorstellungen der Verbraucher hinsichtlich eines Erzeugnisses, auf die der Link i. S. d. Verordnung gestützt werden kann. Von der sofortigen Eintragung ausgeschlossen wären jedoch nur solche geographischen Angaben, deren Zusammenhang mit dem Ursprung ausschließlich darin besteht, daß das Erzeugnis am Ursprung hergestellt wird und die sonst nichts mit dem Ursprung verbindet. Erschöpft sich der Zusammenhang mit dem Ursprung aber in der Herstellung an einem bestimmten Ort, ist nicht einzusehen, wieso eine Eintragung überhaupt erfolgen können sollte. Die Folge einer solchen Eintragung wäre vielmehr eine Ausnutzung der allgemeinen Wertvorstellungen der Verbraucher, die diese in Bezug auf Erzeugnisse haben, die mit hervorgehobenen Herkunftsangaben gekennzeichnet sind.

---

105 Erwägungsgründe 2 und 3.
106 So auch *Steeger*, WRP 1994, 584 ff., 589.
107 So wohl *Tilmann*, GRUR Int. 1993, 610 ff., 614.

bb) Räumliches Vorliegen von Ansehen

Fraglich ist, wo das Ansehen räumlich vorliegen muß. Man könnte hier die Voraussetzung des Ansehens so auslegen, daß dieses europaweit vorliegen muß. Hierfür spräche der räumliche Geltungsbereich der Verordnung. Aber nur wenige Produkte genießen europaweites Ansehen und könnten diese Voraussetzung tatsächlich erfüllen. Mit einer solchen Auslegung würde nur ein riesiges Hindernis für die Eintragung geographischer Angaben aufgestellt werden. Als weitere Möglichkeit käme in Betracht, den Mitgliedstaat selbst, in welchem das geographische Gebiet liegt, als maßgeblichen Raum für das Vorliegen des bestehenden „Ansehens" heranzuziehen. Auch dieses wäre jedoch ein tatsächlich unüberwindbares Erfordernis für die meisten Bezeichnungen. Denn selbst Produkte, die in der Region, in der sie hergestellt werden, ein hohes Ansehen genießen, sind über die Grenzen der Region hinaus oftmals nur wenig bekannt[108]. Die Verordnung wollte es außerdem gerade Erzeugnissen, die nur regional bekannt sind, ermöglichen, über die Grenzen ihres unmittelbaren Herstellungsgebietes hinaus bekannt zu werden[109]. Letztlich kann daher nur das Ansehen, welches das Produkt aufgrund des geographischen Ursprungs im Ursprungsgebiet selbst genießt, das für die Eintragung maßgebliche sein[110].

c) Andere Eigenschaften

Neben der bestimmten Qualität und dem Ansehen können es auch „andere Eigenschaften" sein, die den Link zwischen Produkt und Herkunft herstellen. Die „anderen Eigenschaften" werden als letztes genannt und stellen damit einen Auffangtatbestand dar. Damit ist Eigenschaft der Oberbegriff für „bestimmte Qualität" und Ansehen.

Als „andere Eigenschaften" kommen alle besonderen Eigenschaften in Betracht, die nicht bereits von der „bestimmten Qualität" oder dem „Ansehen" erfaßt worden sind. An das Vorliegen einer besonderen Eigenschaft sind die gleichen Anforderungen zu stellen wie an die besondere Eigenschaft bei der Ursprungsangabe[111].

---

108 Als Beispiel sei hier nur die Ursprungsangabe „Schwäbisch-Hällisches Schweinefleisch" genannt, http://www.maff.gov.uk/foodrin/foodname/meatoff/germany/schwabis.htm.

109 Erwägungsgrund 2 und 6 VO

110 Vgl. Spezifikation „Bergamotte de Nancy", wonach der Link darin besteht, daß das Produkt „Ansehen von hauptsächlich regionaler Bedeutung" genießt, http://www.maff.gov.uk/foodrin/foodname/confec/bergamo.htm.

111 Hierzu oben unter Kap. 5, A. IV. 1.

2. *Sich Ergeben der bestimmten Qualität oder des Ansehens aus dem Ursprung*

Die bestimmte Qualität, das Ansehen oder die andere Eigenschaft muß sich aus dem Ursprung ergeben. Die sprachliche Fassung des Tatbestandsmerkmals bringt zum Ausdruck, daß hier eine weniger starke Verbindung zwischen Ursprung und Produkt verlangt wird als bei der Ursprungsangabe, bei der die Eigenschaften dem Ursprung zu *verdanken* sein müssen. Die englische und französische Fassung verwendet die Worte „attributable/attribué". Diese Begriffe können auch mit „zuschreiben" übersetzt werden, was m. E. den Sinn der Verordnung besser wiedergibt als „sich ergebend", da „zuschreiben" ein subjektives Element enthält. Zum Ausdruck gebracht wird damit, daß es hier genügt, daß der Verkehr der Ansicht ist, die Eigenschaft ergebe sich aus dem Ursprung, selbst wenn es tatsächlich nicht zutrifft.

3. *Erzeugung, Verarbeitung, Herstellung im Ursprungsgebiet*

Die Definition der Begriffe Erzeugung, Verarbeitung und Herstellung unterscheidet sich nicht von der bei der Ursprungsangabe[112].

Im Gegensatz zu den Anforderungen an die Ursprungsangabe müssen die Herstellungsschritte jedoch nicht kumulativ im Herkunftsgebiet vorgenommen werden. Es genügt vielmehr, wenn einer der Herstellungsschritte dort erbracht worden ist. Derjenige Herstellungsschritt, der die namensgebende Eigenschaft begründet, also bewirkt, daß das Erzeugnis aus dem Ursprungsport stammt, muß dann aber auch vollständig im Ursprungsgebiet erfolgen. Denn sollte dieser Herstellungsschritt auch noch aus dem Ursprungsgebiet ausgelagert werden können, wäre der Link zum angegebenen Ursprungsort für eine Anerkennung der Bezeichnung als geschützte geographische Angabe zu schwach.

D. Schutz bestimmter traditioneller geographischer und nicht-geographischer Bezeichnungen als Ursprungsbezeichnungen, Art. 2 Abs. 3 VO

I. *Der Tatbestand von Art. 2 Abs. 3 VO*

Grundsätzlich bietet die Verordnung keinen Schutz für Bezeichnungen, die sich nicht auf eine Gegend, einen Ort oder ein Land beziehen. Eine Ausnahme ist je-

112 Vgl. hierzu oben unter Kap. 5 A. IV. 3.

doch in Art. 2 Abs. 3 VO für bestimmte traditionelle geographische und nichtgeographische Bezeichnungen geregelt. Erfüllen diese Bezeichnungen die Voraussetzungen des Links in Art. 2 Abs. 2 a), 2. Spiegelstrich VO, gelten sie als Ursprungsbezeichnungen[113].

1. Bestimmte traditionelle geographische und nichtgeographische Bezeichnungen

a) Nichtgeographische Bezeichnungen

Nach herrschender Meinung im deutschen Schrifttum[114] sind unter die traditionellen nichtgeographischen Bezeichnungen die im deutschen Recht als „mittelbare" Herkunftsangaben bezeichneten geographischen Herkunftsangaben zu fassen. Unter „mittelbaren" Herkunftsangaben werden im deutschen Recht im Allgemeinen alle Kennzeichnungen, Aufmachungen usw. verstanden, die nicht direkt auf die geographische Herkunft hinweisen, sondern aus denen der Verkehr auf die geographische Herkunft der so gekennzeichneten Ware schließt[115]. Beispiele für nichtgeographische Bezeichnungen bzw. mittelbare Herkunftsangaben sind etwa Flaggen, Wappen, Wahrzeichen, oder traditionellen Bezeichnungen ohne geographischen Bezug[116], solange diese beim Verbraucher mit geographischen Vorstellungen verbunden sind[117].

b) Geographische Bezeichnungen

Die Ausnahmeregelung für traditionelle geographische Bezeichnungen, ist auf den Fall des britischen „Stilton"-Käses zugeschnitten[118]. Stilton ist eine Ortschaft der englischen Grafschaft Leicestershire, doch wurde der Käse dort nie tatsächlich hergestellt. Den Namen „Stilton" trägt der Käse, weil er im englischen Ort „Stilton" Anfang des 18. Jahrhunderts in dem Gasthof „Bell Inn" verkauft wurde. Hergestellt wird der Käse allerdings in einer anderen Gegend von Leicestershi-

113 Vgl. *Heine*, GRUR 1993, 96 ff., 99.

114 *Beier/Knaak*, GRUR Int. 1993, 602 ff., 608; *Fezer*, MarkenG, 2. A., Vorb § 130 Rn. 13; *Harte-Bavendamm*, GRUR 1996, 717 ff., 726; *Hohmann/Leible*, ZLR 1995, 265 ff., 269; *Leible*, Wettbewerbswidriges Handeln mit Lebensmitteln, Lebensmittelrechtshandbuch, 1997, Rn. 512; *v. Mühlendahl*, ZLR 1993, 187 ff., 194.; *Tilmann*, GRUR 1996, 959 ff., 964; so auch für die Kommission *Schwab*, EIPR 1995, 242.

115 *Ingerl/Rohnke*, MarkenG, § 126 Rn. 6.

116 Vgl. hierzu nur *Ingerl/Rohnke*, MarkenG, § 126 Rn. 6.

117 *Heine*, GRUR 1993, 96 ff., 99.

118 *Heine*, GRUR 1993, 96 ff., 99.

re[119]. Obwohl der Käse also eine geographische Bezeichnung trägt, erfüllt er weder die Voraussetzungen der Ursprungsangabe noch der geographischen Angabe i. S. d. Verordnung, da er an dem Ort, dessen Name er trägt, nicht hergestellt wird. Dennoch handelt es sich um ein Erzeugnis, das einen Link aufweist und alle übrigen Erfordernisse des Links in Bezug auf seinen tatsächlichen Ursprungsort erfüllt.

Unter geographischen Bezeichnungen i. S. d. Art. 2 Abs. 3 VO fallen daher solche geographischen Bezeichnungen, die aus traditionellen Gründen den Ort der Herstellung nicht korrekt benennen, im übrigen aber alle Anforderungen an eine Ursprungsbezeichnung erfüllen.

c) *Traditions-Erfordernis*

Die Ausnahme des Art. 2 Abs. 3 VO greift nur dann ein, wenn es sich um traditionelle Bezeichnungen handelt. Durch das Erfordernis der Traditionalität soll sichergestellt werden, daß Eintragungen gemäß Art. 2 Abs. 3 VO die Ausnahme bleiben.

Der Begriff „traditionell“ wird in der EG-Verordnung nicht definiert. Der Begriff hat jedoch zentrale Bedeutung in der gleichzeitig mit der EG-VO 2081/92 ergangenen Verordnung 2082/92 über die Bescheinigung von besonderen Merkmalen von Agrarerzeugnissen und Lebensmitteln[120]. Der unmittelbare zeitliche Zusammenhang der beiden Verordnung läßt die Übertragung der Bedeutung von „traditionell“ in der VO 2082/92 auf die VO 2081/92 unter Berücksichtigung von Sinn und Zweck der VO 2081/92 zu. Der Begriff „traditionell“ erfährt in der VO 2082/92 zwar ebenfalls keine Legaldefinition. Aus Sinnzusammenhang und Zweck der Verordnung 2082/92[121] ergibt sich jedoch, daß unter dem Begriff „traditionell“ ein geschichtlich gewachsener, kultureller Umstand gemeint ist, bei dem Kenntnisse, Erfahrungen und Wertvorstellungen von einer Generation auf die nächste übertragen werden[122]. Damit kann Art. 2 Abs. 3 VO nur auf solche Bezeichnungen angewendet werden, die schon seit einiger Zeit unter dieser Bezeichnung im Verkehr sind. Die genaue Dauer läßt sich dabei zwar schwer definieren. Doch kann man von einem geschichtlich gewachsenen, kulturellen Umstand nur dann sprechen, wenn das Produkt seit mindestens einer Generation unter der Bezeichnung auf dem Markt ist. Neue, d. h. nach Inkrafttreten der Ver-

---

119 http://www.maff.gov.uk/foodrin/foodname/cheese/uk/whitesti.htm
120 VO des Rates vom 14. Juli 1992, ABl. L 208 vom 24.7.1992, S. 9 ff.
121 S. Art. 4 Abs. 1 und 2, Art. 5 Abs. 3 VO 2082/92.
122 *Krimphove*, ZLR 1992, 674 ff., 678.

ordnung entstandene, geographische oder nichtgeographische Angaben unterfallen der Ausnahmeregelung keinesfalls.

2. *Link*

Die Produkte, die mit einer traditionellen nichtgeographischen bzw. geographischen Bezeichnung gekennzeichnet sind, müssen ferner einen Link mit dem Ursprung entsprechend Art. 2 Abs. 2, 2. Spiegelstrich VO aufweisen. Im Gegensatz zu Art. 2 Abs. 2, 1. Spiegelstrich kann der Link nur zu einem Ort oder zu einer Gegend bestehen. Die Bezugnahme der geographischen Bezeichnung auf ein Land wird durch Art. 2 Abs. 3 VO ausgeschlossen[123].

II. Kein Verstoß von Art. 2 Abs. 3 VO gegen das TRIPs-Abkommen

Die Verordnung bietet eine Eintragungsmöglichkeit für traditionelle geographische und nichtgeographische Bezeichnungen ausschließlich im Rahmen des Eintragungstatbestandes der Ursprungsangabe[124].

Die vom Gemeinschaftsgesetzgeber vorgenommene Differenzierung im Schutz könnte jedoch gegen die Wertung des TRIPs-Abkommens verstoßen, dem die Europäische Gemeinschaft beigetreten ist[125]. Das TRIPs-Abkommen schützt nämlich geographische Angaben unabhängig davon, ob die Bezeichnung des Herkunftsortes durch die geographische Angabe direkt oder indirekt erfolgt[126]. Eine Verpflichtung, solche Angaben ausgerechnet nach Maßgabe der Verordnung zu schützen, besteht allerdings nicht, da unabhängig von der Verordnung ein mittelbarer Schutz dieser Angaben über die Richtlinie gegen irreführende Werbung sowie die Etikettierungsrichtlinie besteht[127]. Dieser Schutz, der aus dem Irreführungsverbot resultiert, entspricht auch den Mindestschutzmaßstäben

---

123 Vgl. dazu auch GA *Pergola*, Schlußanträge zu „Feta", Slg. 1999, I-1541 ff., 1550 Rn. 7.

124 Kritisch hierzu *Beier/Knaak*, GRUR Int. 1993, 602 ff., 608; siehe aber *Tilmann*, GRUR 1996, 959 ff., 964. *v. Mühlendahl* berichtet, daß es der Mehrzahl der Mitgliedstaaten, die die mittelbare Herkunftsangabe nicht kannten, nicht vermittelbar war, einen Schutz, auch in Form der geographischen Angabe zu gewähren, ZLR 1993, 187 ff., 194.

125 Siehe unten Kap. 12, A. I. 2.

126 Vgl. zum TRIPs-Abkommen Kap. 12, A. I. 2 a) bb) (2); *Drexl*, GRUR Int. 1994, 777 ff., 782 ff.; *Harte-Bavendamm*, GRUR 1996, 717 ff., 726.

127 Siehe dazu ausführlich unten Kap. 12, A. II. 2. Vgl. *Tilmann*, GRUR 1996, 959 ff., 964.

des TRIPs-Abkommens. Ein Verstoß der Verordnung gegen das TRIPs-Abkommen liegt deswegen hier nicht vor.

Kapitel 6: Die Eintragungshindernisse der Gattungsbezeichnungseigenschaft und der Kollision mit einer Pflanzensorte oder Tierrasse, Art. 3 VO

A. Gattungsbezeichnungen, Art. 3 Abs. 1 VO

Art. 3 Abs. 1 VO stellt für Angaben über die geographische Herkunft, die zum gemeinhin üblichen Namen für ein Agrarerzeugnis oder Lebensmittel geworden sind, ein „absolutes Schutzhindernis“ auf[128].

Solche sog. Gattungsbezeichnungen dürfen nicht als geschützte Ursprungsbezeichnungen oder geschützte geographische Angaben eingetragen werden. Wird eine Bezeichnung zur Gattungsbezeichnung, so können die Produzenten am Ursprungsort nicht mehr verhindern, daß auch nicht Ortsansässige diese Bezeichnung frei verwenden. Die Bezeichnung hat ihre Kennzeichnungskraft für Erzeugnisse aus einer bestimmten Region verloren.

Um das Originalprodukt von den Produkten der Nachahmer abzugrenzen, müssen die Hersteller des Originalerzeugnisses entweder einen neuen Namen für ihr Erzeugnis suchen oder die zur Gattungsbezeichnung gewordene Bezeichnung mit einem relokalisierenden Zusatz versehen[129]. Die Denaturierung einer geographischen Bezeichnung zur Gattungsbezeichnung hat deswegen schwerwiegende, insbesondere wirtschaftliche Folgen für die ursprünglichen Benutzer einer Bezeichnung[130].

I. Definition der Gattungsbezeichnung, Art. 3 Abs. 1, Unterabsatz 1 VO

Nach der Legaldefinition in Art. 3 Abs. 1, Unterabsatz 2 VO ist unter einer „Bezeichnung, die zur Gattungsbezeichnung geworden ist“, der Name eines Agrarerzeugnisses oder eines Lebensmittels zu verstehen, „der sich zwar auf einen Ort oder ein Gebiet bezieht, wo das betreffende Agrarerzeugnis oder Lebensmittel

128 Das Problem der Denaturierung stellt sich nur vor Eintragung einer Bezeichnung, da die Verordnung in Art. 13 Abs. 3 VO die Denaturierung eingetragener Bezeichnungen zur Gattungsbezeichnung ausschließt, siehe dazu unten Kap. 10, A. II. Vgl. auch *Tilmann* GRUR 1992, 829 ff., 834,

129 Als relokalisierender Zusatz kommen die Begriffe „original-“, „echt-“, „Ur-“ usw. in Betracht.

130 Vgl. auch die Kommission in KOM (96) 38 endg., S. 3. Siehe zu den Rechtsfolgen der Eigenschaft einer Bezeichnung als Gattungsbezeichnung, unten Kap. 6 IV.

ursprünglich hergestellt oder vermarktet wurde, der jedoch der gemeinhin übliche Name für ein Agrarerzeugnis oder ein Lebensmittel geworden ist".

Der Gesetzestext verlangt, daß eine Gattungsbezeichnung ursprünglich eine tatsächliche geographische Herkunftsangabe war, ehe sie zur Gattungsbezeichnung *„geworden"* ist[131]. Die Definition der Gattungsbezeichnung enthält somit eine dynamische Komponente. Man könnte daher die Frage aufwerfen, ob Bezeichnungen, die schon immer Gattungsbezeichnungen waren, überhaupt unter Art. 3 VO fallen und möglicherweise sogar eintragungsfähig wären[132]. Wenn jedoch schon Bezeichnungen, die ursprünglich echte Herkunftsangaben waren, nicht eingetragen werden können, dann muß dieses erst recht für Bezeichnungen, wie Feta[133], gelten, die schon immer als Gattungsbezeichnungen galten[134].

II. Kriterien zur Feststellung des Vorliegens einer Gattungsbezeichnung

Die Entscheidung, ob eine zur Eintragung angemeldete geographische Bezeichnung „gemeinhin üblich" und somit zur Gattungsbezeichnung geworden ist, obliegt gemäß Art. 3 Abs. 1, Unterabsatz 4 VO der Kommission[135].

Maßgebliches Kriterium zur Beurteilung der Frage, ob ein Name „gemeinhin üblich" für ein Agrarerzeugnis oder Lebensmittel geworden ist, ist die Verkehrsauffassung[136]. Bei der Feststellung der Verkehrsauffassung handelt es sich jedoch um keine leichte Aufgabe. Denn es wird nur selten der Fall sein, daß eine Bezeichnung in allen EG-Mitgliedstaaten einheitlich als Gattungsbezeichnung angesehen wird[137] .

---

131 GA *Pergola*, Schlußanträge zu „Feta", Slg. 1999, I-1541 ff., 1552 f. Rn. 10

132 EuGH Slg. 1999, I-1541 ff., 1589 Erw. 78 - Feta, mit Anm. *Gloy*, ZLR 1999, 341 ff.; Zur Feta-Entscheidung vgl. auch *Capelli/Luzzani*, ZLR 1997, 120ff.; *Hofstötter*, ELR 1999, 171 ff.; *Meyenburg*, MarkenR 1999, 339 ff; *Simon*, sic! 1999, 594 ff.

133 Der Begriff „Feta" ist italienischen Ursprungs und bedeutet „Scheibe", GA *Pergola*, Schlußanträge zu „Feta", Slg. 1999, I-1541 ff., 1547 Rn. 3.

134 EuGH Slg. 1999, I-1541 ff., 1589 Erw. 78 - Feta; GA *Pergola*, Schlußanträge zu „Feta", Slg. 1999, I-1541 ff., 1552 Rn. 10.

135 Die Entscheidung darüber, ob es sich bei einer geographischen Bezeichnung um eine Gattungsbezeichnung handelt, kann auch außerhalb des Anmeldeverfahrens getroffen werden, indem die Bezeichnung in das Verzeichnis der Gattungsbezeichnungen gemäß Art. 3 Abs. 3 VO aufgenommen wird. Dieses Verzeichnis, das vom Rat verabschiedet werden muß, existiert jedoch noch nicht, vgl. dazu ausführlich unten Kap. 6 A.III. 2.

136 *Heine*, GRUR 1993, 96 ff., 99.

137 Als die Kommission die Mitgliedstaaten aufforderte, Vorschläge für ein Verzeichnis der Gattungsbezeichnungen in Europa zu machen, wurden keine deckungsgleichen

So war es auch in dem bisher einzigen Fall, in dem es streitig war, ob eine Bezeichnung als Gattungsbezeichnung anzusehen ist. Die in die Verordnung eingetragene Bezeichnung „Feta" war im Ursprungsland Griechenland als kontrollierte Ursprungsbezeichnung geschützt, in Dänemark und wohl auch in Deutschland und Frankreich zur Gattungsbezeichnung geworden und in den übrigen EG-Mitgliedstaaten weitgehend unbekannt[138]. Diejenigen, die die Bezeichnung „Feta" als Gattungsbezeichnung benutzten, hatten sich vor dem EuGH gegen die Eintragung der Bezeichnung „Feta" gewandt. Ihnen sollte nach Ablauf einer Übergangsfrist die Möglichkeit, die Bezeichnung „Feta" zu benutzen, entzogen werden.

In einem solchen Fall, aber auch in jedem anderen, in denen unterschiedliche Verkehrsauffassungen in den einzelnen EG-Mitgliedstaaten vorhanden sind, fallen die Interessen der ursprünglichen Benutzer und die der Benutzer der Gattungsbezeichnung offensichtlich auseinander.

Um der geschilderten Problematik gerecht zu werden, hat der Gemeinschaftsgesetzgeber in Art. 3 Abs. 1 Unterabsatz 3 VO bestimmt, daß bei der Feststellung, ob eine Bezeichnung „gemeinhin üblich" geworden ist, „alle Faktoren und insbesondere folgendes zu berücksichtigen" sind:

- die bestehende Situation in dem Mitgliedstaat, aus dem der Name stammt, und in den Verbrauchsgebieten;
- die Situation in anderen Mitgliedstaaten;
- die einschlägigen nationalen oder gemeinschaftlichen Rechtsvorschriften[139].

Der Gemeinschaftsgesetzgeber hat also zur Feststellung des Gattungsbezeichnungscharakters eines geographischen Namens darauf verzichtet, allein die Verkehrsauffassung zum Maßstab zu nehmen. Die Entscheidung der Kommission über die Eigenschaft einer angemeldeten Bezeichnung als Gattungsbezeichnung erfolgt vielmehr unter Berücksichtigung mehrerer Faktoren durch eine Abwägungsentscheidung[140].

Vorschläge eingereicht, KOM (96) 38 endg., S. 3. Vgl. auch *Gloy*, ZLR 1999, 341 ff., 344; *Heine*, GRUR 1993, 96 ff., 99; *Knaak*, GRUR Int. 2000, 401 ff., 403.

138 EuGH Slg. 1999, I-1541 ff. - Feta

139 KOM (92) 32 endg., vom 25.2.1992 geänderter Entwurf, sah in Art. 3 b) zusätzlich noch die Kriterien „Produktionsmenge innerhalb und außerhalb des Ursprungsgebietes" und „Anerkennung der Bezeichnung als Gattungsbezeichnung durch ein internationales Abkommen dem mindestens ein Mitgliedstaat angehört" vor; vgl. dazu *Kolia*, EIPR 1992, 233 ff., 236 f.

140 Vgl. GA *Pergola*, Schlußanträge zu „Feta", Slg. 1999, I-1541 ff., 1553 f. Rn. 11. Kritisch zur Regelung des Art. 3 Abs. 1 VO, *Gloy*, ZLR 1999, 343 f.

1. Bedeutung der ausdrücklich genannten Kriterien in Art. 3 Abs. 1, Satz 3, 1 - 3 Spiegelstrich VO

Bei den in Art. 3 Abs. 1, Satz 3, Spiegelstriche 1 - 3 VO ausdrücklich aufgezählten Faktoren handelt es sich um Kriterien, die kumulativ zu berücksichtigen sind[141]. Die genannten Kriterien stellen jedoch keinen abschließenden Katalog dar. Daneben müssen von der Kommission auch alle weiteren ihr relevant erscheinenden Faktoren berücksichtigt werden. Denn der Wortlaut betont, daß nicht nur die aufgezählten, sondern *alle* Faktoren zu berücksichtigen sind[142]. Bei der Berücksichtigung der Faktoren kommt der Kommission Ermessen zu[143].

a) Das Kriterium der Situation im Ursprungsland und in den Verbrauchsgebieten

Das erste Kriterium stellt auf die Situation in dem Mitgliedstaat, aus dem der Name stammt, und in den Verbrauchsgebieten ab.

Unter „Situation" ist die Frage zu verstehen, ob eine Bezeichnung der „gemeinhin übliche" Name für ein Agrarerzeugnis geworden ist. Maßgebliches Kriterium, ob eine Bezeichnung zur Gattungsbezeichnung geworden ist, ist die Verkehrsauffassung[144]. Zur Feststellung der Verkehrsauffassung können Verbraucherumfragen herangezogen werden[145].

Die Verbrauchsgebiete betreffen Mitgliedstaaten, in denen das Originalerzeugnis in relevantem Umfang verbraucht wird.

Ist das Ergebnis der Untersuchung der Situation, daß die Bezeichnung im Ursprungsland schon weitgehend als Gattungsbezeichnung angesehen wird oder gar schon zur Gattungsbezeichnung denaturiert ist, ist dieses als Kriterium für die Einstufung als Gattungsbezeichnung bedeutsam. Denn wenn schon im Ursprungsland der Bezeichnung kein Ursprungscharakter mehr zukommt, ist dieses ein Indiz dafür, daß der Bezeichnung auch in anderen Ländern kein Ursprungscharakter mehr zugeordnet wird.

---

141 EuGH Slg. 1999, I-1541 ff., 1591 Erw. 88 - Feta; so auch die *Kommission* in KOM (96) 38 endg. S. 3.

142 EuGH Slg. 1999, I-1541 ff., 1591 f. Erw. 89, 90 - Feta; GA *Pergola*, Schlußanträge zu „Feta", Slg. 1999, I-1541 ff., 1553 f. Rn. 11; *v. Mühlendahl*, ZLR 1993, 187 ff., 190.

143 EuGH Slg. 1999, I-1541 ff., 1591 f. Erw. 89, 90 - Feta

144 *Heine*, GRUR 1993, 96 ff, 99.

145 So hat die Kommission zur Beurteilung der Frage, ob „Feta" eine Gattungsbezeichnung ist eine Verbraucherumfrage zu diesem Thema in Auftrag gegeben. Die Ergebnisse werden in KOM (96) 38 endg, S. 5 und in EuGH Slg. 1999, I-1541 ff., 1575 ff. Erw. 36 ff. - Feta dargestellt; vgl. auch *Gloy*, ZLR 1999, 341 ff., 344.

Zu Ungunsten einer Eintragung der angemeldeten Bezeichnung spricht auch, wenn die Bezeichnung in den übrigen Gebieten und Mitgliedstaaten, in denen das Erzeugnis verbraucht wird und in denen das Erzeugnis somit bekannt ist und geschätzt wird, als Gattungsbezeichnung angesehen wird.

b) Das Kriterium der Situation in den anderen Mitgliedstaaten

Das zweite Kriterium stellt auf die Situation in anderen Mitgliedstaaten der EG ab. Im Gegenschluß aus dem ersten Kriterium ergibt sich, daß mit diesem Kriterium die Situation in den Mitgliedstaaten erfaßt wird, in denen das Originalprodukt nicht in nennenswerten Umfang verbraucht wird.

Die Tatsache, daß eine Bezeichnung in einigen Mitgliedstaaten gar nicht bekannt ist, erlaubt in Anbetracht dessen, daß viele Produkte derzeit nur eine regionale Bedeutung haben und die allgemein bekannten geographischen Angaben nur einen geringen Teil der europaweit eintragungsfähigen Bezeichnungen ausmachen, keinen Rückschluß auf deren Eigenschaft als Gattungsbezeichnung[146].

c) Berücksichtigung der einschlägigen nationalen oder gemeinschaftlichen Rechtsvorschriften

Als letztes ausdrücklich zu berücksichtigendes Kriterium nennt die Verordnung die einschlägigen nationalen oder gemeinschaftlichen Rechtsvorschriften. Darunter sind die Vorschriften zu verstehen, die den Schutz der Bezeichnung sowie die Herstellung, die Etikettierung und die Vermarktung des Erzeugnisses betreffen. Auch die Rechtsprechung, die das Erzeugnis betrifft, ist dabei heranzuziehen. Als gemeinschaftsrechtliche Vorschriften von Relevanz für die Feststellung, ob es sich bei einer Bezeichnung um eine Gattungsbezeichnung handelt, kommen außerdem alle Regelungen in Betracht, die das Erzeugnis in irgendeiner Weise erwähnen[147]. Solche gemeinschaftsrechtlichen Vorschriften sind unabhängig davon heranzuziehen, ob sie die Regelung gewerblichen Eigentums bezwecken oder nicht[148]. So wurden im Fall „Feta" etwa die Kommissionsverordnungen zur Festsetzung der Erstattung für Milch und Milcherzeugnisse herangezogen, worin Ausfuhrerstattungen für Feta gewährt wurden unabhängig von der bei der Her-

146 So auch die *Kommission*, KOM (96) 38 endg. S. 5.

147 Erläuternde Mitteilung der Kommission über die Verkehrsbezeichnung von Lebensmitteln, ABl. C 270, vom 15.10.1991, S. 2; GA *Pergola*, Schlußanträge zu „Feta", Slg. 1999, I-1541 ff., 1555 Rn. 12, Fn. 20.

148 GA *Pergola*, Schlußanträge zu „Feta", Slg. 1999, I-1541 ff., 1555 Rn. 12; a. A. die *Kommission* im Verfahren „Feta", EuGH Slg. 1999, I-1541 ff., 1582, Erw. 71.

stellung verwendeten Milch[149]. Dieses wurde als Indiz dafür gewertet, daß auch die Gemeinschaft die Bezeichnung „Feta" als Gattungsbezeichnung ansieht.

2. *Sonstige Kriterien*

Neben den ausdrücklich genannten Kriterien sind noch „alle" weiteren Faktoren für die Abwägungsentscheidung heranzuziehen.

Nach Aussage des EuGH in der „Feta"-Entscheidung ist insbesondere das Vorhandensein von Erzeugnissen zu berücksichtigen, die sich rechtmäßig im Verkehr befinden und somit unter dieser Bezeichnung in anderen Mitgliedstaaten als dem Ursprungsstaat, der die Eintragung beantragt hat, rechtmäßig vermarktet wurden[150].

Als weiteres Kriterium kommt die Lage in Drittstaaten in Betracht, insbesondere solchen, die als Beitrittskandidaten zur EU in Frage kommen. Auf diese Art und Weise wäre ein unvermeidlicher Konflikt im Zeitpunkt des tatsächlichen Beitritts schon im Vorfeld zu vermeiden.

Außerdem können die Produktionsmenge innerhalb und außerhalb des Ursprungsgebietes sowie die Anerkennung der Bezeichnung als Gattungsbezeichnung durch ein internationales Abkommen, dem mindestens ein Mitgliedstaat angehört, in die Abwägungsentscheidung miteinbezogen werden[151].

Zu berücksichtigen sein könnte ferner das zahlenmäßige Verhältnis der Mitgliedstaaten, in denen die Bezeichnung als Gattungsbezeichnung gilt, zu jenen, wo die Bezeichnung noch als geographische Bezeichnung angesehen wird.

3. *Gewichtung der Faktoren*

Fraglich ist, ob alle Faktoren bei der Abwägung in gleichem Maße zu berücksichtigen sind oder von vorneherein eine Gewichtung zugunsten der Lage im Ur-

---

149 Vgl. nur die VO EWG/3266/75 der Kommission vom 15.12.1975 zur Festsetzung der Erstattungen für Milch und Milcherzeugnise, die in unverändertem Zustand ausgeführt werden ABl. L 324, S. 12; VO EWG/3614/86 der Kommission vom 27.11.1986 zur Festsetzung der Ausfuhrerstattungen für Milch und Milcherzeugnisse, ABl. L 335, S. 18; VO EWG/3846/87 der Kommission vom 17. Dezember 1987 zur Erstellung einer Nomenklatur der landwirtschaftlichen Erzeugnisse für Ausfuhrerstattungen, ABl. L 366, S. 1; VO EG/1170/96 vom 27. Juni 1996 zur Änderung der Verordnung EG/1600/95 mit Durchführungsbestimmungen zur Einfuhrregelung für Milch und Milcherzeugnisse und zur Eröffnung der betreffenden Zollkontingete, ABl. L 155, S. 10.

150 EuGH Slg. 1999, I-1541 ff., 1594 Erw. 99 - Feta. Vgl. *Knaak*, GRUR Int. 2000, 401 ff., 403.

151 KOM (92) 32 endg. vom 25.2.1992.

sprungsland besteht. Für letzteres spricht nach Ansicht der Kommission[152], daß der EuGH in der Entscheidung „Exportur" als Kriterium für die Tatsache, ob eine Bezeichnung zu einer Gattungsbezeichnung geworden ist, den Verweis auf die Lage im Ursprungsland zugrundegelegt hat[153].

Diese Ansicht der Kommission hat der EuGH jedoch in seiner Entscheidung „Feta" mit dem Hinweis zurückgewiesen, daß die Entscheidung „Exportur" eine gänzlich andere Fragestellung behandelt habe. Mit dem Verweis auf die Lage im Ursprungsland habe er lediglich sicherstellen wollen, daß die Durchbrechung des Territorialitätsprinzips durch bilaterale Vereinbarungen nur insoweit möglich sei, als die Schutzwürdigkeit der Bezeichnung im Ursprungsland weiterhin fortbestehe[154]. Ein besonderes Gewicht des Kriteriums der Lage im Ursprungsland bei der Berücksichtigung der Kriterien kommt daher nicht in Frage[155]. Es sind bei der Entscheidung über das Vorliegen der Gattungsbezeichnungseigenschaft einer Bezeichnung immer alle Kriterien in die Abwägung mit einzustellen.

Es ist deshalb unzutreffend, wenn eine Mindermeinung unter Berufung auf Art. 7 Abs. 2 der Gemeinschaftsmarkenverordnung[156] aus dem EuGH-Urteil ableiten will, daß das Vorliegen der Gattungsbezeichnungseigenschaft einer geographischen Bezeichnung in einem Mitgliedstaat *immer* auch zur Feststellung der Eigenschaft einer Bezeichnung als Gattungsbezeichnung im Sinne von Art. 3 Abs. 1 der Verordnung führt[157]. Diese Auffassung verkennt überdies, daß die Verordnung den Fall, daß eine Bezeichnung trotz der Tatsache, daß sie in einigen Mitgliedstaaten als Gattungsbezeichnung angesehen wird, eingetragen wird, in Art. 7 Abs. 4 VO als Einspruchsgrund ausdrücklich berücksichtigt hat. Für diesen Fall bestimmt Art. 7 Abs. 5 b) i. V. m. Art. 13 Abs. 4 VO die Möglichkeit einer Übergangsregelung[158].

---

152 KOM (96) 38 endg. S. 3.

153 EuGH Slg. 1992, I-5529 ff., 5565, Erw. 37 - Exportur; vgl. auch *Knaak*, GRUR 1995, 103 ff., 106.

154 EuGH Slg. 1999, I-1541 ff., 1591 f. Erw. 89, 90 - Feta.

155 EuGH Slg. 1999, I-1541 ff., 1591 ff. Erw. 88, 102 - Feta.

156 Art. 7 Abs. 2 GMVO bestimmt, daß das Vorliegen eines absoluten Eintragungshindernisses auch nur in einem Teil der Gemeinschaft die Eintragung einer Marke auf Gemeinschaftsebene verhindert.

157 So aber *Knaak*, GRUR Int. 2000, 401 ff., 403 f.

158 Aus diesem Grund gibt es auch nicht etwa ein über Art. 3 VO hinausgehendes Eintragungshindernis für eine angemeldete Bezeichnung, für den Fall, daß in *einem* Mitgliedstaat die angemeldete Bezeichnung als Gattungsbezeichnung gilt.

III. *Verfahren bei Feststellung einer Gattungsbezeichnung*

1. *Rechtsfolgen der Feststellung im Eintragungsverfahren*

Die Feststellung der Eigenschaft einer Bezeichnung als Gattungsbezeichnung erfolgt entweder im Zuge der Prüfung des Antrags auf Eintragung oder im Einspruchsverfahren durch die Kommission. Dabei sind die o. g. Kritierien anzuwenden. Der Beschluß der Kommission, daß die Eintragung wegen der Eigenschaft der Bezeichnung als Gattungbezeichnung abgelehnt wird, ist im Amtsblatt der EG zu veröffentlichen. Hierdurch wird das zukünftige Verzeichnis der Gattungsbezeichnungen[159] ergänzt[160].

2. *Verzeichnis der Gattungsbezeichnungen in Europa*

Gemäß Art. 3 Abs. 3 der VO wäre die Kommission vor Inkrafttreten der Verordnung verpflichtet gewesen, dem Rat ein nicht erschöpfendes, informatives Verzeichnis von Gattungsbezeichnungen vorzuschlagen[161]. Das Verzeichnis sollte vom Rat mit qualifizierter Mehrheit verabschiedet und im Amtsblatt der EG veröffentlicht werden[162]. Zu einer Verabschiedung des Verzeichnisses durch den Rat kam es jedoch nie. Das Verzeichnis existiert bis heute nur in Form eines Entwurfs[163]. Bei der Entscheidung, welche Bezeichnungen in das Verzeichnis aufgenommen werden sollen, sind ebenfalls die Kriterien des Art. 3 Abs. 1 der Verordnung zu berücksichtigen.

---

159 Dieses existiert bisher erst im Entwurf, siehe unter Kap. 6, A. III. 2.

160 *Heine*, GRUR 1993, 96 ff., 100.

161 Vgl. dazu *Heine*, GRUR 1993, 96 ff., 100.

162 Die Kommission hat dem Rat am 6.3.1996 mit dem Dokument KOM (96) 28 endg. den Vorschlag zur Entscheidung über das Verzeichnis der Gattungsbezeichnungen vorgelegt. Der Rat hat den Vorschlag jedoch nicht angenommen, da die erforderliche Mehrheit fehlte, siehe hierzu EuGH Slg. 1999, I-1541 ff., 1578, Erw. 43 - Feta. Zu den Gründen aus denen der Vorschlag 3 Jahre nach Inkrafttreten der Verordnung erfolgte s. KOM (96) 38 endg. S. 2 f.

163 In den Vorschlag für das Verzeichnis wurden schließlich die Bezeichnungen Brie, Camembert, Cheddar, Edamer, Emmentaler und Gouda aufgenommen, KOM (96) 38 endg. S. 7

IV. Rechtsfolgen der Feststellung einer Bezeichnung als Gattungsbezeichnung

1. Feststellung im Eintragungsverfahren

Die Rechtsfolgen der Feststellung der Eigenschaft einer Bezeichnung als Gattungsbezeichnung gehen aus der Verordnung nur teilweise hervor. Eindeutige Folge ist gemäß Art. 3 Abs. 1, Unterabsatz 1 VO zunächst, daß Gattungsbezeichnungen nicht nach Maßgabe der Verordnung eingetragen werden und somit auch nicht in den Genuß des entsprechenden Schutzes kommen können.

Fraglich ist jedoch, ob der Beschluß, mit dem die Gattungsbezeichnungseigenschaft im Rahmen der Verordnung festgestellt wird, darüber hinaus auch Wirkungen in den Mitgliedstaaten entfaltet. Relevant wird diese Frage für den Fall, daß die Rechtsnatur einer Bezeichnung in den EG-Mitgliedstaaten unterschiedlich beurteilt wird. So kann es sein, wie im Fall „Feta" geschehen, daß eine Bezeichnung im Ursprungsland noch als Angabe mit Ursprungscharakter behandelt, in anderen Mitgliedstaaten der EG hingegen bereits als Gattungsbezeichnung verwendet wird[164].

Denkbar wäre, daß der Feststellungsbeschluß für die Rechtslage in den EG-Mitgliedstaaten verbindlich ist und somit die Bezeichnung in allen Mitgliedstaaten mit der Veröffentlichung im Amtsblatt als Gattungsbezeichnung gilt. Wenn dem so wäre, dann würde in einem Land, das die Bezeichnung bisher als geographische Angabe anerkannt hat, die Bezeichnung ex nunc zur Gattungsbezeichnung werden, obwohl bezogen auf dieses Land eine Denaturierung faktisch nicht vorliegt. Den Herstellern würde damit in diesem Land ihr alleiniges Recht zur Benutzung der Bezeichnung entzogen. Möglich wäre es dagegen auch, daß der Beschluß der Kommission lediglich im Rahmen der Verordnung von Bedeutung ist und keinerlei Wirkung in den einzelnen Mitgliedstaaten entfaltet[165]. Dann würde nur die Eintragung der Bezeichnung in das Verzeichnis auf EG-Ebene abgelehnt werden und die Bezeichnung im übrigen weiterhin nationalen Schutz genießen[166].

Für eine EG-weite Verbindlichkeit der Feststellung des Gattungscharakters einer Bezeichnung durch die Kommission spricht, daß die Einstufung als Gattungsbezeichnung im Unterschied zur Abweisung der Eintragung aus anderen

---

164 Vgl. auch *Gloy*, ZLR 1999, 341 ff., 344; *Harte-Bavendamm*, GRUR 1996, 717 ff., 718; *Knaak*, GRUR Int. 2000, 401 ff., 403.

165 So *Knaak*, GRUR Int. 2000, 401 ff., 403 f.; vgl. zur Problemstellung auch *Gloy*, ZLR 1999, 341 ff. 344.

166 Zur Reichweite eines Schutzes für nicht eintragungsfähige Bezeichnungen auf Ebene der EG-Mitgliedstaaten, unten Kap. 12, B. V. 3.

Gründen formell im Amtsblatt der EG veröffentlicht wird[167]. Sinn der Veröffentlichung ist die EG-weite Bekanntmachung der Gattungseigenschaft[168]. Damit soll Klarheit bezüglich der Rechtsnatur der Bezeichnung geschaffen und Verbrauchern und Verwendern der Gattungsbezeichnung bedeutet werden, daß sie die veröffentlichte Bezeichnung innerhalb der EG frei verwenden können.

Des weiteren würde eine uneinheitliche Beurteilung der Rechtsnatur einer Bezeichnung in den EG-Mitgliedstaaten zu widersinnigen Ergebnissen führen. Zum einen wäre die Freiheit des Warenverkehrs für mit der Gattungsbezeichnung gekennzeichnete Erzeugnisse nicht mehr gewährleistet. Auf Grundlage der „Exportur"-Rechtsprechung des EuGH zu Art. 30 EGV (ex-Art. 36 EGV) könnte nämlich die Einfuhr eines mit der Gattungsbezeichnung gekennzeichneten Erzeugnisses in den Mitgliedstaaten verhindert werden, in denen die Bezeichnung noch nicht zur Gattungsbezeichnung denaturiert ist. Zum anderen würde die mit der Veröffentlichung erstrebte Rechtsklarheit wieder beseitigt werden. Für den Hersteller eines mit der Gattungsbezeichnung gekennzeichneten Erzeugnisses wäre daher nicht von vorneherein klar, in welchen Ländern er sein Erzeugnis ungehindert vertreiben könnte.

Der oben dargestellten Position könnte man entgegenhalten, daß dann durch einfachen Kommissionsbeschluß den Benutzern der Bezeichnung ihr geistiges Eigentum daran entzogen würde[169]. Um dem Rechnung zu tragen, sieht die Verordnung jedoch gerade eine umfassende Abwägung aller Faktoren durch die EG-Kommission vor, ehe sie die Entscheidung bezüglich der Gattungseigenschaft trifft. Der Beschluß der Kommission ist somit nicht willkürlich, sondern auf eine Abwägung mehrerer, gesetzlich festgelegter Kriterien gestützt. Die Kompetenz dazu ist der Kommission durch die Mitgliedstaaten erteilt worden. Die Benutzer der Bezeichnung sind der Entscheidung der Kommission auch nicht ausgeliefert, sondern können gegen die Entscheidung gemäß Art. 230 Abs. 4 EGV (ex-Art. 173 Abs. 4 EGV) Klage beim EuGH erheben sowie diesbezüglich einstweiligen Rechtsschutz nach Art. 243 EGV (ex-Art. 186 EGV) beantragen[170]. Die Denaturierung zur Gattungsbezeichnung führt schließlich auch nicht dazu, daß den Benutzern die Angabe gänzlich entzogen wird. Denn deren Benutzung und sogar die Eintragung ist ihnen in einer relokalisierten Form sehr wohl möglich. Die Entscheidung der EG-Kommission führt daher nicht zu einer ersatzlosen Enteignung der örtlichen Benutzer, sondern lediglich dazu, daß die Hersteller am Ort sich bei der Vermarktung ihres Produkts in der Bezeichnung umstellen müssen.

---

167 So auch *Tilmann*, GRUR 1996, 959 ff., 963.
168 So wohl auch *Harte-Bavendamm*, GRUR 1996, 717 ff., 725.
169 *Knaak*, GRUR Int. 2000, 401 ff., 406.
170 *Tilmann*, GRUR Int. 1993, 610 ff., 615.

Gegen die Ansicht, die Feststellungsentscheidung der Kommission sei EG-weit verbindlich, könnte jedoch sprechen, daß in den Mitgliedstaaten, in denen vor der Entscheidung die Bezeichnung noch Herkunftscharakter hatte, die Gefahr der Verbraucherirreführung durch unter der Gattungsbezeichnung importierte Erzeugnisse bestehen würde. Hierbei würde es sich aber um eine erlaubte Irreführung handeln, die in Kauf genommen werden muß, bis die Verbraucher sich an die neue Kennzeichnungsweise gewöhnt haben. Der Irreführung kann nach Maßgabe von nationalem Kennzeichnungsrecht im übrigen dadurch vorgebeugt werden, daß für eine Übergangszeit die unter der Gattungsbezeichnung vertriebenen Erzeugnisse einen entlokalisierenden Hinweis enthalten müssen.

Im Ergebnis ist deshalb die Feststellung des Vorliegens einer Gattungsbezeichnung EG-weit verbindlich[171].

2. *Rechtsfolgen der Eintragung in das Verzeichnis der Gattungsbezeichnungen*

Fraglich ist, welche Rechtsfolge eine Eintragung in ein Verzeichnis nach Art. 3 Abs. 3 VO hätte, wenn ein solches Verzeichnis erstellt werden würde. Die Eintragung einer Bezeichnung in dieses Verzeichnis hat ausweislich von Art. 3 Abs. 3 VO zunächst die Folge, daß diese als Gattungsbezeichnung anzusehen und nicht mehr eintragungsfähig ist. Angesichts der Formulierung, ein solches Verzeichnis sei lediglich „informativ"[172], ist jedoch die Frage erörterungsbedürftig, ob die Eintragung in das Verzeichnis der Gattungsbezeichnungen für die Mitgliedstaaten ebenso verbindlich ist wie der Beschluß im Eintragungsverfahren. Dafür spricht zunächst, daß das Verzeichnis durch den Rat verabschiedet werden sollte. Der Aufnahme eines Namens in das Verzeichnis ginge eine Abwägungsentscheidung der Kommission voraus, die sich nach denselben Kriterien richten müßte wie bei einer Feststellungsentscheidung im Eintragungsverfahren. Außerdem wäre eine andere Beurteilung der Aufnahme einer Bezeichnung in das Verzeichnis sinnwidrig. Sinn und Zweck des Verzeichnisses ist es gerade, Rechtssicherheit herzustellen. Darüber hinaus sollen die Nutzungsinteressierten informiert werden, daß es sich um eine Gattungsbezeichnung handelt und der Name nicht mehr auf einen bestimmten Ursprungsort hindeutet. In diesem Sinne ist auch das Wort „informativ" gemeint. Durch die Aufnahme einer Bezeichnung in das Verzeichnis der Gattungsbezeichnungen wird somit für alle Mitgliedstaaten verbindlich deren Eigenschaft als Gattungsbezeichnung festgestellt.

---

171 A. A. *Knaak*, GRUR Int. 2000, 401 ff., 406.
172 Im englischen und französischen Text der Verordnung wird „indicative" verwendet.

V. Möglichkeit der Relokalisierung einer Gattungsbezeichnung

Gattungsbezeichnungen können durch Eintragung mit einem relokalisierenden Zusatz wieder in eine eintragungsfähige Bezeichnung umgewandelt werden[173]. Diese Möglichkeit geht aus Art. 13 Abs. 1 letzter Unterabsatz VO hervor. Von der Möglichkeit der Eintragung solcher Bezeichnungen ist bereits in einigen Fällen Gebrauch gemacht worden, z. B. für „Brie de Meaux“ oder „Camembert de Normandie“[174].

B. Irreführung wegen Kollision mit Pflanzensorte oder Tierrasse, Art. 3 Abs. 2 VO

Die Eintragung einer Bezeichnung als Ursprungsangabe oder geographische Angabe ist nicht möglich, wenn diese mit dem Namen einer Pflanzensorte oder einer Tierrasse kollidiert und deshalb geeignet ist, das Publikum in bezug auf den tatsächlichen Ursprung des Erzeugnisses irrezuführen. Fehlt die Eignung zur Irreführung, so ist die Eintragung der Bezeichnung trotz der Kollision möglich[175].

173 *Heine*, GRUR 1993, 96 ff., 99; *Meyer*, WRP 1995, 783 ff., 784.
174 Eingetragen durch die VO 1107/96, ABL. L 148 vom 21.6.1996, S. 1 ff., 5 f.
175 *Heine*, GRUR 1993, 96 ff., 100.

Kapitel 7: Das Spezifikationserfordernis gemäß Art. 4 VO

A. Zweck der Spezifikation

Die Spezifikation bildet das Kernstück der Anmeldung einer Bezeichnung zur Eintragung als geschützte Ursprungsangabe oder geschützte geographische Angabe bei der Kommission. Aufgrund der in der Spezifikation gemachten Angaben wird entschieden, ob die angemeldete Bezeichnung die Voraussetzungen des Art. 2 Abs. 2 VO erfüllt.

Eine weitere wichtige Funktion der Spezifikation ist die der Abgrenzung der berechtigten von den nichtberechtigten Benutzern. Nur diejenigen Erzeuger, deren Produkte den Angaben der Spezifikation entsprechen, dürfen die geschützte Bezeichnung tragen. Um sicherzustellen, daß die Benutzer der Bezeichnung die durch die Spezifikation gesetzten Maßstäbe auch einhalten, wird dieses anhand der Spezifikation durch unabängige Kontrollstellen überprüft.

B. Inhalt der Spezifikation

Die in der Spezifikation aufzuführenden Mindestangaben, werden in Art. 4 Abs. 2 VO aufgezählt. Sie sind der Anmeldung in einem sog. Lastenheft beizufügen.

I. Namen des Erzeugnisses, Art. 4 Abs. 2 a) VO

Anzugeben ist der „Name des Agrarerzeugnisses oder des Lebensmittels einschließlich der Ursprungsbezeichnung oder der geographischen Angabe“[176].

Aus dieser Formulierung geht hervor, daß der Name des Produkts nicht identisch sein muß mit der Ursprungsbezeichnung, diese aber enthalten muß. Als Beispiel hierfür läßt sich „Camembert de Normandie“ anführen. Mindestangabe ist daher eine Bezeichnung aus dem Oberbegriff „Camembert“ und dem jeweiligen geographischen Gebiet „de Normandie“. Anzugeben ist hier auch, ob es sich um eine Ursprungsangabe oder um eine geographische Angabe handelt.

176 Ausführlich dazu *Meyer, A. H.*, GRUR 1997, 91 ff., 93.

2. *Beschreibung des Erzeugnisses, Art. 4 Abs. 2 b) VO*

Das Erzeugnis ist anhand der gegebenenfalls verarbeiteten Grunderzeugnisse, der wichtigen physikalischen, chemischen, mikrobiologischen und/oder organoleptischen Eigenschaften zu beschreiben. Die Aufzählung ist nicht abschließend, es können auch weitere Eigenschaften zur Beschreibung des Erzeugnisses aufgeführt werden[177]. Die Beschreibung muß insbesondere die ursprungsbedingten Besonderheiten enthalten, auf welche im Rahmen des Links Bezug genommen wird.

a) Grunderzeugnisse

Unter Grunderzeugnissen sind alle wesentlichen, den Charakter des Erzeugnisses bestimmenden Zutaten zu verstehen. Als Grunderzeugnis kommen neben lebenden Tieren, Fleisch und Milch auch Pflanzen und deren Derivate sowie andere Zutaten in Frage, wenn sie für die Qualität des Erzeugnisses ein wesentlicher Faktor sind. So spielt etwa das verwendete Wasser bei Bier eine entscheidende Rolle. Eine Beschränkung der Grunderzeugnisse auf die in Art. 2 Abs. 5 VO genannten Erzeugnisse (lebende Tiere, Fleisch, Milch) kommt hingegen nicht in Frage, da sich Art. 2 Abs. 5 VO ausdrücklich nur auf Art. 2 Abs. 4 VO bezieht.

b) Eigenschaften

Zu nennen sind alle wichtigen Eigenschaften des Erzeugnisses, vor allem diejenigen, die auch die Besonderheit des Erzeugnisses ausmachen. Eine erschöpfende Aufzählung aller Eigenschaften bis in das letzte Detail hinein ist hier allerdings nicht erforderlich. Es genügt eine Beschreibung, anhand derer das Produkt wiedererkennbar ist[178].

Unter die physikalischen Eigenschaften sind u. a. die Form, Größe, Dichte, der Feuchtigkeitsgehalt und die Menge an charakteristischen Geschmacksstoffen des Produkts zu fassen. Zu den chemischen Eigenschaften gehört z. B. der pH-Wert eines Erzeugnisses. Unter den mikrobiologischen Eigenschaften ist das Vorhandensein von Bakterien- oder Pilzkulturen zu verstehen. Die organoleptischen Eigenschaften können die Beschreibung des Geschmacks, des Geruchs, der Farbe, des Aussehens und der Konsistenz des Produktes umfassen[179].

---

177 Siehe dazu ausführlich *Meyer, A. H.*, GRUR 1997, 91 ff., 93.

178 Vgl. ausführlich *Meyer, A. H.*, GRUR 1997, 91 ff., 93.

179 Eine sehr detaillierte Beschreibung findet sich in der Spezifikation des „Riso Vialone Nano Veronese", http://www.maff.gov.uk/foodrin/foodname/fruiveg/italy/risovial.htm. Dort werden von der Farbe, über den Durchmesser bis hin zur Dichte des Reiskorns alle Eigenschaften umschrieben, die das Erzeugnis hat.

3. *Geographisches Gebiet, Art. 4 Abs. 2 c) VO*

Die Abgrenzung des geographischen Gebiets muß möglichst genau darüber Aufschluß geben, innerhalb welcher Grenzen die Herstellung des unter der geographischen Bezeichnung angemeldeten Erzeugnisses erfolgen darf[180]. Die Abgrenzung kann durch Nennung der Verwaltungseinheiten geschehen, die das Gebiet umfaßt[181]. Auch die Abgrenzung anhand bestimmter charakteristischer geographischer Merkmale des Gebiets, wie z. B. eines bestimmten Gebirges oder eines Flusses, ist möglich[182].

4. *Ursprungsnachweis, Art. 4 Abs. 2 d) VO*

Ferner ist der Nachweis zu führen, daß das Erzeugnis aus der angebenen Region kommt[183]. Für weitgehend unverarbeitete Agrarerzeugnisse und Lebensmittel, wie Äpfel, Getreide und Fleisch, genügt hier der Hinweis, daß das Erzeugnis in der angegebenen Region gewachsen bzw. aufgewachsen ist[184]. Für Ursprungsbezeichnungen und geographische Angaben, die sich auf weiterverarbeitete Erzeugnisse beziehen, wie z. B. Käse oder Wurst, kann hier außerdem angeführt werden, was das Erzeugnis typisch oder besonders einmalig macht.

Insbesondere für geschützte geographische Angaben, die lediglich die Herstellung in einem bestimmten Gebiet mit dem Ursprung verbindet, ist ein Hinweis darauf notwendig, in welcher besonderen Weise diese Art von Erzeugnis gerade mit der angegebenen geographischen Region verbunden ist[185]. Denn sonst könnten schließlich genausogut die Ursprungsgebiete der einzelnen Zutaten als Ursprung gelten. Es muß also aus der Spezifikation hervorgehen, wieso das angemeldete Erzeugnis gerade aus dieser Region „stammt". Hierfür können z. B. hi-

---

180 Vgl. ausführlich *Meyer, A. H.*, GRUR 1997, 91 ff., 93.

181 So z. B. die Spezifikation für „Lombo Branco de Portalegre," ABl. C 24 vom 24.1.1997, S. 2.

182 So z. B. die Spezifikation für „Schwarzwaldforelle", http://www.maff.gov.uk/foodrin/foodname/fish/germany/schwarzw.htm oder für „Svecia", http://www.maff.gov.uk/foodrin/foodname/cheese/sweden/svecia.htm.

183 Vgl. *Meyer, A. H.*, GRUR 1997, 91 ff., 94.

184 Vgl. die Spezifikation für die „Maleme Orangen Hania Kreta", die lediglich darauf hinweist, daß das Erzeugnis ausschließlich von Orangenbäumen im festgelegten geographischen Gebiet gewonnen wird, http://www.maff.gov.uk/foodrin/foodname/fruiveg/greece/maleme.htm..

185 Vgl. die Spezifikation für „Nürnberger Lebkuchen", die darauf hinweist, daß die Verbraucher seit Jahrhunderten die Lebkuchen dieser bestimmten, dort hergestellten Qualität mit der Stadt Nürnberg assoziieren, http://www.maff.gov.uk/foodrin/foodname/confec/germany/nurnberg.htm.

storische Nachweise angeführt werden, die die Tradition der Herstellung des Produktes in dem betreffenden Gebiet[186] belegen, die Prägung des Produktes durch die besonderen klimatischen und geologischen Bedingungen des Gebietes[187] oder die Bedeutung des Produktes für die Entwicklung der Region in touristischer und ökonomischer Hinsicht[188].

5. Verfahren zur Gewinnung des Erzeugnisses, Art. 4 Abs. 2 e) VO

Weiter müssen Angaben über die Art und Weise der Herstellung und Erzeugung des Produkts gemacht werden[189]. Dabei sind insbesondere Herstellungsschritte, die die Besonderheiten des Produktes ausmachen und dazu führen, daß dieses sich von ähnlichen unterscheidet, anzugeben. Die Beschreibung muß so genau sein, daß die Hersteller in der Region aus der Spezifikation erkennen können, ob das von ihnen hergestellte Produkt auch den Anforderungen der Spezifikation genügt und sie somit berechtigt sind, die geschützte Bezeichnung zu tragen. Auch den Kontrollorganen muß es dadurch ermöglicht sein festzustellen, ob ein unter der geschützten Angabe verkauftes Erzeugnis den Anforderungen der Spezifikation entspricht.

6. Angaben zum Link, Art. 4 Abs. 2 f) VO

Von besonderer Bedeutung ist der Nachweis des Links zwischen dem Agrarprodukt oder Lebensmittel, das unter der Bezeichnung angemeldet wird, und dessen geographischer Herkunft[190].

a) Geschützte Ursprungsbezeichnung

Für die Ursprungsangabe kann ein solcher Link insbesondere durch Beschreibung der Zusammenhänge zwischen klimatischen Bedingungen und Bodenver-

---

186 „Lentilles verte du Puy“, http://www.maff.gov.uk/foodrin/foodname/fruitveg/france/lentpuy.htm; „Kölsch“, http://www.maff.gov.uk/foodrin/foodname/beerales/germany/kolsch.htm.

187 „Lain Puikula“, http://www.maff.gov.uk/foodrin/foodname/fruitveg/finland/lapinpui.htm

188 „Schwarzwaldforelle“, http://www.maff.gov.uk/foodrin/foodname/fish/germany/schwarzw.htm

189 Vgl. ausführlich *Meyer, A. H.*, GRUR 1997, 91 ff., 94.

190 Vgl. auch *Meyer, A. H.*, GRUR 1997, 91 ff., 95. In der Praxis vermischen sich oftmals die Angaben, die zum Ursprungsnachweis gemacht werden, mit denen zum Link. Vgl. die Spezifikation für Cornish Clotted Cream, ABl. C 140 vom 7.5.1997, S. 4.

hältnissen und den Eigenschaften des Erzeugnisses nachgewiesen werden[191]. Auch die besondere Anpassung der Pflanzen an das Klima sowie das besondere Maß an Erfahrung, das die Erzeuger des Produktes durch die Dauer des Anbaus mitbringen, stellen Linkfaktoren dar[192]. Dabei dienen als Nachweis für die Dauer der Herstellung des Produktes in einer Region und damit für die besondere Erfahrung, die die Hersteller mitbringen, u. a. folgende Faktoren: geschichtliche Nachweise[193], die Bedeutung des Erzeugnisses für den Tourismus[194] und die traditionelle Verwendung des Produktes in der einheimischen Küche.

b) Geschützte geographische Angabe

Für geographische Angaben kann der Link mit den gleichen Mitteln wie für die Ursprungsangabe nachgewiesen werden, da die Kriterien für die Anerkennung als Ursprungsangabe strenger sind. Um das Ansehen des Produktes aufgrund seiner Herkunft nachzuweisen[195], können neben der Tradition des Erzeugnisses, die erforderliche Kunstfertigkeit für die Herstellung des Erzeugnisses[196], der Häufig-

---

191 Vgl. nur die Spezifikation der Ursprungsangabe „Maleme Orangen Hania Kreta", die sich bezüglich des Links mit der Aussage begnügt, daß das Erzeugnis von Orangenbaumsorten, die in traditioneller Art und Weise im festgelegten geographischen Gebiet gewonnen wird, http://www.maff.gov.uk/foodrin/foodname/fruitveg/greece/maleme.htm.

192 Vgl. die Spezifikation für die finnische Kartoffel „Lapin Puikula", http://www.maff.gov.uk/foodrin/foodname/fruitveg/finland/lapinpui.htm, die den Link damit begründet, daß das Erzeugnis seine besonderen Eigenschaften aufgrund der spezifischen klimatischen Bedingungen im nördlichsten Finland in Verbindung mit den seit langem bestehenden traditionellen Anbaumethoden erhält.

193 Vgl. die Spezifikation von „Rocamadour", in der auf einen Lehensvertrag aus dem Jahre 1451 verwiesen wird, ABL. C 140 vom 7.5.1997, S. 6.

194 Vgl. die Spezifikation für den „Waldviertler Graumohn", in der darauf hingewiesen wird, daß die roten und weißen Blüten des Mohns eine große Anzahl von Urlaubern jedes Jahr in die Region des Waldviertels ziehen. Außerdem wird darauf hingewiesen, daß die Mohnsaat eine traditionell in der regionalen Küche Benutzung findet, http://www.maff.gov.uk/foodrin/foodname/fruitveg/austria/waldergr.htm.

195 Stellenweise findet man in der Spezifikation auch nur die Behauptung, daß Ansehen vorliegt, so die Spezifikation für „Bergamote de Nancy", http://www.maff.gov.uk/foodrin/foodname/confec/france/bergamo.htm.

196 Vgl. die Spezifikation für den „Kretischen Keks". Hier wird für den Link u. a. darauf hingewiesen, daß „Kretische Bäcker sich seit vielen Jahrzehnten der Kunst der Herstellung des kretischen Kekses mit besonderer Liebe und Hingabe gewidmet haben. Es ist ein schwieriges und anspruchsvolles Handwerk, das fachmännisches Können und Wissen voraussetzt, welches von einer Generation zur nächsten als geschätztes Geheimnis weitergereicht wird", http://www.maff.gov.uk/foodrin/foodname/confec/greece/cretan.htm.

keit und Art der Erwähnung des Produktes in historischen Dokumenten und Überlieferungen[197] auch Verbraucherumfragen sowie Produktionszahlen[198] als Kriterium herangezogen werden.

7. *Angaben zur Kontrolleinrichtung, Art. 4 Abs. 2 g) VO*

Die Kontrolleinrichtung i. S. von Art. 10 VO, die für die Überwachung der Einhaltung der in der Spezifikation gemachten Angaben zuständig ist, ist zu nennen[199].

8. *Angaben zur Etikettierung, Art. 4 Abs. 2 h) VO*

Zu nennen ist die beabsichtigte Art der Etikettierung, sofern sie sich auf den Zusatz „g. U." oder „g. g. A." oder die entsprechenden traditionellen einzelstaatlichen Zusätze[200] bezieht. Des weiteren sind die Angaben zum Namen des Erzeugnisses zu wiederholen.

9. *Voraussetzungen des nationalen Rechts oder Gemeinschaftsrecht, Art. 4 Abs. 2 i) VO*

Die Spezifikation verlangt schließlich die Nennung von gemeinschaftsrechtlichen und einzelstaatlichen Vorschriften, die die eingetragenen Produkte zu erfüllen haben. Hierunter sind insbesondere lebensmittelrechtliche Vorschriften mit Bezug zu geographischen Angaben zu verstehen[201].

---

197 Vgl. die Spezifikation für „Aachener Printen", die angibt, daß Art und Erscheinung des Gebäcks über 300 Jahre zurückverfolgt werden können, http://www.maff.gov.uk/foodrin/foodname/confec/germany/aachen/htm.

198 Vgl. die Spezifikation für „Coquille - Saint-Jacques des Côtes-d`Armor". Hier wird darauf hingewiesen, daß das Erzeugnis mehr als vierzig Prozent des jährlichen Produktionsvolumen an Meeresfrüchten der Region ausmacht, http://www.maff.gov.uk/foodrin/foodname/fish/france/coquille.htm.

199 *Meyer, A. H.*, GRUR 1997, 91 ff., 95.

200 Dieses betrifft vor allem die Länder mit einem vor der Verordnung bereits bestehenden System kontrollierter Ursprungsbezeichnungen.

201 Z. B. die deutsche KäseVO. Vgl. auch *Meyer, A. H.*, GRUR 1997, 91 ff., 95.

Kapitel 8: Die Verfahren nach der VO 2081/92

A. Einführung

Die Verordnung stellt zwei unterschiedliche Eintragungsverfahren zur Verfügung, das „Mitteilungs- oder Sammeleintragungsverfahren" nach Art. 17 VO, welches ein verkürztes Verfahren zur Eintragung aller bereits in den Mitgliedstaaten anerkannter geographischer Bezeichnungen ist, und das reguläre Eintragungsverfahren (Einzeleintragungsverfahren) nach Art. 5, 6 VO, welches zur Eintragung aller übrigen geographischen Bezeichnungen dient. An das reguläre Eintragungsverfahren kann sich ein Einspruchsverfahren nach Art. 7 VO anschließen. Neben dem Eintragungsverfahren sieht die Verordnung noch ein Verfahren zur Änderung der Spezifikation bereits eingetragener Bezeichnungen sowie ein Verfahren zur Beanstandung eingetragener Bezeichnungen vor.

B. Das reguläre Eintragungsverfahren nach Art. 5, 6 VO

Um Schutz nach der Verordnung zu erlangen, muß die geographische Bezeichnung in einem mehrstufigen Verfahren registriert werden. Der Auftakt des Verfahrens findet vor den nationalen Fachbehörden statt. Das Verfahren wird am Beispiel des deutschen Rechts dargestellt. Ist das Verfahren von der nationalen Fachbehörde abgeschlossen, übergibt diese das Verfahren an die europäische Kommission.

I. Art. 5 und 6 VO i. V. m. § 130 MarkenG

1. Antragsberechtigte

Ein Antrag auf Eintragung kann gemäß Art. 5 Abs. 1 VO nur von einer Vereinigung oder unter bestimmten Voraussetzungen, die in der VO 2037/93[202] festge-

---

202 VO (EWG) Nr. 2037/93 der Kommission mit Durchführungsbestimmungen zur Verordnung (EWG) Nr. 2081/92 zum Schutz von geographischen Angaben und Ursprungsbezeichnungen für Agrarerzeugnisse und Lebensmittel vom 27.7.1993, ABl.

legt sind, von einer natürlichen oder juristischen Person gestellt werden. Die Antragsbefugnis besteht gemäß Art. 5 Abs. 2 VO nur für die Agrarerzeugnisse und Lebensmittel, die der jeweilige Antragssteller im Sinne von Art. 2 Abs. 2 Buchst. a) oder b) VO erzeugt oder gewinnt.

a) Vereinigung

Bei einer Vereinigung handelt es sich gemäß der Legaldefinition des Art. 5 Abs. 1 Unterabsatz 2 VO um jede Art des Zusammenschlusses von Erzeugern und/oder Verarbeitern des gleichen Agrarerzeugnisses oder Lebensmittels. Dabei können sich „andere Beteiligte" der Vereinigung anschließen. Unter den „anderen Beteiligten" sind alle Beteiligten zu verstehen, die in der Produktionskette des Produktes mittelbar eine Rolle spielen, jedoch nicht unmittelbar zu den Erzeugern gehören, also etwa Lieferanten von Saatgut, Rohstoffen, Futtermitteln, Hersteller von Spezialgeräten und Lieferanten von Verpackungsmaterial. Die Rechtsform spielt für die Eigenschaft als Vereinigung ebensowenig eine Rolle wie die Binnenstruktur der Vereinigung. Auch das Bestehen oder das Verfolgen weiterer Zwecke der Vereinigung außer der Antragstellung ist ohne Bedeutung[203].

Grund für das Erfordernis der Antragstellung durch eine Vereinigung sind ausschließlich wirtschaftliche Überlegungen. Denn die Schaffung und Durchsetzung einer geographischen Bezeichnung erfordert eine beträchtliche wirtschaftliche Anstrengung, die die Möglichkeiten eines einzelnen überschreiten könnte, vor allem wenn es sich um kleinere Betriebe handelt[204].

b) Natürliche und juristische Personen

Natürlichen oder juristischen Personen ist es gemäß Art. 5 Abs. 1 VO nur in Ausnahmefällen möglich, als Antragsteller aufzutreten. Die Bedingungen, unter denen eine natürliche oder juristische Person zur Antragstellung berechtigt ist, sind in der VO 2037/93 festgelegt.

Eine Ausnahme kann nach Art. 1 Abs. 1 der VO 2037/93 in ordnungsgemäß begründeten Fällen gemacht werden, wenn die natürliche oder juristische Person zum Zeitpunkt der Beantragung in dem jeweiligen begrenzten Gebiet der einzige Erzeuger ist. Die Person muß die redlichen und ständigen örtlichen Verfahren

---

Nr. L 185 vom 28 Juli 1993, S. 5; zuletzt geändert durch die VO 1726/98 vom 22. Juni 1998, ABl. L 224 vom 11.8.1998, S. 1. Die Verordnung ist das Ergebnis des in Art. 5 Abs. 1 der Grundverordnung angesprochenen Verfahrens nach Art. 15 VO.

203 Vgl. *Ingerl/Rohnke*, MarkenG, § 130 MarkenG, Rn. 2.

204 *Heine*, GRUR 1993, 96 ff., 100.

alleine befolgen. Ferner muß das begrenzte Gebiet, in dem das Produkt hergestellt wird, Merkmale aufweisen, die sich grundsätzlich von denen der angrenzenden Gebiete unterscheiden, und/oder die Erzeugnismerkmale müssen sich grundsätzlich von den in angrenzenden Gebieten unterscheiden. Denkbar ist z. B. die Antragstellung durch ein einzelnes Unternehmen, das als einzelnes eine Mineralwasserquelle ausbeutet oder Alleinhersteller eines Produktes ist, welches aus einer einzigen Region kommt[205].

Wird dem Ausnahmeantrag stattgegeben, gilt die natürliche oder juristische Person gemäß Art. 1 Abs. 2 VO 2037/93 als Vereinigung i. S. v. Art. 5 VO[206].

Auch Personengruppen, die zwar keine juristische Person, jedoch nach einzelstaatlichem Recht einer solchen gleichgestellt sind, sind gemäß Art. 2 VO 2037/93 ebenfalls befugt, einen Ausnahmeantrag gemäß Art. 1 Abs. 1 VO 2037/93 zu stellen[207].

2. *Einleitendes Verfahren auf Ebene der Mitgliedstaaten am Beispiel Deutschlands*

Adressat des Eintragungsantrags ist nach Art. 5 Abs. 4 VO derjenige Mitgliedstaat, in dessen Hoheitsgebiet sich das jeweilige geographische Gebiet befindet. Gemäß Art. 5 Abs. 5 VO prüft der Mitgliedstaat, ob der Antrag gerechtfertigt ist, und übermittelt ihn der Kommission, wenn er der Meinung ist, daß die Bezeichnung eintragungsfähig ist. Die Mitgliedstaaten sind gemäß Art. 5 Abs. 6 VO ermächtigt und verpflichtet, die zur Durchführung des Anmeldeverfahrens erforderlichen Rechts- und Verwaltungsvorschriften zu erlassen. Der Bundesgesetzgeber hat dieses in den §§ 130 - 139 MarkenG und §§ 54 - 63 MarkenV[208] getan. Im folgenden wird am Beispiel dieser Vorschriften das weitere Verfahren dargestellt.

---

205 Vgl. BPatG GRUR Int. 1992, 62 ff. - Vittel; dazu *Beier*, GRUR Int. 1992, 243 ff.

206 Art. 1 Abs. 2 VO 2037/93.

207 Gemäß Erwägungsgrund 4 VO 2037/93 wurde Art. 2 der VO 2037/93 eingefügt, um den verschiedenen Rechtslagen in den Mitgliedstaaten gerecht zu werden.

208 BGBl. I S. 3555; zuletzt geändert durch Verordnung vom 21. Dezember 1998, BGBl. I S. 3893

a) *Zuständige Stelle*

Die Anträge auf Eintragung sind beim Deutschen Patentamt einzureichen[209]. Im Patentamt sind gemäß § 133 Abs. 1 MarkenG die dort errichteten Markenabteilungen zuständig.

b) *Formelle Erfordernisse*

Die Anmeldung soll anhand des Formblatts erfolgen, das vom DPA herausgegeben wird[210]. Die Verwendung des Formblattes ist nicht obligatorisch, soll jedoch sicherstellen, daß sämtliche für das Verfahren erforderlichen Angaben gemacht werden[211].

Anzugeben ist im Antrag insbesondere die Spezifikation nach Art. 4 VO. Die sonstigen zwingend anzugebenden formellen Erfordernisse ergeben sich aus § 54 Abs. 2 Nr. 1-4 MarkenV. Im übrigen gelten die Formvorschriften der §§ 64 ff. MarkenV.

c) *Antragsgebühr, § 130 Abs. 2 MarkenG*

Der Antrag an das DPA ist gebührenpflichtig, § 130 Abs. 2 S. 1 MarkenG. Die Höhe der Gebühr bestimmt sich nach Nr. 136100 GebVerz zu §§ 1, 7 Abs. 1 PatGebG und beträgt z. Zt. DM 1.500[212]. Wird die Gebühr nicht gezahlt, gilt der Antrag als nicht gestellt.

d) *Prüfung des Antrags, § 130 Abs. 3 und 5 MarkenG i. V. m. § 55 MarkenV*

In einem ersten Prüfungsschritt sind vom DPA die Stellungnahmen der interessierten öffentlichen Körperschaften einschließlich der Bundesministerien für Ernährung, Landwirtschaft und Forsten und für Gesundheit sowie der interessierten Verbände, Organisationen und Institutionen der Wirtschaft vom DPA einzuholen[213]. In der Regel wird auch das Bundeswirtschaftsministerium zu unterrichten

---

209 § 130 Abs. 1 MarkenG; das DPA hat ein Merkblatt zur Eintragung erstellt, Bl. 96, S. 200.

210 §§ 54, 63 MarkenV; Formblatt W 7007.

211 *Goebel*, GRUR 1995, 98 ff., 99.

212 Die Gebühr entspricht der Höhe nach der Gebühr zur Eintragung einer Kollektivmarke.

213 § 55 Abs. 1 MarkenV.

sein[214]. Neben Spitzenverbänden der Wirtschaft kommen insbesondere auch Einzelverbände derjenigen Branchen in Frage, die an dem jeweiligen Produkt Interesse haben[215].

Nach Einholung der Stellungnahmen prüft das DPA den Antrag auf Eintragung unter formellen und materiellen Gesichtspunkten. Hinsichtlich des Verfahrens gelten dabei die allgemeinen Grundsätze, insbesondere hinsichtlich der Amtsermittlung[216]. Bei der Prüfung der Eintragungswürdigkeit ist insbesondere die Spezifikation zu berücksichtigen[217].

Ergibt sich aus dem Antrag oder wird bei der Prüfung des Antrags festgestellt, daß die Bezeichnung, für welche die Eintragung beantragt ist, mit einer Bezeichnung übereinstimmt, mit der auch ein in einem anderen Mitgliedstaat gelegenes geographisches Gebiet bezeichnet wird, so unterrichtet das Patentamt im unmittelbaren Verkehr die zuständige Stelle des anderen Mitgliedstaates und gibt ihr Gelegenheit zur Stellungnahme[218]. Zuständig ist diejenige Behörde des jeweiligen Mitgliedstaates, die nach dem jeweiligen nationalen Recht für die Umsetzung der EG-Verordnung benannt ist, in der Regel das nationale Patentamt[219].

Weiterhin hat das DPA zu prüfen, ob es sich bei der Bezeichnung nicht um eine Gattungsbezeichnung handelt.

e) Ergebnis der Prüfung

aa) Verneinung der Eintragungsvoraussetzungen durch das DPMA

Ist das Ergebnis der Prüfung negativ, so wird der Antrag durch Beschluß zurückgewiesen, § 130 Abs. 5 MarkenG.

Gegen die Entscheidung ist die Beschwerde zum Bundespatentgericht und die Rechtsbeschwerde zum Bundesgerichtshof möglich[220]. In allen Stufen des natio-

---

214 *Goebel*, GRUR 1995, 98 ff., 99; *Ingerl/Rohnke*, MarkenG, § 130 MarkenG, Rn. 5; Amtl. Begr. zum Markengesetz zu § 130 MarkenG, BT-Drs. 12/6581, S. 121.

215 *Ingerl/Rohnke*, MarkenG, § 130 MarkenG, Rn. 5.

216 § 59 Abs. 1 VO; *Ingerl/Rohnke*, MarkenG, § 130 MarkenG, Rn. 5.

217 Art. 5 Abs. 3 VO.

218 Art. 5 Abs. 5 Unterabsatz 6 VO, § 55 Abs. 2 MarkenV. Erstmalig wurde Art. 5 Abs. 5 Unterabsatz 6 in Bezug auf die Bezeichnung „Speck dell'Alto Adige" angewandt, vgl. VO 1065/97 der Kommission vom 12.6.1997, ABl. L 156 vom 12.6.1997, S. 5 ff.

219 *Goebel*, GRUR 1995, 98 ff., 100.

220 § 133 Abs. 2 i. V. m. §§ 66 ff., § 83 ff. MarkenG; zum Rechtsmittelverfahren und zur Möglichkeit des Rechtsschutzes bei Verzögerung des Verfahrens, vgl. ausführlich *Loschelder/Schoene*, WRP 2000, 959 ff., 960; *Meyer/Koch*, GRUR 1999, 113 ff., 114.

nalen Rechtsmittelverfahrens kann der EuGH gemäß Art. 234 EGV (ex-Art. 177 EGV) angerufen werden[221].

bb) Bejahung der Eintragungsvoraussetzungen durch das DPMA

Bei positiver Beurteilung des Antrags veröffentlicht das DPA den Antrag im Markenblatt und informiert den Antragsteller sowie die beteiligten Verbände, Organisationen und Institutionen der Wirtschaft[222]. Während einer Frist von 3 Monaten ab der Veröffentlichung des Antrags kann von jeder Person eine Stellungnahme zur Schutzfähigkeit der geographischen Angabe eingereicht werden[223]. Zu diesem Zweck wird auf Antrag Akteneinsicht gewährt[224]. Gehen Stellungnahmen innerhalb dieser Frist beim DPA ein, so überprüft das DPA den Antrag erneut, insbesondere unter den Gesichtspunkten, die noch nicht geltend gemacht worden sind[225]. Bei verspätetem Eingehen von Stellungnahmen, liegt es im Ermessen des DPA, ob es diese noch zum Anlaß einer Sachprüfung nehmen will. Eine sachgemäße Ermessensausübung wird dabei in der Regel für den erneuten Eintritt in die Sachprüfung sprechen, da eine Berücksichtigung aller Gesichtspunkte im öffentlichen Interesse liegt[226].

Gehen keine Stellungnahmen ein oder beschließt das DPA nach erneuter Prüfung des Antrags in positivem Sinne, übermittelt das Patentamt den Antrag dem Bundesministerium für Justiz[227], andernfalls wird der Antrag zurückgewiesen[228].

Beteiligten Dritten steht gegen die positive Entscheidung des DPA, den Antrag an das BMJ zu übermitteln, kein Rechtsmittel zu. Angesichts der EG-rechtlich einheitlich ausgestalteten Möglichkeit, bei der Kommission gegen die Eintragung der geographischen Bezeichnung Einspruch einzulegen, ist dafür kein Raum mehr[229].

---

221 *Meyer/Koch*, GRUR 1999, 113 ff., 114 m. w. N.
222 § 130 Abs. 3, § 56 MarkenV; näher dazu *Goebel*, GRUR 1995, 98 ff., 100.
223 § 58 MarkenV.
224 § 57 MarkenV; § 62 Abs. 1 und 2 MarkenV; *Ingerl/Rohnke*, § 60 MarkenV.
225 § 58 Abs. 2 MarkenV; *Ingerl/Rohnke*, § 130 Rn. 5.
226 *Ingerl/Rohnke*, MarkenG, § 130 MarkenG, Rn. 5; *Goebel*, GRUR 1995, 98 ff., 100 f.
227 § 130 Abs. 3 MarkenG, § 59 MarkenV.
228 Siehe oben Kap. 8 B. I. 2. e) aa).
229 *Meyer/Koch*, GRUR 1999, 113 ff., 115; *Fezer*, MarkenG, 2. A., § 133 Rn. 3; *Loschelder/Schoene*, WRP 2000, 959 ff., 960 f.

f) Übermittlung des Eintragungsantrags an die Kommission durch das BMJ im Falle eines positiven Prüfungsergebnisses durch das DPA

Das Bundesministerium für Justiz übermittelt einen durch das DPA für gerechtfertigt erachteten Antrag an die Kommission mit den erforderlichen Unterlagen[230]. Die erforderlichen Unterlagen sind die gesamten Verfahrensakten, da die Kommission für den Fall eines Einspruchs eine eigene Sachentscheidung treffen können muß.

Streitig ist, ob dem BMJ im normalen Eintragungsverfahren noch eine eigene Prüfungskompetenz zukommt. Betrachtet man den Wortlaut von Art. 5 Abs. 5 VO, so könnte man zu diesem Schluß kommen. Jedoch hat die Bundesrepublik Deutschland ihre Prüfungskompetenz innerstaatlich auf das DPA übertragen. Dieses geht klar aus dem Gesetzeswortlaut von § 130 Abs. 4 MarkenG hervor. Angesichts der umfangreichen Überprüfung durch das DPA wäre es auch überflüssig, eine nochmalige Prüfung durch das BMJ zu veranlassen, und für eine erneute Abstimmung mit anderen Ministerien besteht angesichts der bereits abgegebenen Stellungnahmen im Verfahren vor dem Patentamt kein Anlaß[231]. Im Normalverfahren kommt dem BMJ daher keine eigene Prüfungskompetenz zu[232].

II. Weiteres Verfahren auf Gemeinschaftsebene

1. Prüfung des Antrags durch die Kommission

Die Kommission überprüft den eingereichten, vom betreffenden Mitgliedstaat für gerechtfertigt erachteten Antrag innerhalb einer Frist von sechs Monaten in formeller Hinsicht, insbesondere also die Vollständigkeit des Antrags und die Plausibilität der darin gemachten Angaben sowie das Vorliegen von offensichtlichen Einwänden gegen den Antrag[233]. Verzögert sich die Prüfung über die sechsmo-

---

230 Art. 5 Abs. 5 VO i. V. m. § 130 Abs. 4 MarkenG; vom Zeitpunkt der Übermittlung an, ist die Möglichkeit eines nationalen Übergangsschutzes gegeben, Art. 5 Abs. 5, Unterabsatz 2.

231 So *Ingerl/Rohnke*, MarkenG, § 130 MarkenG, Rn. 6; *Meyer/Koch*, GRUR 1999, 113.

232 A. A. *Goebel*, GRUR 1995, 98 ff., 101; *Tilmann*, GRUR Int. 1993, 610 ff., 616; zum Rechtsschutz bei Verzögerung des Verfahrens durch das BMJ, *Loschelder/Schoene*, WRP 2000, 959 ff., 961; *Meyer/Koch*, GRUR 1999, 113 ff., 115.

233 Art. 6 Abs. 1 VO; vgl. *Heine*, GRUR 1993, 96 ff., 101.

natige Frist hinaus, so kann Untätigkeitsklage erhoben werden nach Art. 232 Abs. 3 EGV (ex-Art. 175 EGV)[234].

2. *Ergebnis der Prüfung*

Das Ergebnis der Prüfung teilt die Kommission den betroffenen Mitgliedstaaten mit[235].

a) *Ablehnung des Antrags*

Fällt das Ergebnis der Prüfung negativ aus, so unterbreitet die Kommission gemäß Art. 6 Abs. 5 VO dem Regelungsausschuß[236] im Rahmen des Verfahrens nach Art. 15 VO den Entwurf des Vorschlags, den Eintragungsantrag nicht im Amtsblatt zu veröffentlichen. Stimmt der Regelungsausschuß dem Vorschlag in seiner Stellungnahme zu, weist die Kommission den Antrag zurück. Andernfalls unterbreitet die Kommission den Entwurf der Ablehnungsentscheidung dem Rat. Entscheidet der Rat nicht innerhalb von 3 Monaten über die vorgeschlagene Maßnahme, so erläßt diese die Kommission selbst. Rechtsschutz gegen die ablehnende Maßnahme ist nach Art. 230 Abs. 4 EGV (ex-Art. 173 EGV) vor dem EuG möglich[237].

---

234 Ausführlich hierzu *Meyer/Koch*, GRUR 1999, 113 ff., 117 f.

235 Art. 6 Abs. 1 VO.

236 Die Kommission wird bei etlichen Entscheidungen, die sie zu treffen hat, durch den sog. Regelungsausschuß unterstützt. Der Regelungsausschuß setzt sich zusammen aus Vertretern der Mitgliedstaaten. Die Kommission führt in diesem Ausschuß den Vorsitz. Vor den Regelungsausschuß werden alle komplizierteren oder streitigen Fälle, die angemeldete geographische Bezeichnungen betreffen, gebracht. Der Ausschuß ist in Zusammenarbeit mit der Kommission zuständig für die Änderung der Anhänge I und II zur Verordnung, die Zulassung der Verwendung anderer Grunderzeugnisse, die nicht aus dem Ursprungsgebiet stammen als den in Art. 2 Abs. 5 VO genannten, die Festlegung der Bedingungen für die Ausnahme nach Art. 5 Abs. 1 VO, die Ablehnung einer Bezeichnung im Normalverfahren, die Entscheidung bei Nichteinigung der Mitgliedstaaten im Vergleichsverfahren, die Nichtanwendung des Verfahrens nach Art. 6 VO bei Spezifikationsänderung und die Eintragung der Bezeichnungen im vereinfachten Verfahren. Die Kommission entscheidet in den oben aufgezählten Fällen daher nicht allein, sondern, über das Instrument des Regelungsausschusses, immer in Zusammenarbeit mit den Mitgliedstaaten.

237 Zum Verfahren vor dem EuG vgl. *Loschelder/Schoene*, WRP 2000, 959 ff., 961; *Meyer/Koch*, GRUR 1999, 113 ff., 115; *Tilmann*, GRUR Int. 1993, 610 ff., 616.

b) Annahme des Antrags

Wird der Antrag durch die Kommission positiv beurteilt, so veröffentlicht sie die Bezeichnung und die wichtigsten Teile des Antrags, also die Angaben, die anderen Interessierten eine Beurteilung des Eintragsantrags möglich macht, im Amtsblatt der EG[238].

Mit der Veröffentlichung des Antrags im Amtsblatt beginnt die Einspruchsfrist gemäß Art. 7 Abs. 1 VO von sechs Monaten zu laufen. Erfolgt in dieser Zeit kein Einspruch, so wird die Bezeichnung in das von der Kommission geführte „Verzeichnis der geschützten Ursprungsbezeichnungen und der geschützten geographischen Angaben" eingetragen und im Amtsblatt veröffentlicht[239].

C. Das Einspruchsverfahren, Art. 7 VO i. V. m. 132 MarkenG

Art. 7 VO enthält die Regelung des Einspruchsverfahrens gegen die beabsichtigte Eintragung einer geographischen Bezeichnung. Ergänzt wird die Vorschrift durch die entsprechenden Regelungen in den Mitgliedstaaten. Das Verfahren auf deutscher Ebene ist in § 132 MarkenG i. V. m. §§ 60 und 61 MarkenV geregelt.

I. Einspruchsberechtigte

1. Einspruchsberechtigte Personengruppen

Unmittelbar einspruchsberechtigt sind während der sechsmonatigen Einspruchsfrist auf Gemeinschaftsebene gemäß Art. 7 Abs. 1 VO nur die Mitgliedstaaten. Auf nationaler Ebene ist hingegen jede in ihrem berechtigten Interesse betroffene Vereinigung, natürliche oder juristische Person bei der zuständigen nationalen Behörde einspruchsbefugt[240]. Auch Personengruppen, die keine juristische Person sind, können gemäß Art. 2 VO 2071/93 einspruchsbefugt sein[241].

---

238 Art. 6 Abs. 2 VO.

239 Art. 6 Abs. 3 und 4 VO. Die Basisverordnung für die Eintragung der geschützten Bezeichnungen in das Verzeichnis der im Verfahren nach Art. 5 ff. eingetragenen Bezeichnungen ist die VO 2400/96 der Kommission vom 17.12.1996, ABl. L 327 vom 18.12.1996, S. 11, zuletzt geändert durch die VO 872/99 der Kommission vom 27.4.1999, ABl. L 110 vom 28.4.1999, S. 4.

240 Art. 7 Abs. 3 VO.

241 Vgl. dazu bereits oben unter Kap. 8, B. I. 1. b).

2. *Berechtigtes Interesse*

Der Einspruch kann auf nationaler Ebene nur geltend gemacht werden, wenn ein berechtigtes Interesse vorliegt, Art. 7 Abs. 3 VO.

Das berechtigte Interesse kann sich etwa daraus ergeben, daß der Einspruchsführer sich selbst für berechtigt ansieht, weil die Bezeichnung beispielsweise eine Gattungsbezeichnung ist. Oder er hält sich für benutzungsberechtigt, obwohl er nicht im Spezifikationsgebiet ansässig ist. Ein berechtigtes Interesse ergibt sich ebenfalls, wenn der Einspruchsführer die Aufnahme anderer Qualitätsmerkmale in die Spezifikation begehrt, die von seinen Produkten erfüllt werden, nicht jedoch von den Mitbewerbern, oder etwa daraus, daß er die Abgrenzung des Spezifikationsgebietes für fehlerhaft hält[242].

II. *Zuständige Stelle*

In Deutschland sind die Markenabteilungen des Patentamts für die Einsprüche auf nationaler Ebene gemäß § 132 Abs. 1, 133 Abs. 1 MarkenG zuständig.

Auf Gemeinschaftsebene zuständig für die Entgegennahme des Einspruchs ist die Kommission.

III. *Formelle Erfordernisse*

1. *Frist und Gebühr*

a) *Deutschland*

Einsprüche müssen innerhalb von vier Monaten ab Veröffentlichung des Antrags im Amtsblatt beim DPA eingelegt werden. Die Festlegung der Frist auf vier Monate ermöglicht es dem Patentamt, den Einspruch innerhalb der durch die Verordnung vorgesehenen Frist zu bearbeiten und an das Bundesministerium für Justiz weiterzuleiten. Eine Wiedereinsetzung in die Frist zum Einreichen des Einspruchs und in die Frist zur Gebührenzahlung findet nicht statt[243]. Dieses ist angesichts der durch die VO gesetzten Frist auch gerechtfertigt, damit der Einspruchsvorgang durch das Patentamt bearbeitet und durch das BMJ fristgerecht an die Kommission weitergeleitet werden kann.

242 *Ingerl/Rohnke*, MarkenG, § 132 MarkenG Rn. 2.
243 § 91 MarkenG, § 60 Abs. 1 S. 3 MarkenV.

Mit Einlegung des Einspruchs ist die Gebühr nach § 132 Abs. 2 S. 2 MarkenG, § 60 Abs. 1 S. 2 MarkenV zu zahlen. Bei Nichtzahlung gilt der Einspruch als nicht rechtzeitig eingegangen. Die Gebühr ergibt sich aus Nr. 136200 Gebührenverzeichnis zu § 1, 7 PatGebG und beträgt z. Zt. DM 200.

b) Weiterleitung des Einspruchs durch den Mitgliedstaat an die EG-Kommission

Der Einspruch ist an die Kommission seitens des jeweiligen Mitgliedstaates innerhalb einer Frist von 6 Monaten ab Veröffentlichung der Bezeichnung im Amtsblatt weiterzuleiten.

2. Angaben nach § 60 Abs. 2 Nr. 1-3 Markengesetz

Anzugeben im Einspruch sind die in § 60 Abs. 3 Nr. 1-3 MarkenVO enthaltenen Mindestangaben, insbesondere die Umstände, aus denen sich das berechtigte Interesse des Einsprechenden ergibt.

3. Einspruchsgründe

Aus dem Einspruch muß ersichtlich sein, auf welchen der in Art. 7 Abs. 4 VO abschließend genannten Gründe sich der Einspruch stützt[244]. Die Umstände, die nach Auffassung des Einspruchsführers den Einspruch begründen, müssen hinreichend substantiiert dargeboten sein. Die Prüfung, ob ein Einspruchsgrund vorliegt, muß allein anhand der mitgeteilten Umstände möglich sein[245]. Die Tatsachen müssen jedoch nicht schlüssig vorgetragen werden, um formell zulässig zu sein[246].

Der Einspruch kann nur auf die folgenden, in der Verordnung abschließend genannten, Einspruchsgründe gestützt werden:

- die Nichteinhaltung der Eintragungsvoraussetzungen gemäß Art. 2 der Verordnung, Art. 7 Abs. 4, 1. Spiegelstrich VO,
- das Vorliegen der Gattungsbezeichnungseigenschaft der zur Eintragung vorgeschlagenen Bezeichnung, Art. 7 Abs. 4, 3. Spiegelstrich VO, oder
- die nachteilige Auswirkung der Eintragung der vorgeschlagenen Bezeichnung auf das Bestehen einer ganz oder teilweise gleichlautenden Bezeichnung oder einer Marke oder auf das Bestehen von Erzeugnissen, die sich zum Zeitpunkt

244 Vgl. auch § 60 Abs. 3 Nr. 1-3 MarkenVO.
245 *Ingerl/Rohnke*, MarkenG, § 132 MarkenG, Rn. 2 m. w. N.
246 *Ingerl/Rohnke*, MarkenG, § 132 MarkenG, Rn. 2.

der Veröffentlichung der vorgeschlagenen Bezeichnung gemäß Art. 6 Abs. 2 bereits seit mindestens fünf Jahren rechtmäßig in Verkehr befinden, Art. 7 Abs. 4, 2. Spiegelstrich VO.

Die Einspruchsgründe sind bis auf Art. 7 Abs. 4, 2. Spiegelstrich VO ohne weiteres aus sich heraus verständlich. Zu diesem Einspruchsgrund hat sich der EuGH in „Feta“ geäußert[247]. Er hat dort klargestellt, daß die Tatsache, daß eine Bezeichnung Gattungsbezeichnung ist, nicht nur im Rahmen von Art. 7 Abs. 4, 3. Spiegelstrich VO, der sich ausdrücklich auf Gattungsbezeichnungen bezieht, geltend gemacht werden kann, sondern auch unter Art. 7 Abs. 4, 2. Spiegelstrich VO Berücksichtigung finden kann[248]. Ein „im Verkehr befindliches Erzeugnis“ kann somit auch ein unter einer Gattungsbezeichnung vertriebenes Erzeugnis sein.

Unter Art. 7 Abs. 4, 2. Spiegelstrich VO können im übrigen als „ganz oder teilweise gleichlautende Bezeichnung“ auch einfache Herkunftsangaben gefaßt werden[249].

IV. Prüfung des Einspruchs

1. Erhebung des Einspruchs vor dem DPA

Die Prüfungsbefugnis des DPA bezüglich des Einspruchs beschränkt sich auf die formellen Erfordernisse des berechtigten Interesses und der Einspruchsbegründung[250].

Das Patentamt leitet den Einspruch dann an das Bundesministerium für Justiz weiter. Dieses legt Einspruch bei der Kommission ein. Nicht ausdrücklich geregelt ist, wie die Übermittlung an die Kommission zu erfolgen hat. Analog § 130 Abs. 4 MarkenG ist anzunehmen, daß das BMJ den Antrag unverzüglich an die Kommission weiterzuleiten hat[251]. Eine Überprüfung des Einspruchs seitens des BMJ, ob dieser weitergeleitet werden soll, findet auch in diesem Kontext nicht statt[252], da Art. 7 Abs. 3 VO davon ausgeht, daß *alle* auf Mitgliedstaatsebene

---

247 EuGH Slg. 1999, I-1541 ff., 1593 Erw. 91 ff. - Feta.

248 EuGH Slg. 1999, I-1541 ff., 1593 Erw. 93 - Feta.

249 *Harte-Bavendamm*, GRUR 1996, 717 ff., 724.

250 *Goebel*, GRUR 1995, 98 ff., 102; *Ingerl/Rohnke*, MarkenG, § 132 MarkenG, Rn. 3.

251 *Ingerl/Rohnke*, MarkenG, § 132 MarkenG, Rn. 3.

252 A. A. *Goebel*, GRUR 1995, 98 ff., 102. Zum vergleichbaren Streitstand bzgl. einer Prüfungskompetenz des BMJ im normalen Eintragungsverfahren vgl. bereits oben unter Kap. 8, B. I. 2 e) bb).

eingereichten Einsprüche durch den jeweiligen Mitgliedstaat an die Kommission weitergeleitet werden.

2. *Zulässigkeitsprüfung durch die Kommission*

Die Kommission prüft zunächst nur die Zulässigkeit des Einspruchs, d. h. sie überprüft die formelle Vollständigkeit des Einspruchs i. S. v. Art. 7 Abs. 4 VO und sie prüft, ob hinreichende Tatsachen bezüglich der in Art. 7 Abs. 4 VO genannten Einspruchsgründe dargelegt worden sind. Die Kommission lehnt den Einspruch ab, wenn er unzureichend begründet ist oder sich nicht auf die Gründe gemäß Art. 7 Abs. 4 VO stützt[253]. Eine inhaltliche Prüfung findet nicht statt.

3. *Vergleichsverfahren, Art. 7 Abs. 5 VO*

Ist der Einspruch zulässig, leitet die Kommission zwingend das Vergleichsverfahren gemäß Art. 7 Abs. 5 VO ein. Diesbezüglich wendet sich die Kommission an die beteiligten Mitgliedstaaten und ersucht diese, innerhalb von drei Monaten im internen Verfahren zu einer einvernehmlichen Regelung zu kommen[254]. Ist nur ein Mitgliedstaat beteiligt, wendet sich die Kommission an den betroffenen Mitgliedstaat und fordert diesen auf, eine Vereinbarung zu erzielen[255].

a) *Verfahren auf Ebene der Mitgliedstaaten am Beispiel Deutschlands*

Auf deutscher Ebene ist das DPA für die Führung der Verhandlungen über den Einspruch zuständig[256]. Es gibt zunächst der zuständigen Stelle der anderen beteiligten Mitgliedstaaten, der Person, die den Einspruch nach Art 7 Abs. 3 VO erhoben hat und dem Antragsteller Gelegenheit zur Stellungnahme[257]. Im Vergleichsverfahren hat das Patentamt keine Befugnis zur Beschlußfassung, kann aber Vorschläge zur gütlichen Einigung machen. Das Ergebnis der Verhandlungen teilt das DPA dem BMJ mit, § 60 Abs. 3 MarkenV.

Das DPA ist allerdings nur dann für die Durchführung der Verhandlungen zuständig, wenn die Bezeichnung von deutscher Seite angemeldet worden ist, da

---

253 Vgl. Erwägungsgrund 2 der VO 2139/98 der Kommission vom 6.10.1998, ABl. L 266 vom 1.10.1998, S. 24 ff.

254 Art. 7 Abs. 5 VO; vgl. das Verfahren bei „Cornish Clotted Cream", VO 2088/98 der Kommission vom 30.9.1998 Abl. L 266, vom 1.10.1998 S. 24 ff.

255 Vgl. Erwägungsgrund 3 der VO 2139/98 der Kommission vom 6.10.1998, ABl. L 266, S. 24 ff. vom 7.10.1998.

256 § 61 Abs. 2 MarkenV.

257 § 61 Abs. 2 MarkenV i. V. m. Art. 7 Abs. 5 a) VO.

dem Patentamt dann die vollständigen Unterlagen zur Verfügung stehen und ein besserer Kontakt zu den Herstellern gewährleistet ist. Ist Deutschland Einspruchsführer obliegt die Koordination des Vermittlungsverfahrens dem Mitgliedstaat, aus dem die Bezeichnung stammt. Das DPA ist jedoch die von Seiten des anderen Mitgliedstaates anzusprechende Stelle.

Rechtsschutz gegen die vom DPA getroffenen Maßnahmen kommt im Vermittlungsverfahren nicht in Betracht, da die gemachten Vorschläge keinen Verwaltungsakt darstellen[258].

b) Ergebnis des Vergleichsverfahrens

aa) Einvernehmliche Regelung auf Ebene der Mitgliedstaaten

Kommen die Mitgliedstaaten zu einer einvernehmlichen Regelung und bleibt die Spezifikation unverändert, so veröffentlicht die Kommission gemäß Art. 7 Abs. 5 a) i. V. m. Art. 6 Abs. 4, 1. Spiegelstrich VO die Bezeichnung im Amtsblatt der EG und trägt sie somit in das „Verzeichnis der geschützten Ursprungsangaben und der geschützten geographischen Angaben" ein[259].

Schließt die erzielte Einigung einen geänderten Eintragungsantrag ein, so leitet die Kommission das Verfahren nach Art. 7 VO erneut ein. Denn bezüglich des neuen, abgeänderten Eintragungsantrags ist wiederum Dritten die Möglichkeit zur Stellungnahme zu geben.

bb) Ausbleiben einer einvernehmlichen Regelung auf Ebene der Mitgliedstaaten

Bei Ausbleiben einer einvernehmlichen Regelung trifft die Kommission gemäß Art. 7 Abs. 5 b) VO eine Entscheidung.

4. Kommissionsentscheidung nach Art. 7 Abs. 5 b) VO

Gemäß Art. 7 Abs. 5 b) VO trifft die Kommission bei Ausbleiben einer einvernehmlichen Regelung zwischen den betroffenen Mitgliedstaaten in Zusammenarbeit mit dem Regelungsausschuß im Verfahren nach Art. 15 VO eine Entscheidung. Bei der Entscheidungsfindung muß die Kommission zwingend die beiden in Art. 7 Abs. 5 b) VO genannten Kriterien, redliche und traditionelle Gebräuche

---

258 *Meyer/Koch*, GRUR 1999, 113 ff., 119.

259 Vgl. das Verfahren bei „Cornish Clotted Cream", VO 2088/98 der Kommission vom 30.9.1998, ABl. L 266 vom 1.10.1998, S. 24 ff.

und tatsächliche Verwechslungsgefahr, berücksichtigen[260]. Sinn dieser Vorgehensweise ist es, einen gerechten Interessenausgleich zu finden. Der gerechte Interessenausgleich kann darin bestehen, daß eine Übergangsfrist gemäß Art. 13 Abs. 4 vorgesehen wird[261], oder daß bezüglich eines Teils der Bezeichnung klargestellt wird, daß dieser nicht geschützt wird[262].

Im Falle einer Entscheidung zugunsten der Eintragung der Bezeichnung wird diese gemäß Art. 7 Abs. 5 b) VO nach Art. 6 Abs. 4 VO veröffentlicht.

Wird die Eintragung der Herkunftsbezeichnung im Verfahren nach Art. 15 VO abgelehnt, so ist gegen diese Entscheidung Klage beim Europäischen Gerichtshof in Form einer Nichtigkeitsklage nach Art. 230 Abs. 4 EGV (ex-Art. 173 EGV) möglich. Dasselbe gilt für einen Eintragungsbeschluß unter einer Bedingung, z. B. die Änderung der Spezifikation, Ergänzung der einzutragenden Bezeichnung durch Zusätze[263].

D. Das verkürzte Eintragungsverfahren nach Art. 17 VO

Für in den Mitgliedstaaten bereits existierende Herkunftsangaben wurde ein verkürztes Eintragungsverfahren geschaffen. Zweck dieses Verfahrens war die Vereinfachung der Anmeldung für offensichtlich schutzfähige Bezeichnungen, die in den Mitgliedstaaten bereits anerkannt waren. Solche Bezeichnungen sollten auch ohne die Bürokratie eines Anmeldeverfahrens Schutz erhalten[264].

Die Frist zur Anmeldung im verkürzten Verfahren betrug sechs Monate nach Inkrafttreten der Verordnung. Sie lief für Deutschland am 14. Januar 1994 ab.

---

260 Ein Fall in dem die Kommission die „tatsächliche Verwechslungsgefahr" geprüft und für den konkreten Fall abgelehnt hat liegt vor im Fall von „Rocamadour", Erwägungsgründe 5 und 6 der VO 38/99 der Kommission vom 8.1.1999, ABl. L 5 vom 9.1.1999, S. 62 f.; vgl. auch das Protokoll des Regelungsausschusses vom 11.12.1998, http://europa.eu.int/comm/dg06/minco/othco/index_de.htm.

261 So im Fall von „Jambon du Bayonne", Art. 1 und Erwägungsgrund 5 und 6 der VO 2139/98 der Kommission vom 6.10.1998, ABl. L 266, S. 24 ff. vom 1.10.1998; vgl. dazu auch die Protokolle des Regelungsausschusses vom 5.6.1998, 6.7.1998 und 18.9.1998, http://europa.eu.int/comm/dg06/minco/othco/index_de.htm.

262 So im Fall von „Imokilly Regato", VO 2107/99 vom 410.1999, ABl. L 258, S. 3 ff. vom 5.10.1999; vgl. dazu auch das Protokoll des Regelungsausschusses vom 15.7.1999, http://europa.eu.int/comm/dg06/minco/othco/index_de.htm.

263 *Meyer/Koch*, GRUR 1999, 113 ff., 119; *Steeger*, WRP 1994, 584 ff,, 591; *Tilmann*, GRUR Int. 1993, 610 ff., 616; zur Klagemöglichkeit Dritter gegen die Entscheidung ausführlich *Meyer/Koch*, GRUR 1999, 113 ff.

264 Vgl. *v. Mühlendahl*, ZLR 1993, 187 ff. 195.

Für neu beigetretene Mitgliedstaaten beginnt sie ab Eintritt des Mitgliedstaates in die EG zu laufen.

I. Eintragungsfähige Bezeichnungen

Eintragungsfähig nach Art. 17 VO sind nur die Herkunftsangaben, die in einem Mitgliedstaat schon bestehen und einzelstaatlich gesetzlich geschützt oder in Mitgliedstaaten, in denen ein Schutzsystem nicht besteht, durch Benutzung üblich geworden sind.

Die im verkürzten Verfahren angemeldeten Bezeichnungen müssen den Anforderungen der in Art. 2 VO festgelegten Tatbestandsvoraussetzungen einer Ursprungsbezeichnung oder geographischen Angabe entsprechen. Für sie ist eine Spezifikation entsprechend Art. 4 VO einzureichen. Gattungsbezeichnungen sind auch im verkürzten Verfahren von der Eintragung ausgeschlossen[265].

II. Verfahren

1. Verfahren auf nationaler Ebene

Ein Verfahren auf nationaler Ebene kann aufgrund der kurzen Anmeldefrist von sechs Monaten nur in stark eingeschränktem Maße stattfinden. Durch Art. 17 Abs. 1 wurden die EG-Mitgliedstaaten aufgefordert, alle Bezeichnungen, die gemäß Art. 17 Abs. 1 eintragungsfähig sind, der Kommission mitzuteilen. Eine eigenständige Prüfung der Bezeichnungen auf mitgliedstaatlicher Ebene ist in der Verordnung nicht vorgesehen.

In Deutschland bestand das nationale Eintragungsverfahren darin, daß die Verbände von der Bundesregierung aufgefordert wurden, ihr alle bestehenden geographischen Bezeichnungen mitzuteilen[266].

2. Verfahren auf EG-Ebene

Die gemeldeten Bezeichnungen werden von der Kommission darauf geprüft, ob sie den Voraussetzungen der Art. 2 und 4 VO entsprechen. Ist dieses der Fall,

---

265 EuGH Slg. 1999, I-1541 ff., 1592 Erw. 92 - Feta.

266 Vgl. *Meyer, A. H.*, GRUR 1997, 91; *Meyer, P./Koch*, GRUR 1999, 113 ff., 119; Die Verfahrensregelung in § 128 ff. MarkenG und §§ 54 ff. MarkenV waren zu diesem Zeitpunkt noch nicht in Kraft getreten.

verfährt die Kommission für die weitere Eintragung gemäß dem Verfahren nach Art. 15 VO. Die Eintragung ist durch die Kommission im Wege von Verordnungen vorgenommen worden[267].

Für die Zurückweisung des Antrags im verkürzten Verfahren sieht die Verordnung keine besondere Vorgehensweise vor[268]. Die Zurückweisung soll bereits dann erfolgen können, wenn die eingereichten Unterlagen unvollständig sind oder offensichtlich nicht unbegründete Bedenken gegen den Eintragungsantrag geltend gemacht wurden[269].

Eine Einspruchsmöglichkeit nach Art. 7 VO besteht im verkürzten Verfahren nicht, da dieser durch Art. 17 Abs. 2 VO für nicht anwendbar erklärt ist. Jedoch können die in Art. 7 Abs. 4 VO genannten Einspruchsgründe im Rahmen einer Nichtigkeitsklage nach Art. 230 Abs. 2 EGV (ex-Art. 173 EGV) gegen die Eintragung einer Bezeichnung geltend gemacht werden[270]. Denn mangels ausdrücklich entgegenstehender Bestimmungen müssen auch im Verfahren nach Art. 17 VO die eingetragenen Bezeichnungen den Maßstäben der Verordnung entsprechen[271].

E. Das Spezifikationsänderungsverfahren, Art. 9 VO, § 131 MarkenG

Um tatsächlichen Veränderungen am Spezifikationsgegenstand einer bereits eingetragenen geographischen Ursprungsbezeichnung oder geographischen Angabe Rechnung tragen zu können, sieht die Verordnung in Art. 9 VO ein Verfahren zur Abänderung der jeweiligen Spezifikation vor.

---

267 VO 1107/96 der Kommission vom 12.6.1996, ABl. L 148 vom 21.6.1996, S. 1, zuletzt geändert durch VO 1070/99 der Kommission vom 25.5.1999, ABl. L 130 vom 26.5.1999, S. 18.

268 Nach Angaben von *Meyer, P./Koch*, GRUR 1999, 113 ff., 119, soll die Kommission jedoch erklärt haben, daß die Ablehnung ebenfalls mit Veröffentlichung im Amtsblatt erfolgen soll.

269 *Kommission*, zitiert nach *Meyer, P./Koch*, GRUR 1999, 113 ff., 119; Tatsächlich ist noch keine Anmeldung im Verfahren nach Art. 17 VO zurückgewiesen worden. Stattdessen hat die Kommission ihre Absicht die betreffende Bezeichnung zurückzuweisen den entsprechenden Mitgliedstaaten im Regelungsausschuß mitgeteilt. Diese haben daraufhin ihre Anmeldungen zurückgezogen, vgl. nur Regelungsausschußprotokolle vom 21.11.1997, 23.1.1998 und 20.2.1998, http://europa.eu.int/comm/dg06/minco/othco/index_de.htm.

270 EuGH Slg. 1999, I-1541 ff., 1592 Erw. 91 f. - Feta; zum Rechtsschutz im vereinfachten Verfahren, *Meyer/Koch*, GRUR 1999, 113 ff., 119; *Tilmann*, GRUR Int. 1993, 610 ff., 615 f.

271 EuGH Slg. 1999, I-1541 ff., 1592 Erw. 92 - Feta.

I. Antragsberechtigte

Zu einem Antrag auf Änderung der Spezifikation ist nach Art. 9 VO allein der betroffene Mitgliedstaat berechtigt. Da die Mitgliedstaaten jedoch von selbst keine Kenntnis über notwendige Änderungen der Spezifikationen haben können, ist davon auszugehen, daß auch hier die Anregungen von den betroffenen Vereinigungen kommen, von denen auch der Antrag auf Eintragung ausgegangen ist[272].

Dementsprechend hat Deutschland ein Verfahren für Anträge auf Änderung der Spezifikation eingerichtet, auf das die Vorschriften des Anmeldeverfahrens analog anzuwenden sind[273]. Antragsberechtigt auf Ebene Deutschlands sind daher gemäß § 131 MarkenG i. V. m. §§ 62 und 54 Abs. 2 MarkenV die gemäß Art. 5 Abs. 1 VO Berechtigten.

II. Änderungsantrag

1. Änderungsgründe

Wie sich aus dem Wortlaut von Art. 9 VO („insbesondere") ergibt, sind die Gründe, aus denen eine Änderung der Spezifikation beantragt werden kann, dort nicht abschließend aufgezählt. Neben der Berücksichtigung einer Änderung des Standes von Wissenschaft und Technik und der Neuabgrenzung des Spezifikationsgebietes sind daher auch weitere Änderungsgründe zulässig.

a) Berücksichtigung des Standes von Wissenschaft und Technik

Änderungsanträge können sich auf die Berücksichtigung des Standes von Wissenschaft und Technik beziehen. In der Regel werden davon das Verfahren zur Gewinnung des Erzeugnisses und dessen wichtige Eigenschaften betroffen sein. Beispielsweise können sich die Anbaumethoden verändern oder neue Ernteverfahren entwickelt werden.

Diesbezügliche Änderungsanträge dürften unproblematisch sein, sofern dadurch nicht der Link mit dem Ursprung des Produkts beeinträchtigt wird.

---

272 Amtl. Begründung zu § 121 MarkenG, BT-Drs. 12/6581, S. 121.

273 §§ 131, 130 MarkenG; §§ 62, 52 Abs. 2, 55 bis 61 MarkenV.

b) *Neuabgrenzung des Spezifikationsgebietes*

Schwieriger dürfte eine Neuabgrenzung, insbesondere die Vergrößerung des geographischen Gebietes sein, in welchem das Produkt hergestellt wird. Denn hier muß nachgewiesen werden, daß auch bei Vergrößerung des Gebiets der Link noch gegeben ist, also daß die natürlichen und menschlichen Verhältnisse weitgehend identisch bleiben im Verhältnis zum bisher durch die Spezifikation erfaßten Gebiet und daß das Produkt aus dem veränderten Gebiet noch die gleichen Eigenschaften hat. Ebenfalls betroffen von einer Änderung des Gebietes ist der Nachweis, daß das Produkt aus der Gegend stammt.

c) *Sonstige Änderungsgründe*

Die Änderung kann auch den Namen betreffen, unter dem eine Bezeichnung eingetragen ist[274], oder die unrichtig gewordene Beschreibung der Produkteigenschaften[275]. Ein weiterer Änderungsgrund kann die Weiterentwicklung des Erzeugnisses selbst sein, das die eingetragene Bezeichnung trägt. So kann es im Interesse der Benutzer der eingetragenen geographischen Bezeichnung liegen, Zuchtverbesserungen an der Pflanzensorte, aus der das Erzeugnis hergestellt wird, in die Spezifikation einzutragen. Ebenso können sich die Erzeuger der Produktes einigen, die Anbaumethoden, Pflanzensorten oder die Zutaten zum Endprodukt zu beschränken oder genauer festzulegen. Außerdem kann der Änderungsantrag auch auf Änderung der Kategorie lauten, in welche die Bezeichnung eingetragen ist, etwa von einer geschützten geographischen Angaben zur geschützten Ursprungsbezeichnung.

---

274 So wurde die im Verfahren gemäß Art. 17 VO eingetragene Bezeichnung „Ossau Iraty Brebis-Pyrénées" in „Ossau-Iraty" geändert, VO 83/99 der Kommission vom 13.1.1999, ABl. L 8 vom 14.1.1999, S. 17 .

275 So wurde bei der im Verfahren gemäß Art. 17 VO eingetragenen Bezeichnung „Idiazábal" die Angabe des pH-Wertes des Käses geändert. Nach Eintragung der Bezeichnung hatte sich aufgrund von Messungen herausgestellt, daß der zunächst angegebene Wert nicht mit dem tatsächlich bestehenden übereinstimmte, VO 2317/99 vom 29.10.1999, ABl. L 280 vom 30.10.1999, S. 66.

2. *Verfahren*

a) *Ebene der Mitgliedstaaten am Beispiel der Deutschlands*

Auf das Verfahren auf Ebene Deutschlands finden gemäß §§ 131 MarkenG i. V. m. § 62 MarkenV die für die Anmeldung einer Bezeichnung geltenden Vorschriften entsprechende Anwendung.

b) *Ebene der EG*

Die Kommission prüft den Spezifikationsänderungsantrag in entsprechender Anwendung des regulären Eintragungsverfahrens nach Art. 6. Die Änderung der Spezifikation wird im Amtsblatt veröffentlicht.

Bei geringfügigen Änderungen, die die Rechte Dritter nicht beeinträchtigen oder den Link betreffen, kann die Kommission im Verfahren nach Art. 15 VO entscheiden, auf das Verfahren nach Art. 6 zu verzichten und die Änderung sofort in das Verzeichnis einzutragen und im Amtsblatt zu veröffentlichen[276]. Verzichtet die Kommission auf das Verfahren nach Art. 6, so findet auch kein Einspruchsverfahren statt.

Gegen die Änderung der Spezifikation kann Klage erhoben werden gemäß Art. 230 Abs. 2 und 4 EGV (ex-Art. 173 EGV).

F. Das Verfahren bei Beanstandung einer Bezeichnung, Art. 11 VO

Die Kontrolle eingetragener Bezeichnungen wird durch die Verordnung in mehrfacher Weise gewährleistet. Zum einen durch die in Art. 10 VO geregelten Kontrollstellen[277], zum anderen ist den Mitgliedstaaten die Möglichkeit gegeben, im

---

276 In beiden Fällen der Spezifikationsänderung hat die Kommission bisher auf die Anwendung des Verfahrens nach Art. 6 VO verzichtet, VO 83/99 der Kommission vom 13.1.1999, ABl. L 8 vom 14.1.1999, S. 17 und VO 2317/99 vom 29.10.1999, ABl. L 280 vom 30.10.1999, S. 66.

277 Nach Art. 10 Abs. 1 VO müssen die Mitgliedstaaten diese Kontrollstellen bis 6 Monate nach Inkrafttreten der Verordnung geschaffen haben. Die Kontrollstellen müssen objektiv und unparteilich sein, können staatlich oder privat sein und müssen der Kommission mitgeteilt werden, die die Liste der Kontrollstellen im Amtsblatt veröffentlicht (Art. 10 Abs. 2 und 3 VO), siehe die Übersichten in ABl. C 317 vom 26.10.1996, S. 3 C 200 vom 26.6.1998, S. 2 und C 332 vom 30.10.1998, S. 3. Die Überwachung durch die Kontrollstellen ist in Deutschland in § 134 MarkenG geregelt, vgl. dazu *Fezer*, MarkenG, 2. A., § 134 MarkenG. § 139 Abs. 1 MarkenG ermächtigt die deutschen Landesregierungen, die Durchführung der Kontrollen durch

Verfahren nach Art. 11 VO die Nichteinhaltung einer Spezifikation zu beanstanden.

I. Antragsberechtigte

Zur Beanstandung berechtigt sind gemäß Art. 11 VO die Mitgliedstaaten. Es ist anzunehmen, daß der Anstoß für die Beeinträchtigung aus den Reihen der Anmelder bzw. der Mitbewerber eines unter einer geschützten Bezeichnung vertriebenen Erzeugnisses kommen wird, da die Regierung den nötigen Überblick über den Markt nicht haben kann.

II. Verfahren

1. Geltendmachung auf Ebene der Mitgliedstaaten

Für die Beanstandung ist in Deutschland kein Verfahren eingerichtet worden. Beanstandungen einer Vereinigung sind daher an die zuständige Stelle für nach der Verordnung eingetragene Bezeichnungen, das BMJ, zu richten.

2. Regelung der Beanstandung auf Ebene der Mitgliedstaaten

Liegt ein Grund für eine Beanstandung zum ersten Mal vor, so wendet sich der beanstandende Mitgliedstaat zunächst ohne Beteiligung der Kommission direkt an den anderen Mitgliedstaat, zu dessen Gebiet die geschützte Bezeichnung gehört. Der zuständige Mitgliedstaat überprüft daraufhin die Beanstandung und unternimmt ggf. die notwendigen Maßnahmen.

3. Hinzuziehung der Kommission

Nur wenn wiederholt Unregelmäßigkeiten bei der Einhaltung der Spezifikation festgestellt werden und die betroffenen Mitgliedstaaten darüber keine Einigung erzielen können, kann die Beanstandung mittels eines ordnungsgemäß begründeten Antrags an die Kommission gerichtet werden. Der Antrag muß auf Überprüfung der Situation bezüglich der umstrittenen Bezeichnung gerichtet sein.

Rechtsverordnung privaten Einrichtungen zu übertragen, vgl. dazu *Fezer*, MarkenG, 2. A. § 139 MarkenG.

Die Kommission prüft den Antrag, indem sie die Stellungnahmen der betroffenen Mitgliedstaaten einholt. Zu erwarten ist hier, daß die Mitgliedstaaten wiederum jeweils die Stellungnahmen der betroffenen Erzeuger und Verbände einholen werden.

Stellt die Kommission nach Prüfung der Gutachten fest, daß die Beanstandung begründet ist, trifft sie die erforderlichen Maßnahmen nach Anhörung des Regelungsausschusses. Zu den erforderlichen Maßnahmen *kann* auch die Löschung der Bezeichnung gehören. Aus der Formulierung des Art. 11 Abs. 4 VO läßt sich schließen, daß der Kommission weitere Maßnahmen zur Verfügung stehen, die in der Verordnung allerdings nicht genannt sind. Als weitere Maßnahme in Betracht kommt z. B. die Androhung der Löschung bei weiteren Verstößen gegen die Spezifikation. Denkbar wäre auch die Aufforderung an den betroffenen Mitgliedstaat, einen Spezifikationsänderungsantrag zu stellen, der den tatsächlichen Gegebenheiten gerecht wird.

Kapitel 9: Eintragung von Bezeichnungen aus Drittstaaten, Art. 12 VO

A. Einführung

Grundsätzlich sind nach Maßgabe der Verordnung nur Bezeichnungen eintragungsfähig, die aus EG-Mitgliedstaaten stammen. Der Gemeinschaftsgesetzgeber hat jedoch eine Öffnung der Verordnung auch für Bezeichnungen aus Drittstaaten vorgesehen. Art. 12 VO regelt die Voraussetzungen, unter denen Bezeichnungen aus Drittstaaten auch in den Genuß des Schutzes nach Maßgabe der Verordnung kommen können.

Bisher sind noch keine Bezeichnungen aus Drittstaaten bei der EG-Kommission angemeldet worden. Jedoch richten potentielle Beitrittsländer ihr Schutzsystem für geographische Bezeichnungen bereits am Beispiel der VO 2081/92 aus[278], so daß Anmeldungen aus diesen Staaten nicht mehr lange auf sich warten lassen dürften.

B. Tatbestand von Art. 12 Abs. 1 VO

Voraussetzung für die Zulässigkeit der Anmeldung einer Bezeichnung aus einem Drittstaat ist, daß der betreffende Drittstaat alle in Art. 12 Abs. 1 VO festgelegten Bedingungen erfüllt.

I. Vom Drittland zu erfüllende Bedingungen

1. Garantien, die denen des Art. 4 VO gleichwertig sind, Art. 12 Abs. 1, 1. Spiegelstrich VO

Gemäß Art. 12 Abs. 1, Abs. 1, 1. Spiegelstrich VO, kann die Verordnung auf Agrarerzeugnisse und Lebensmittel mit Ursprung in einem Drittland angewendet werden, sofern das Drittland imstande ist, den in Art. 4 VO genannten Garantien

---

278 So z. B. das neue bulgarische Gesetz über die Marken und die geographischen Bezeichnungen vom 14.9.1999; dazu ausführlich *Dimov*, GRUR Int. 2000, 129 ff., 134 ff.

entsprechende oder gleichwertige Garantien zu bieten. Dadurch wird festgelegt, daß eine Eintragungsmöglichkeit für Drittlandsbezeichnungen nur für solche Bezeichnungen besteht, die die Spezifikationserfordernisse der Verordnung erfüllen oder diesen gleichwertig sind. Insbesondere muß der Drittstaat gewährleisten, daß die in der Spezifikation gemachten Angaben auch inhaltlich korrekt und wahrheitsgemäß erfolgen. Dazu muß der Drittstaat ein nationales Vorverfahren zur Anmeldung von geographischen Bezeichnungen einrichten, welches den Anforderungen von Art. 5 VO entspricht.

2. *Gleichwertigkeit der Kontrollregelung nach Art. 10 VO, Art. 12 Abs. 1, 2. Spiegelstrich*

Gemäß Art. 12 Abs. 1, 2. Spiegelstrich muß darüber hinaus eine unabhängige Kontrollstelle vorhanden sein, die entsprechend der in Art. 10 VO vorgesehenen Regelung, die Einhaltung der Spezifikation überprüft.

Nach dem Wortlaut der Norm muß dieses Kontrollsystem bereits zu einem Zeitpunkt vor der ersten Anmeldung einer geographischen Bezeichnung durch das Drittland vorliegen. Es ist jedoch vorstellbar, daß die EG in bilateralen Verhandlungen Ausnahmen zulassen könnte, wenn sich das Kontrollsystem erst im Aufbau befindet oder der Mitgliedstaat sich verbindlich zur Schaffung eines solchen Systems bereit erklärt.

Sinn der in den ersten beiden Spiegelstrichen festgelegten Bedingungen ist es sicherzustellen, daß die Drittstaatenbezeichnungen auch den Anforderungen an das EG-Schutzsystem genügen. Dieses sind die beiden Kernanforderungen, die auch jeder EG-Mitgliedstaat für seine Bezeichnungen erfüllen muß. Nur dieses ermöglicht es, den Verbrauchern eine Garantie für die Herkunft und auch für eine bestimmte Qualität der unter dem Gütesiegel der Verordnung vertriebenen Produkte zu geben, wie es von der Verordnung beabsichtigt ist[279]. Eine Eintragung von Bezeichnungen in das Verzeichnis auf EG-Ebene, bei denen von Seiten des Drittstaates nicht gewährleistet ist, daß die Angaben inhaltlich korrekt sind und bei denen die Einhaltung der Angaben der Spezifikation nicht sichergestellt ist, würde diese Garantie und damit auch den Erfolg der Verordnung gefährden.

3. *Gegenseitigkeit des Schutzes, Art. 12 Abs. 1, 3. Spiegelstrich VO*

Art. 12 Abs. 1, 3. Spiegelstrich, der das Erfordernis eines gleichwertigen Schutzes für EG-Bezeichnungen im Drittland aufstellt, bringt den Gedanken der Reziprozität zum Ausdruck. Die EG bezweckt damit, das Schutzniveau in den

279 Erwägungsgründe 3 und 6 VO.

Drittstaaten dem der EG anzugleichen und den EG-Bezeichnungen in den Drittstaaten einen äquivalenten Schutz zur Verfügung zu stellen.

Fraglich ist, ob dieses seitens des Drittlandes voraussetzt, daß es ebenfalls ein Registrierungssystem schafft. Der Wortlaut gibt jedoch nicht vor, daß ebenfalls ein Registrierungssystem im Drittstaat vorliegen muß. Denkbar wäre daher auch ein Schutz, der auf einer bilateralen Vereinbarung beruht[280].

II. Problem: Vereinbarkeit von Art. 12 VO mit dem Grundsatz der Inländerbehandlung in Art. 3 TRIPs

Nach Art. 12 Abs. 1 VO gilt die Regelung über die Eintragungsmöglichkeit von Drittlandbezeichnungen „unbeschadet internationaler Übereinkünfte". Bei den in Art. 12 angesprochenen internationalen Übereinkünften handelt es sich ausschließlich um solche, aus denen die EG selbst verpflichtet ist[281]. Übereinkünfte, die nur seitens der EG-Mitgliedstaaten abgeschlossen worden sind, werden von Art. 12 VO nicht erfaßt. Als internationale Verpflichtung der EG mit Relevanz für geographische Bezeichnungen kommt derzeit nur das TRIPs-Abkommen[282] in Betracht.

Problematisch ist die Frage nach der Geltung der in Art. 12 Abs. 1, 1-3 Spiegelstrich VO aufgestellten Anforderungen angesichts des in Art. 3 TRIPs aufgestellten Grundsatzes der Inländerbehandlung.

Gemäß Art. 3 TRIPs-Abkommen sind dessen Mitglieder verpflichtet, den Angehörigen der anderen Mitgliedstaaten eine Behandlung zu gewähren, die nicht weniger günstig ist als die, die sie ihren eigenen Angehörigen in bezug auf den Schutz des geistigen Eigentums gewähren[283]. Der Schutz schließt dabei alle Angelegenheiten ein, die die Verfügbarkeit, den Erwerb, den Umfang, die Aufrechterhaltung und die Durchsetzung von Rechten des geistigen Eigentums betreffen[284].

Die EG muß daher zusätzlich zum ergänzenden nationalen wettbewerbsrechtlichen Schutz allen TRIPs-Mitgliedern ebenfalls die Möglichkeit bieten, den weitergehenden Schutz nach der Verordnung 2081/92 zu erlangen. Es ist jedoch

280 TRIPs-Mitgliedstaaten müßten hier allerdings den in Art. 4 TRIPs festgelegten Grundsatz der Meistbegünstigung beachten.

281 *Beier/Knaak*, GRUR Int. 1993, 602 ff., 609; *Heine*, GRUR 1993, 96 ff., 103.

282 Zum TRIPs-Abkommen siehe bereits oben in Kap.12, A. I. 2.

283 Allgemein zum Inländerbehandlungsgrundsatz vgl. *Gervais*, Art. 3 TRIPs Rn. 2.23; *Reger*, Der internationale Schutz gegen unlauteren Wettbewerb und das TRIPs-Abkommen, 1999, S. 78 f.; *Staehelin*, TRIPs-Abkommen, S. 21.

284 Vgl. Fußnote zu Art. 3 und 4 TRIPs-Abkommen.

fraglich, ob dieses für Bezeichnungen aus Drittstaaten unter den in Art. 12 VO formulierten Bedingungen, möglich ist.

Die beiden ersten Spiegelstriche, wonach das Drittland erst die Voraussetzungen für die Einreichung einer mit Art. 4 VO konformen Spezifikation und die spätere Kontrolle der Einhaltung derselben schaffen muß, können noch mit dem Grundsatz der Inländerbehandlung in Einklang gebracht werden. Denn auch die Mitgliedstaaten der EG waren verpflichtet, ein solches Kontrollsystem einzurichten und die Voraussetzungen für die Einreichung einer Spezifikation zu schaffen. Der Inländerbehandlungsgrundsatz verpflichtet die EG aber nur dazu, ausländische Bezeichnungen nicht zu diskriminieren. Eine Verpflichtung, ausländische Bezeichnungen gegenüber Bezeichnungen aus EG-Staaten besserzustellen, besteht dagegen nicht. Insoweit liegt kein Verstoß gegen den Grundsatz der Inländerbehandlung vor.

Nicht gegenüber TRIPs-Mitgliedern anwendbar ist m. E. dagegen Art. 12 Abs. 1, 3. Spiegelstrich VO. Denn eine Schutzgewährung nur auf Basis von Reziprozität ist mit dem Inländerbehandlungsgrundsatz nicht vereinbar. Verlangte die EG von den übrigen TRIPs-Mitgliedern, daß diese sich an das erhöhte Schutzniveau der VO anpassen, zwänge sie diese, sich einem Schutzniveau anzupassen, das weit über dem des Mindestschutzes gemäß Art. 22 TRIPs liegt. Sinn des Inländerbehandlungsgrundsatzes ist aber gerade, daß ein Bürger eines Mitgliedstaates an dem höheren Schutzniveau eines anderen Mitgliedstaates teilhaben können soll, ohne daß dessen Heimatstaat zuerst verpflichtet wäre, das Schutzniveau des anderen Mitgliedstaates herzustellen. Die anders lautende Anforderung in Art. 12 Abs. 1, 3. Spiegelstrich der Verordnung ist deshalb nicht mit dem TRIPs-Abkommen vereinbar[285].

C. Tatbestand des Art. 12 Abs. 2 VO: Kollision von Drittstaatenbezeichnungen mit eingetragenen Bezeichnungen der Gemeinschaft

I. Erfüllung von Art. 12 Abs. 1 VO

Damit Art. 12 Abs. 2 VO zur Anwendung kommen kann, müssen zunächst die Erfordernisse von Art. 12 Abs. 1 VO erfüllt sein, sofern sich nicht aus dem TRIPs-Abkommen etwas anderes ergibt.

---

285 Dieser Auffassung scheinen auch die USA und Kanada zu sein, wie sich aus dem Schreiben USA an die EG Kommission im Rahmen eines Streitbeilegungsverfahrens vor der WTO ergibt, WT/DS174/1 vom 1.6.1999 und WT/DS174/3 vom 17.6.1999.

II. Gleichlautende Bezeichnungen

Ist eine geschützte Drittstaatenbezeichnung gleichlautend mit einer bereits eingetragenen oder beantragten EG-Bezeichnung, so wird ihr die Eintragung unter angemessener Berücksichtigung der örtlichen und traditionellen Gebräuche und der tatsächlichen Verwechslungsgefahr gewährt. Unter gleichlautenden Bezeichnungen sind sowohl identische als auch weitgehend ähnliche Bezeichnungen zu verstehen.

Wird die Eintragung gewährt, so ist die Verwendung sowohl der europäischen als auch der Bezeichnung aus dem Drittstaat nur unter deutlicher Nennung des Ursprungslandes auf dem Etikett gestattet, wie sich aus der Verwendung des Plurals in Art. 12 Abs. 2 Unterabsatz 2 VO ergibt. Eine Ablehnung der Drittstaatenbezeichnung aus Gründen der Kollision mit einer bereits eingetragenen Bezeichnung ist ausgeschlossen[286]. Denn der Wortlaut der Verordnung („*wird* die Eintragung gewährt") stellt klar, daß ein Ermessen der Kommission bezüglich des Ob der Eintragung bei Erfüllung der übrigen Eintragungsvoraussetzungen nicht besteht.

---

286 A. A. *Heine*, GRUR 1993, 96 ff., 103.

Kapitel 10: Inhalt des Schutzes nach der Verordnung

A. Positives Benutzungsrecht

I. Ausschließliches Recht

Mit der Eintragung einer Bezeichnung gibt die Verordnung all denjenigen Erzeugern ein Ausschließlichkeitsrecht zur Benutzung der geographischen Bezeichnung, deren Erzeugnisse den Anforderungen der Spezifikation entsprechen[287]. Im Gegensatz zu sonstigen Rechten des geistigen Eigentums bezieht sich das Benutzungsrecht an einer eingetragenen Bezeichnung nicht auf eine bestimmte Person oder etwa die Vereinigung, welche die Bezeichnung angemeldet hat, sondern knüpft am Erzeugnis selbst an[288]. Benutzungsberechtigt sind daher nur Erzeuger, deren Erzeugnis der Spezifikation entspricht. Selbst ortsansässige Benutzer dürfen die Bezeichnung nicht benutzen, wenn ihr Erzeugnis nicht spezifikationskonform ist.

II. Schutz der eingetragenen Bezeichnung vor Denaturierung zur Gattungsbezeichnung

Nach der Eintragung einer Bezeichnung in das Verzeichnis der geschützten Ursprungsangaben bzw. der geschützten geographischen Angaben ist gemäß Art. 13 Abs. 3 VO deren Denaturierung zur Gattungsbezeichnung ausgeschlossen.

Der Schutz gegen die Denaturierung zur Gattungsbezeichnung besteht, solange die Bezeichnung eingetragen ist und ist somit theoretisch ewig. Da die Verordnung nichts Gegenteiliges vorsieht, würde der Schutz sogar dann weiter bestehen, wenn aus der geschützten Bezeichnung tatsächlich eine Gattungsbezeichnung würde. *Tilmann* schlägt deshalb vor, Art. 13 Abs. 3 VO teleologisch zu reduzieren und analog Art. 11 Abs. 3 und 4 VO einen Löschungsantrag zuzulassen, wenn eine eingetragene Bezeichnung faktisch denaturiert ist. Es entstünde sonst

---

287 *Fezer*, 2. A., Vor §§ 130 - 136 Rn. 17; *Heine*, GRUR 1993, 96 ff., 102; *Knaak*, GRUR 1995, 103 ff., 111.

288 *Fezer*, 2. A., Vor §§ 130 - 136 Rn. 17; *Heine*, GRUR 1993, 96 ff., 102; *Knaak*, GRUR 1995, 103 ff., 111.

ein Wertungswiderspruch zu Art. 3 VO und Art. 17 Abs. 2 Satz 2 VO, die einen Schutz von Gattungsbezeichnungen gerade ausschließen[289].

Sinn und Zweck sprechen jedoch gegen eine solche Einschränkung[290]. Es soll den berechtigten Benutzern der eingetragenen geographischen Bezeichnung - in der überwiegenden Zahl kleine landwirtschaftliche Betriebe - nicht zugemutet werden, sich EG-weit um die Erhaltung und Pflege der Bezeichnung kümmern zu müssen. Dieses müßten sie aber tun, wenn sie der Gefahr entgegenwirken wollten, daß ihre Bezeichnung in anderen Mitgliedstaaten mißbraucht und sich infolgedessen zur Gattungsbezeichnung entwickeln würde. Mit der Eintragung setzen sich die Benutzer einer Bezeichnung schließlich zunehmend dem Mißbrauch außerhalb ihres ursprünglichen Verbreitungsgebietes aus. Denn mit der Eintragung wird europaweit kundgetan, daß es sich bei den Bezeichnungen um solche mit einem besonderen Ruf handelt, die für Erzeugnisse mit besonderen Eigenschaften verwendet werden. Die Attraktivität, eine solche Bezeichnung zu mißbrauchen, dürfte damit erheblich steigen.

B. Der Verbotstatbestand des Art. 8 VO

Gemäß Art. 8 VO ist sowohl die Benutzung der Gütezeichen „g. U." und „g. g. A." als auch die der traditionellen einzelstaatlichen Entsprechungen verboten. Sinn der Vorschrift ist es, die Exklusivität der Kürzel „g. U." und „g. g. A." bzw. deren Entsprechungen für Bezeichnungen sicherzustellen, die nach Maßgabe der Verordnung geschützt sind. Auch wird dadurch bezweckt, die Verbraucher vor der irreführenden Verwendung solcher Kürzel mit Bezeichnungen zu schützen, die auf eine geographische Herkunft hinweisen. Schließlich sollen die Angaben „g. U." bzw. „g. g. A." verläßlich eine bestimmte Herkunft des damit gekennzeichneten Erzeugnisses garantieren und so eine bestimmte, damit verbundene Qualität verbürgen[291].

Das Verbot des Art. 8 VO untersagt es für nichteingetragene Bezeichnungen eines der reservierten Gütezeichen zu verwenden. Außerdem dürfen die Gütezeichen auch nicht in Verbindung mit eingetragenen Bezeichnungen verwendet

289 *Tilmann* GRUR 1992, 829 ff., 834.

290 Sinn und Zweck würden nur dann nicht gegen eine Löschung einer eingetragenen Bezeichnung sprechen, wenn das Schutzbedürfnis wegfiele. Dieses wäre aber nur dann der Fall, wenn es keine Erzeuger einer der unter einer eingetragenen Bezeichnung geschützten Produkte mehr gäbe.

291 Vgl. auch *Ingerl/Rohnke*, MarkenG, § 135 MarkenG, Rn. 2.

werden, wenn die damit gekennzeichneten Erzeugnisse nicht der Verordnung entsprechen[292].

Von dem Verbot sind vor allem die Mitgliedstaaten betroffen, die bereits vor Einführung der Verordnung ein Registrierungssystem für geographische Bezeichnungen kannten und diese im Verkehr durch Gütesiegel, wie etwa „AOC“, kennzeichneten. Die Hersteller von Erzeugnissen mit einer Bezeichnung, die beispielsweise in Frankreich als appelation d'origine anerkannt war, die aber nicht nach Maßgabe der Verordnung eingetragen worden ist, dürfen die Angabe „AOC“ für ihre Erzeugnisse nicht mehr verwenden.

C. Die Verbotstatbestände des Art. 13 Abs. 1 VO

I. Einleitung

Art. 13 Abs. 1 VO enthält die Bestimmungen zum Schutze eingetragener geographischer Bezeichnungen. Der Schutz, der durch Art. 13 Abs. 1 VO geboten wird, ist umfassend. Er ist in vier Tatbestände aufgegliedert.

Den Kern von Art. 13 VO bildet das Verbot des Art. 13 Abs. 1 a) VO, wonach jede direkte oder indirekte kommerzielle Verwendung einer eingetragenen Bezeichnung für Erzeugnisse, die nicht unter die Eintragung fallen, untersagt ist. Die Verwendung der eingetragenen Bezeichnung ist ohne weiteres verboten, wenn das nicht unter die Eintragung fallende Erzeugnis mit dem unter der Bezeichnung eingetragenen vergleichbar ist. Liegt keine Vergleichbarkeit vor, so muß das Ansehen der Bezeichnung durch das andersartige Erzeugnis ausgenutzt werden.

Art. 13 Abs. 1 b) VO erweitert den Schutz über die identische Verwendung der eingetragenen Bezeichnung hinaus auch auf ein Verbot jeder widerrechtlichen Aneignung, Nachahmung oder Anspielung. Das Verbot gilt auch bei Angabe des wahren Ursprungs oder Verwendung der Bezeichnung in Übersetzung oder zusammen mit Zusätzen wie „Art“, „Typ, „Verfahren“, „Façon“ „Nachahmung“ o. ä.

Die in Art. 13 Abs. 1 a) und b) VO enthaltenen Verbote werden durch zwei Irreführungstatbestände ergänzt. Art. 13 Abs. 1 c) VO erfaßt Täuschungen über die Herkunft oder den Ursprung sowie auch hinsichtlich Natur oder wesentlicher Eigenschaften der Erzeugnisse. Schließlich verbietet der Auffangtatbestand des Art. 13 Abs. 1 d) VO alle sonstigen über den Ursprung irreführenden Praktiken.

292 *Ingerl/Rohnke*, MarkenG, § 135 MarkenG, Rn. 2.

II. Die „eingetragene Bezeichnung" als Ausgangspunkt der Prüfung der Verletzungstatbestände des Art. 13 Abs. 1 VO

Gemäß Art. 13 Abs. 1 VO werden „eingetragene Bezeichnungen" geschützt gegen die in Art. 13 Abs. 1 Buchst. a) bis Buchst. d) VO aufgezählten Verletzungshandlungen.

Fraglich ist, ob bei der Beurteilung der Frage, ob eine Verletzungshandlung nach Art. 13 Abs. 1 VO vorliegt, immer die ganze eingetragene Bezeichnung zum Ausgangspunkt zu nehmen ist oder auch nur ein Bestandteil einer Bezeichnung Bezugspunkt für die Beurteilung der Frage einer Verletzungshandlung sein kann.

Die Frage wurde in den Entscheidungen „Chiciak"[293] und „Gorgonzola"[294] aufgeworfen. Im Fall Chiciak war streitig, ob dem Bestandteil „Époisses" der Bezeichnung „Époisses de Bourgogne" selbstständiger Schutz zukommen könnte. In der Entscheidung „Gorgonzola/Cambozola" wollten die Kläger den Wortbestandteil „zola" als selbstständig schutzfähige Bezeichnung verstanden haben.

Die Auffassung, daß auch Einzelbestandteilen einer eingetragenen Bezeichnung selbstständiger Schutz zukommen kann, wurde damit begründet, daß bei der Eintragung einiger zusammengesetzter Bezeichnungen bestimmte Bestandteile dieser Bezeichnungen von vorneherein aus dem Schutzbereich der Verordnung herausgenommen worden sind. In diesen Fällen trug die Kommission zusammengesetzte Bezeichnungen, wie z. B. Mozzarella di bufala di campana oder Camembert de Normandie mit dem einschränken Zusatz ein, daß der Schutz der Bestandteile „Mozzarella" und „Camembert" nicht beantragt sei. Daraus wurde der Umkehrschluß gezogen, daß in Fällen, in denen eine solche Einschränkung des Schutzes fehle, jeder einzelne Bestandteil der eingetragenen Bezeichnung selbstständig Schutz genießen müsse[295].

Der EuGH entschied im Fall „Chiciak", daß bei einer zusammengesetzten Bezeichnung der Umstand, daß es zu ihr keinen Hinweis in Form einer Fußnote gibt, nicht hergeleitet werden kann, daß alle Bestandteile der Bezeichnung in selbstständiger Weise Schutz genießen[296]. Im Fall „Gorgonzola/Cambozola" ging der EuGH bei der Prüfung, ob eine Verletzung von Art. 13 Abs. 1 VO vorlag, von der ganzen Bezeichnung aus, nicht jedoch von dem Teilbestandteil „zola". Aus den Entscheidungen läßt sich ablesen, daß der EuGH als eingetragene Be-

293 EuGH Slg. 1998, I-3315 ff., 3335, Erw. 16 f. - Chiciak.
294 EuGH Slg. 1999, I-1304 ff. - Gorgonzola.
295 So die Kläger in EuGH Slg. 1998, I-3315 ff., 3335, Erw. 17 - Chiciak.
296 EuGH Slg. 1998, I-3315 ff., 3341, Erw. 36, 39 - Chiciak.

zeichnung im Sinne von Art. 13 Abs. 1 VO nur die gesamte eingetragene Bezeichnung ansieht.

Die Gewährung eines Teilschutzes wäre auch mit dem Gedanken des Vertrauensschutzes nicht zu vereinbaren. Denn grundsätzlich müssen sich andere Unternehmen, insbesondere in anderen Mitgliedstaaten, darauf verlassen können, daß nur die eingetragene Bezeichnung, nicht aber auch bloße Teile hiervon dem Schutz nach der Verordnung unterliegen. Daher muß Ausgangspunkt für die Frage, ob einer der Tatbestände des Art. 13 Abs. 1 VO vorliegt, die gesamte tatsächlich eingetragene Bezeichnung sein und nicht nur ein Teilbestandteil[297].

III. Art. 13 Abs. 1 a) VO - Schutz gegen die identische Übernahme der eingetragenen Bezeichnung

Durch Art. 13 Abs. 1 a) VO wird nur die *identische* Übernahme einer geschützten Bezeichnung geschützt. Dieses ergibt sich aus dem Wortlaut von Art. 13 Abs. 1 a) VO, der auf die Verwendung der „eingetragenen Bezeichnung" selbst abstellt sowie aus der Abgrenzung zu Art. 13 Abs. 1 b) VO[298]. Die abgewandelte Verwendung einer Bezeichnung wird durch Art. 13 Abs. 1 a) VO nicht erfaßt.

1. Relevante Verwendung der eingetragenen Bezeichnung

a) Direkte oder indirekte Verwendung für Erzeugnisse, die nicht unter die Eintragung fallen

Durch den Begriff der „Verwendung" wird die Verletzungshandlung der Handlungsform nach bezeichnet. Erfaßt sind sowohl die direkte als auch die indirekte Verwendung.

Anhaltspunkte für die von Art. 13 Abs. 1 a) VO erfaßten Verwendungshandlungen bietet insbesondere die beispielhafte Auflistung verletzungstypischer Handlungsformen in Art. 5 Abs. 3 MarkenRL. Unter die direkte Verwendung zu fassen sind Fälle, in denen die eingetragene Bezeichnung als Bezeichnung für das damit gekennzeichnete Produkt gebraucht wird, wie etwa das Anbringen der geschützten Bezeichnung auf Erzeugnissen bzw. deren Aufmachung oder Verpakkung. Des weiteren fällt auch das Anbieten, Inverkehrbringen oder Besitzen zu den genannten Zwecken von Erzeugnissen, die mit der geschützten Bezeichnung

---

297 OLG Frankfurt GRUR Int. 1997, 751 ff. 753 - Gorgonzola/Cambozola. Vgl. dazu *Hauer*, ZLR 1999, 313 f.

298 OLG Frankfurt GRUR Int. 1997, 751 ff., 752 - Gorgonzola/Cambozola

gekennzeichnet sind, sowie die Einfuhr oder Ausfuhr von Produkten unter der geschützten Bezeichnung unter die direkte Verwendung[299].

Die indirekte Verwendung erfaßt dagegen insbesondere Fälle, in denen, ohne direkte Verwendung der geschützten Bezeichnung auf der Ware selbst, auf diese Bezug genommen wird. Als Beispiel dient die Benutzung wie „schmeckt wie..."[300] oder die Verwendung der eingetragenen Bezeichnung in der Werbung für ein anderes Produkt[301].

b) Kommerziell

Die Bezeichnungen werden nur gegen eine kommerzielle Verwendungsweise geschützt. Der Begriff der kommerziellen Verwendung in der Verordnung will nach Wortlaut und Sinn und Zweck keine Handlung erfassen und verbieten, die privaten, öffentlichen oder innerbetrieblichen Zwecken dient. Unter kommerziell i. S. d. Verordnung wird deshalb das gleiche zu verstehen sein, wie unter „im geschäftlichen Verkehr" in der Markenrichtlinie und Markenverordnung[302]. Es kann daher davon ausgegangen werden, daß sich die Begriffe der „kommerziellen Verwendung" und des „Handelns im geschäftlichen Verkehr" weitgehend decken.

2. Vergleichbare Erzeugnisse, Art. 13 Abs. 1 a), 1. Alt VO

a) Einleitung

Die Verordnung unterscheidet bei den weiteren Tatbestandsvoraussetzungen des Art. 13 Abs. 1 a) VO danach, ob die nicht unter die Eintragung fallenden Erzeugnisse, für die eine eingetragene Bezeichnung verwendet wird, mit den Erzeugnissen vergleichbar sind, die unter dieser Bezeichnung eingetragen sind[303]. Sind die Erzeugnisse vergleichbar, so ist nach Art. 13 Abs. 1 a), 1. Alt. VO die Verwendung der Bezeichnung ohne weitere Voraussetzungen untersagt.

---

299 Vgl. auch *Ingerl/Rohnke*, MarkenG, § 135 MarkenG, Rn. 3. Im Ergebnis auch *Tilmann* GRUR 1992, 829 ff., 833.

300 *Ingerl/Rohnke*, MarkenG, § 135 MarkenG, Rn. 3.

301 Vgl. etwa BGH GRUR 1988, 453 ff. - „Der Champagner unter den Mineralwässern", *Ingerl/Rohnke*, MarkenG, § 135 MarkenG, Rn. 3

302 Art. 5 Abs. 1 RL 89/104/EWG; Art. 9 Art. 1 GMVO; *v. Mühlendahl/Ohlgart*, GMVO, S. 67.

303 Englische Fassung: in so far as those products are *comparable* to the products registered under that name; Französische Fassung: dans la mésure où ces produits sont *comparables* à ceux enregistrés sous cette dénomination.

b) *Das Vergleichbarkeitskriterium*

Wann Vergleichbarkeit vorliegt, ist in der Verordnung nicht näher bestimmt und bedarf der näheren Untersuchung. Aus dem Wortsinn ist nur abzuleiten, daß jedenfalls Erzeugnisse, die mit den unter die Eintragung fallenden Erzeugnissen identisch sind, vergleichbar sind. D. h. handelt es sich bei dem eingetragenen Namen um Schwarzwälder Schinken, so sind mit dem Erzeugnis, das unter Schwarzwälder Schinken eingetragen ist, zumindest alle Erzeugnisse vergleichbar, die aus Schinken bestehen. Darüber hinaus läßt sich aus dem Wortlaut wenig für eine inhaltliche Bestimmung der „Vergleichbarkeit" ablesen, denn vergleichen lassen sich alle denkbaren Erzeugnisse, auch Äpfel mit Birnen[304] oder „Camembert de Normandie" mit einem „Fiat".

Einen Anhaltspunkt für die Auslegung des Begriffs der Vergleichbarkeit könnte das Markenrecht bieten. Mit dem Begriff der „Warenähnlichkeit" in Art. 5 Abs. 1 b) MarkenRL findet sich dort ein der „Vergleichbarkeit" ähnlicher Begriff[305]. Man könnte daher daran denken, die Interpretation der „Warenähnlichkeit" auf die Verordnung zu übertragen.

Gegen die unmittelbare Übernahme der Interpretation des markenrechtlichen Begriffs spricht jedoch nicht nur, daß der Verordnungsgeber, obwohl ihm die Markenrichtlinie zum damaligen Zeitpunkt bekannt war und er sich bei der Ausgestaltung des Verletzungtatbestands auch an das Markenrecht angelehnt hat, in Art. 13 Abs. 1 a) VO eine andere Wortwahl als im Markengesetz getroffen hat. Der markenrechtliche Begriff der Warenähnlichkeit muß zudem im Hinblick auf die Verwechslungsgefahr ausgelegt werden[306]. Die Verwechslungsgefahr im markenrechtlichen Sinne meint allerdings die Gefahr der Verwechslung der betrieblichen Herkunft einer Marke; im Kontext der Verordnung geht es hingegen gerade nicht um die *betriebliche* Herkunft, sondern um den *geographischen* Ursprung eines Erzeugnisses mit spezifischen Merkmalen. Eine unmittelbare Übertragung des Begriffs der Warenähnlichkeit auf den der Vergleichbarkeit scheidet damit aus.

Rückschlüsse auf den Inhalt des Begriffs der Vergleichbarkeit könnten sich aber aus dem Sinn und Zweck der Verordnung ergeben.

Im Markenrecht liegt umso eher Warenähnlichkeit vor, je größer die Gefahr ist, daß der Verkehr die betriebliche Herkunft der mit der Marke gekennzeichneten Ware verwechselt[307]. Entsprechend könnte man für die Verordnung formulie-

---

304 Vgl. *Gleiss,* Besseres Deutsch mit lebendigen Beispielen, Stuttgart, 1976, S. 138.

305 In diesem Sinne auch *Ingerl/Rohnke*, § 135 Rn. 3; *Tilmann* GRUR 1992, 829 ff., 832.

306 Erwägungsgrund 10 der MarkenRL.

307 Vgl. *Sack*, WRP 1998, 1127 ff.

ren, daß eine Vergleichbarkeit umso eher vorliegt, je größer die Gefahr ist, daß der Verkehr die geographische Herkunft der Erzeugnisse, die mit der geschützten Bezeichnung gekennzeichnet sind, verwechselt. Zweck von Art. 13 Abs. 1 a) VO ist es allerdings nicht, Fehlvorstellungen über die geographische Herkunft eines Produktes im allgemeinen zu verhindern. Dieser Gefahr wird in Art. 13 Abs. 1 c) und d) VO begegnet. Der Zweck von Art. 13 Abs. 1 a) VO ergibt sich vielmehr aus dem Zusammenhang mit den Erwägungsgründen. Zweck der Verordnung ist es, Erzeugnisse mit bestimmten Merkmalen zu fördern. Diese sollen so bessere Startchancen erhalten, um im Wettbewerb bestehen zu können und Marktanteile zu gewinnen[308]. Die Vermittlung besserer Startchancen ist jedoch nur gegenüber Erzeugnissen sinnvoll, die zwar *derselben Warengattung* angehören, aber die nicht der Spezifikation für das Originalerzeugnis entsprechen. Schutzzweck von Art. 13 Abs. 1 a), 1. Alt. VO ist es daher, Erzeugnissen, die einen bestimmten Ursprung haben, vor der Übernahme ihrer Kennzeichnung durch unmittelbar konkurrierende Erzeugnisse zu schützen, indem primär Schutz gegen Imitate geboten wird[309]. Unter Berücksichtigung von Sinn und Zweck der Verordnung kann das Kriterium der Vergleichbarkeit daher nur so verstanden werden, daß diese vorliegt, wenn die Erzeugnisse, die nicht unter die Verordnung fallen, mit den Originalerzeugnissen identisch oder nahezu identisch sind[310].

Nur so läßt sich erklären, daß Art. Art. 13 Abs. 1 a) VO zweigeteilt ist in einen umfassenden Schutz innerhalb des Vergleichbarkeitsbereiches und einen Schutz, der sich auf ein Verbot der Rufausbeutung beschränkt, wenn Vergleichbarkeit nicht vorliegt. Denn außerhalb der nahezu identischen Erzeugnisgattung liegt nicht mehr die Gefahr vor, daß der Verbraucher die Erzeugnisse selbst substituiert. Der Verbraucher meint höchstens, daß die Produkte in irgendeiner Weise etwas miteinander zu tun haben. Dabei handelt es sich jedoch um Rufausbeutung, welcher durch Art. 13 Abs. 1 a) 2. Alt VO begegnet wird.

---

308 Vgl. Erw. 2 der VO.

309 Erwägungsgrund 4 und 6 VO.

310 Dieses entspricht auch der aktuellen französischen Gesetzgebung zum Schutz von appelations d'origine, in Art. 115-5(4) Code de la Consommation. Danach darf eine Ursprungsangabe zum einen nicht für vergleichbare Erzeugnisse verwendet werden, bei Rufausbeutung jedoch auch nicht für andere Erzeugnisse. Ursprünglich war es im französischen Recht hingegen so, daß die Benutzung der Bezeichnung für andere Erzeugnisse, als die, für die die Benutzungsbedingungen definiert sind, frei war, *Reger*, Der internationale Schutz gegen unlauteren Wettbewerb und das TRIPs-Abkommen, 1999, S. 118.

c) *Ergebnis*

Der Tatbestand von Art. 13 Abs. 1 a), 1. Alt. VO ist dann erfüllt, wenn erstens die Bezeichnung, unter der das Erzeugnis, das nicht unter die Eintragung fällt, vertrieben wird, mit der eingetragenen Bezeichnung identisch ist. Zweitens muß das Erzeugnis, das nicht unter die Eintragung fällt, mit dem Originalerzeugnis nahezu identisch oder identisch sein.

3. *Fehlende Vergleichbarkeit der Erzeugnisse, Art. 13 Abs. 1 a), 2. Alt. VO*

Liegt keine Vergleichbarkeit der Erzeugnisse vor, ist Voraussetzung für ein Verbot gemäß Art. 13 Abs. 1, 2. Alt. VO, daß das Ansehen der eingetragenen Bezeichnung ausgenutzt wird und folglich eine Rufausbeutung vorliegt[311].

a) *Vorliegen von Ansehen einer eingetragenen Bezeichnung*

Die Verwendung der eingetragenen Bezeichnung muß das Ansehen der Bezeichnung ausnutzen.

Voraussetzung dafür ist, daß die eingetragene Bezeichnung auch tatsächlich Ansehen genießt. Das Ansehen einer eingetragenen Bezeichnung i. S. v. Art. 13 Abs. 1 a), 2. Alt. VO umfaßt jede positive Assoziation, die der Verkehr mit der geschützten Bezeichnung verbindet[312]. Über konkrete Qualitätsvorstellungen hinaus, wie sie für die Erfüllung des Tatbestandsmerkmals des Ansehens in Art. 2 Abs. 2 b) VO zu verlangen sind[313], kann das Ansehen auch in Luxus-, Exklusivitäts- und Prestigevorstellungen bestehen.

---

311 Auch das Wettbewerbsrecht vieler europäischer Mitgliedstaaten kennt einen Schutz geographischer Bezeichnungen gegen Rufausbeutung vgl. für Deutschland BGH GRUR 1988, 453 ff. - „Ein Champagner unter den Mineralwässern"; für Großbritannien: Court of Appeal, GRUR Int. 1995, S. 68, 70 - Elderflower Champagne; für Frankreich: Tribunal de grande instance de Paris und Cour d'appel de Paris, GRUR Int. 1994, S. 621, 623, 624 - Champagne I und II; für Italien, jedoch den Schutz stark einschränkend, Corte di Cassazione, GRUR Int. 1990, S. 989, 991, 994 mit Anm. *Ruijsenaars*, GRUR Int. 1990, 937 ff. Auch in vielen außereuropäischen Rechtsordnungen findet sich der Tatbestand des Schutzes gegen Rufausbeutung für bekannte geographische Herkunftsangaben, vgl. hierzu Court of Appeal of New Zealand, GRUR Int. 1995, S. 79, 80, 82 - Australischer Champagner; vgl. auch *Mostert*, Unauthorized Use of Geographical Indications on Non-Competing Goods, in: *WIPO* (Hrsg.) Publication Nr. 739 (E), S. 199 ff.

312 Zum Begriff des Ansehens im Markenrecht vgl. *Ingerl/Rohnke*, MarkenR, § 14 MarkenG, Rn. 498; *Sack*, GRUR 1995, 81 ff., 83.

313 Siehe oben unter Kap. 5, C. IV. 1 b) aa).

Das Ansehen muß in der Region vorliegen, in der die geographische Bezeichnung hergestellt wird. Darüber hinaus zu verlangen, daß das Ansehen der geographischen Bezeichnung landesweit oder gar europaweit vorliegen müsse, würde die Anforderungen für einen Schutz zu überspannen. Schließlich wird die betroffene geographische Bezeichnung oftmals nur eine ausschließlich regionale Verbreitung haben[314].

Im Gegensatz zum Tatbestand der Rufausbeutung im Markenrecht[315] verlangt die Verordnung nicht, daß die geschützte Bezeichnung „bekannt" ist. Dieses ist auch sinnvoll, denn der Schutz gegen die unmittelbare Übernahme in der ersten Alternative ist eng und erfaßt nur Erzeugnisse, die identisch oder nahezu identisch mit dem Originalerzeugnis sind. Um gegen die identische Übernahme auch außerhalb des Vergleichbarkeitsbereichs hinreichenden Schutz zu gewähren, ist es deshalb erforderlich, allen und nicht nur den bekannten geographischen Bezeichnungen einen Schutz gegen Rufausbeutung zu gewähren.

b) Ausnutzung des Ansehens

Das Ansehen wird dann ausgenutzt, wenn ein Mitbewerber den mit der eingetragenen Bezeichnung verbundenen Ruf bzw. ihren Good-will für die eigene Ware ausbeutet, d. h. versucht, den Ruf des Originalerzeugnisses auf das eigene Erzeugnis zu übertragen (Imagetransfer)[316]. Dazu muß das Ansehen übertragbar sein. Um festzustellen, ob eine Übertragung des Ansehens auf das Fremderzeugnis vorliegt, ist auf die Eigenart der eingetragenen Bezeichnung und auf das Verhältnis der Erzeugnisse zueinander abzustellen[317]. Eine Rufübertragung könnte etwa zu bejahen sein, wenn Dritte Beiprodukte zu den geschützten Erzeugnissen verkaufen, z. B. eine Käsereibe, die mit Bildern und dem Namen von Parmesankäse beworben wird oder ein Behälter, der sich „Nürnberger Lebkuchendose" nennt. Auch vergleichende Werbung kann eine Rufausbeutung sein, sofern der Werbevergleich lediglich auf den Ruf der geschützten Bezeichnung abzielt.

---

314 Siehe oben unter Kap. 5, C. IV. 1 b) bb).

315 Art. 5 Abs. 2 MarkenRL; Art. 8 Abs. 1 lit. d GMVO; § 14 Abs. 2 Nr. 3 dMarkenG.

316 Vgl. *Tilmann* GRUR 1992, 829 ff., 832. Zu der Rechtsprechung zum Tatbestand der Rufausbeutung in den EG-Mitgliedstaaten vgl. die Nachweise in Fn. 311.

317 *Ingerl/Rohnke*, MarkenG, § 127 Rn. 12.

IV. Art. 13 Abs. 1 b) VO - Abgewandelte Benutzung einer eingetragenen Bezeichnung

Art. 13 Abs. 1 b) VO erstreckt den Schutz eingetragener Bezeichnungen über die identische Übernahme der eingetragenen Bezeichnung hinaus auch auf bestimmte Fälle der Benutzung einer geschützten Bezeichnung in abgewandelter Form durch Aneignung, Nachahmung und Anspielung[318] und der Benutzung mit entlokalisierenden Bezeichnungen[319].

1. Verletzungshandlungen

a) Aneignung

Der Tatbestand der Aneignung[320] erfaßt zunächst die weitgehend identische Übernahme der Bezeichnung durch einen Nichtberechtigten für Erzeugnisse, die nicht unter die Eintragung fallen[321]. Die Fälle der vollkommen identischen Übernahme fallen jedoch nicht unter die Aneignung, da diese Fälle bereits durch Art. 13 Abs. 1 a) VO geregelt sind. Denkbare Fälle einer Aneignung sind solche, in denen Teile einer zusammengesetzten Bezeichnung übernommen, wie etwa der Bestandteil „Époisses" von „Époisses de Bourgogne", und entweder selbstständig oder in Kombination mit einem weiteren Bestandteil verwendet werden[322].

Darüber hinaus erstreckt sich die Aneignung auch auf Fälle, in denen die Übernahme der geschützten Bezeichnung nicht für „Erzeugnisse" erfolgt. Dieses ist etwa der Fall, wenn die geschützte Bezeichnung in der Firma eines Unternehmens verwendet wird, wie etwa im Fall „Parmaschinken" geschehen. In dem angesprochenen Fall wurde einem deutschen Import- und Großhandelsunternehmen die Führung der Firma F. Parmaschinken GmbH aufgrund des deutsch-italienischem Herkunftsabkommens untersagt[323]. Der Fall wäre heute gemäß Art. 13 Abs. 1 b) der Verordnung zu entscheiden.

---

318 Die Begriffe stammen aus dem französischen Recht, wobei sich der Schutz gegen „Aneignung" und „Nachahmung" bereits in Art. 3 des Lissaboner Ursprungsabkommens findet, *Knaak*, GRUR Int. 2000, 401 ff., 404.

319 Die Formulierung von Art. 13 Abs. 1 b) VO entspricht im wesentlichen der von Art. 3 LUA.

320 Englisch: misuse, Niederländisch: misbruik; Französisch: usurpation.

321 *Knaak*, GRUR Int. 2000, 401 ff., 404; a. A. *Reger*, Der internationale Schutz gegen unlauteren Wettbewerb und das TRIPs-Abkommen, 1999, S. 144.

322 Vgl. EuGH Slg. 1998-I, 3315 ff. - Chiciak.

323 OLG München GRUR Int. 1987, 177 f. - Parma-Schinken.

b) Nachahmung

Eine Nachahmung[324] liegt dann vor, wenn die beanstandete Bezeichnung ihrem Sinn nach denselben Eindruck erweckt, wie die eingetragene Bezeichnung[325].

Davon kann gesprochen werden, wenn der Gesamteindruck, den das Erzeugnis macht, sich bei flüchtiger Betrachtungsweise von dem des Originalerzeugnisses nicht klar unterscheidet[326]. Das Vorliegen einer Nachahmung kann nicht unabhängig von dem Erzeugnis festgestellt werden, für das die nachahmende Bezeichnung verwendet wird. Denn der Verbraucher wird um so eher den Eindruck gewinnen, daß es sich um dieselbe Bezeichnung handelt, desto ähnlicher sich auch die Erzeugnisse sind. Umgekehrt wird dieser Eindruck umso seltener vorliegen, desto entfernter die Erzeugnisse, für die die beanstandete Bezeichnung benutzt wird, von denen sind, für die die geschützte Bezeichnung eingetragen ist. Von einer Nachahmung kann man daher bei Verwendung von „Gordonzola" für einen Käse sicherlich sprechen, bei einer Verwendung derselben Bezeichnung für ein Auto jedoch kaum mehr.

Nicht erforderlich für das Vorliegen einer Nachahmung ist eine konkrete Herkunftstäuschung. Dieses ergibt sich daraus, daß Art. 13 Abs. 1 b) VO die abgewandelte Benutzung auch dann verbietet, wenn der wahre Ursprung angegeben und eine Herkunftstäuschung damit ausgeschlossen ist.

c) Anspielung

Der EuGH hat den Begriff der Anspielung[327] definiert als eine „Fallgestaltung, in der der zur Bezeichnung eines Erzeugnisses verwendete Ausdruck einen Teil einer geschützten Bezeichnung in der Weise einschließt, daß der Verbraucher durch den Namen des Erzeugnisses veranlaßt wird, gedanklich einen Bezug zu der Ware herzustellen, die die Bezeichnung trägt"[328]. Indiz für das Vorliegen ei-

---

324 Englisch und Französisch: imitation

325 OLG Frankfurt GRUR Int. 1997, 751 ff., 752 - Gorgonzola/Cambozola; *Ingerl/ Rohnke*, MarkenG, § 135 MarkenG, Rn. 3; *Knaak*, GRUR Int. 2000, 401 ff., 404; *Ullmann*, GRUR 1999, 666 ff., 670. Als Nachahmung ließe sich wohl der Fall „Remanée/Romané" einordnen, im entschiedenen Fall handelte es sich jedoch um Weinbezeichnungen, LG Düsseldorf GRUR Int. 1965, 363 ff.; keine Nachahmung würde dagegen „Mascasano" für den italienischen Sahnefrischkäse Mascarpone darstellen, vgl. BPatG GRUR 1991, 145 ff.

326 OLG Frankfurt GRUR Int. 1997, 751 ff., 753 - Gorgonzola/Cambozola.

327 Englisch: evocation; Französisch: évocation

328 EuGH Slg. 1999, I-1304 ff., 1333 Erw. 25 - Gorgonzola; zur Entscheidung vergleiche *Hauer*, ZLR 1999, 314 ff., *Meyenburg*, MarkenR 1999, 227, 230 f.; *Schanda*,

ner Anspielung ist nach Ansicht des EuGH eine offensichtliche phonetische und optische Ähnlichkeit zwischen der geschützten Bezeichnung und der Drittbezeichnung[329]. Das zusätzliche Vorliegen einer Gefahr der Verwechslung ist hingegen nicht erforderlich[330], ebensowenig wie das Vorliegen subjektiver Merkmale[331] oder einer Rufausbeutung[332]. Bei der Feststellung, ob eine Anspielung vorliegt, kann das Vorliegen eines dieser Kriterien jedoch durchaus ein Indiz darstellen[333].

Bei der Anspielung kommt es somit nur darauf an, daß die Verbraucher aufgrund der Verwandtschaft der Bezeichnungen die jeweiligen Erzeugnisse gedanklich miteinander in Verbindung bringen. Infolge des gedanklichen Inverbindungbringens werden die Vorstellungen, die der Verbraucher mit dem Originalerzeugnis assoziiert, auf das andere Erzeugnis übertragen.

Ebenso wie bei der Nachahmung, kann das Vorliegen einer Anspielung nur unter Berücksichtigung des Gesamteindruckes, den das Erzeugnis macht, für das die anspielende Bezeichnung verwendet wird, festgestellt werden. Je weiter also die Erzeugnisse voneinander entfernt sind, desto seltener wird auch eine Anspielung vorliegen. Denn Assoziationen werden aufgrund der Verwandtschaft der Bezeichnungen umso eher geweckt, desto vergleichbarer sich die Erzeugnisse sind, für die die anspielende Bezeichnung verwendet wird.

d) Benutzung der Bezeichnung in entlokalisierender Form oder in Übersetzung

Die Benutzung der geschützten Bezeichnung in Form einer Aneignung, Nachahmung oder Anspielung auf die geschützte Bezeichnung ist gemäß Art. 13 Abs. 1 b) VO auch dann verboten, wenn daneben der wahre Ursprung des Erzeugnisses

---

MarkenR 1999, 149 ff.; zur Vorgeschichte vgl. Handelsgericht Wien, ÖBl. 1997, 305 ff.; OGH GRUR Int. 1994, 438 ff. - Österzola.

329 EuGH Slg. 1999, I-1304 ff., 1333 Erw. 27 - Gorgonzola

330 EuGH Slg. 1999, I-1304 ff., 1333 Erw. 26 - Gorgonzola; GA *Jacobs*, Schlußanträge zu „Gorgonzola", Slg. 1999, I-1304 ff., 1314 Rn. 37 - Gorgonzola; A. A. die Beklagten im Verfahren „Gorgonzola". Diese sprachen sich für das zusätzliche Erfordernis der Verwechslungsgefahr und die Übertragung der Rechtsprechung des EuGH Slg. 1997, I-6191 ff. - Puma/Sabél, auf die Verordnung aus, vgl. EuGH Slg. 1999, I-1304 ff., 1333 Erw. 23 - Gorgonzola. Kritisch auch *Hauer*, ZLR 1999, 313 ff., 315.

331 GA *Jacobs*, Schlußanträge zu „Gorgonzola, Slg. 1999, I-1304 ff., 1313 Rn. 33 - „Gorgonzola".

332 So aber das OLG Frankfurt GRUR Int. 1997, 751 ff. 753 - Gorgozola/Cambozola.

333 Vgl. GA *Jacobs*, Schlußanträge zu „Gorgonzola, Slg. 1999, I-1304 ff., 1313 Rn. 35 - „Gorgonzola".

angegeben ist. Des weiteren ist auch die Benutzung der geschützten Bezeichnung in Übersetzung[334] oder zusammen mit entlokalisierenden Zusätzen, wie etwa „Art", „Typ", „Verfahren", „Façon", „Nachahmung" oder ähnlichem untersagt. Die Verordnung stellt damit klar, daß ein Mißbrauch der geschützten Bezeichnung auch dann gegeben ist, wenn keine Herkunftstäuschung vorliegt[335].

Das Verbot der Benutzung der geographischen Bezeichnung mit entlokalisierenden Zusätzen verbietet es insbesondere anderen Erzeugern, im Wege eines Systemvergleichs darauf hinzuweisen, daß die eigenen Produkte mit dem gleichen Verfahren hergestellt worden sind, wie das unter der geschützten geographischen Bezeichnung vertriebene, und deswegen mit der Art und Qualität des Originalerzeugnisses übereinstimmen[336].

Problematisch könnte das Verbot der Verwendung einer eingetragenen Bezeichnung in Übersetzung in Fällen wie dem der Bezeichnung „Cacciatore" für eine italienische Salamispezialität sein[337]. Übersetzt aus dem italienischen bedeutet diese Bezeichnung „Jäger". Bei Eintragung dieser Bezeichnung könnten somit theoretisch alle deutschen Waren, die Jäger- bzw. Jagd- im Namen tragen, als verletzende Bezeichnungen im Sinne von Art. 13 Abs. 1 b) VO qualifiziert werden. Dieses Ergebnis ist offensichtlich unsinnig. Um die Eintragung solcher Bezeichnungen dennoch zu ermöglichen sind folgende Lösungsmöglichkeiten denkbar: die Bezeichnung wird mit Zusatz eingetragen, oder das Verbot des Art. 13 Abs. 1 b) VO muß aus Gründen der Verhältnismäßigkeit einschränkend ausgelegt werden.

---

334 Problematisch könnte etwa die deutsche Bezeichnung „Parmesan" werden für Käse nach Art von „Parmiggiano Reggiano" bzw. „Grana Padano", vgl. dazu Protokoll des Regelungsausschusses vom 27.3.1998, http://europa.eu.int/comm/dg06/minco/othco/index_de.htm. Aber *Mayr*, ZLR 1994, 445 ff.

335 Vgl. OLG Frankfurt, GRUR Int. 1997, 751 ff., 752; *Ullmann*, GRUR 1999, 666 ff. 671. Zum Schutz von Ursprungsangaben und Herkunftsangaben gegen anlehnende Bezugnahme in Europa und in internationalen Abkommen vor der Verordnung 2081/92 vgl. *Schricker*, GRUR Int. 1982, 515 ff. m. w. N.

336 *Ingerl/Rohnke*, MarkenG, § 127 Rn. 14.

337 So lautete ein Eintragungsantrag der italienischen Regierung im vereinfachten Verfahren nach Art. 17 VO. Die Anmeldung dieser Bezeichnung wurde nach Diskussion im Regelungsausschuß zurückgezogen und durch die Anmeldung der Bezeichnung „Salamini italiani alla cacciatora" ersetzt. Die Eintragung ist bis zum jetzigen Zeitpunkt jedoch noch nicht erfolgt, vgl. Protokolle des Regelungsauschusses vom 11.12.1998 und 7.7.2000, http://europa.eu.int/comm/dg06/minco/othco/index_de.htm. Ein vergleichbares Problem stellte sich bei der Eintragung der Bezeichnung „Speck dell`Alto Adige" durch Italien. Dieses wurde dadurch gelöst, daß den österreichischen Benutzern die Eintragung von „Tiroler Speck" gewährt wurde.

2. *Widerrechtlichkeit der Verletzungshandlung*

Die Vornahme der Verletzungshandlungen muß widerrechtlich erfolgen. Die Widerrechtlichkeit ist bei Erfüllung der übrigen Tatbestandsvoraussetzungen von Art. 13 Abs. 1 b) indiziert. Keine Widerrechtlichkeit liegt jedoch dann vor, wenn die Benutzungshandlung nicht verbotswidrig ist.

Die Benutzung ist nicht verbotswidrig, wenn der Benutzer der beanstandeten Bezeichnung an deren Benutzung ein berechtigtes Interesse hat. Dieses ist im Rahmen einer Interessenabwägung festzustellen. Ein berechtigtes Interesse kann beispielsweise bei den Benutzern einer außereuropäischen geographischen Bezeichnung vorliegen oder bei dem Inhaber eines Namensrechts.

Widerrechtlich handelt auch nicht, wer die abgewandelte Bezeichnung nicht in kommerzieller Weise benutzt. Denn die nicht kommerzielle Benutzung ist vom Verordnungszweck nicht miterfaßt[338].

V. *Art. 13 Abs. 1 c) VO - Irreführende Angaben auf bzw. durch Aufmachungen und in der Werbung*

Verboten ist gemäß Art. 13 Abs. 1 c) VO die Verwendung aller sonstigen falschen oder irreführenden Angaben, die sich auf Herkunft, Ursprung, Natur oder wesentliche Eigenschaften des Erzeugnisses beziehen und die auf der Aufmachung oder der äußeren Verpackung, in der Werbung oder in Unterlagen zu den betreffenden Erzeugnissen erscheinen, sowie die Verwendung von Behältnissen, die geeignet sind, einen falschen Eindruck hinsichtlich des Ursprungs zu erwekken[339]. Art. 13 Abs. 1 c) VO schützt damit neben den Interessen der Erzeuger insbesondere auch das Allgemeininteresse.

Gegenstand von Art. 13 Abs. 1 c) VO ist nicht das Verbot der Benutzung der eingetragenen Bezeichnung selbst, sondern das Verbot der Verwendung mittelbarer Hinweise, die auf eine eingetragene Bezeichnung hindeuten[340]. Durch das Verbot erfaßt sind solche Angaben, bei denen der Verkehr aus der Art der Kennzeichnung, Aufmachung o. ä. auf die Herkunft des Erzeugnisses schließt[341]. Ein

---

338 S. Erw. 4 der VO

339 Ein typisches Beispiel für den in einer Behältnisform enthaltenen Herkunftshinweis ist die Bocksbeutelflasche, vgl. BGH GRUR 1971, 313 f.

340 OLG Frankfurt GRUR Int. 1997, 751 ff., 754 - Gorgonzola/Cambozola; *Ingerl/Rohnke*, § 135 Rn. 3.

341 *Ingerl/Rohnke*, § 135 Rn. 3.

solcher mittelbarer Hinweis wäre z. B. die Verwendung einer schwarzwälder Tracht auf Schinken oder die Verwendung des Kölner Domes für ein Bier[342].

Die Verbraucher sollen durch Art. 13 Abs. 1 c) VO einerseits vor dem Irrtum geschützt werden, ein Erzeugnis zu kaufen, das sie fälschlicherweise für eines mit Ursprungs- oder geographischer Angabe halten, d. h. für ein Erzeugnis mit Link halten, selbst wenn ein solches in geschützter Form gar nicht existiert. Außerdem sollen die Verbraucher davor bewahrt werden, ein ungeschütztes Erzeugnis mit einem durch die Verordnung geschützten Erzeugnis zu verwechseln. Eine relevante Irreführung liegt daher nur dann vor, wenn der Verkehr zur Annahme verleitet wird, daß das Erzeugnis den betreffenden Link aufweist[343].

Art. 13 Abs. 1 c) VO verwendet einen festen Irreführungsbegriff, dessen Schutzstandard durch die nationalen Gerichte weder über- noch unterschritten werden darf[344]. Der Irreführungsbegriff ist verordnungsspezifisch unter Berücksichtigung von Sinn und Zweck der Verordnung auszulegen. Das dabei zu berücksichtigende Verbraucherleitbild ist das des „durchschnittlich informierten, aufmerksamen und verständigen Durchschnittsverbrauchers“[345].

VI. Art. 13 Abs. 1 d) VO - Auffangtatbestand

Die eingetragenen Bezeichnungen werden durch Art. 13 Abs. 1 d) VO gegen „alle sonstigen Praktiken, die geeignet sind, das Publikum über den wahren Ursprung des Erzeugnisses irrezuführen“ geschützt. Bei Art. 13 Abs. 1 d) VO handelt es sich um einen Auffangtatbestand.

Unter den sonstigen Praktiken sind solche zu verstehen, die nicht unter die in Art. 13 Abs. 1 c) VO aufgeführten fallen, also die nicht auf der Aufmachung, der äußeren Verpackung, in der Werbung oder in Unterlagen zu den betreffenden Erzeugnissen erscheinen[346]. Die umfassende Aufzählung in Art. 13 Abs. 1 c) VO läßt jedoch soweit ersichtlich keinen denkbaren Spielraum mehr für die „sonsti-

---

342 Weitere Beispiele lassen sich aus der deutschen Rechtsprechung zu mittelbaren Herkunftsangaben entnehmen, vgl. dazu nur *Baumbach/Hefermehl*, § 3 UWG Rn. 197 m. w. N.

343 Vgl. auch *Tilmann*, GRUR 1992, 829 ff., 833.

344 Vgl. *Sack*, in: Schwarze (Hrsg.), Werbung und Werbeverbote im Lichte des europäischen Gemeinschaftsrechts, Baden-Baden, 1999, 102 ff., 132.

345 EuGH Slg. 1997, I-4657 ff., 4691 Erw. 31 - Gut Springenheide. Vgl. dazu ausführlich *Sack*, WRP 1999, 399 ff.; *ders.*, in: Schwarze (Hrsg.), Werbung und Werbeverbote im Lichte des europäischen Gemeinschaftsrechts, 1999, 102 ff., 123 ff.

346 *Ingerl/Rohnke*, MarkenG, § 135 MarkenG, Rn. 3.

gen Praktiken", da mit „in der Werbung" bereits alle denkbaren, an ein Publikum gerichteten, Handlungen erfaßt sein dürften[347].

VII. Art. 13 Abs. 1, letzter Satz VO - Ausnahme für miteingetragene Gattungsbezeichnungsbestandteile

Der Schlußsatz von Art. 13 Abs. 1 VO bestimmt, daß, wenn eine eingetragene Bezeichnung als Bestandteil eine Gattungsbezeichnung enthält, die Benutzung dieser Gattungsbezeichnung nicht als Verletzung von Art. 13 Abs. 1 a) und b) VO zu werten ist. Die Bestimmung trägt dem allgemeinen kennzeichenrechtlichen Gedanken des Freihaltebedürfnisses an beschreibenden Angaben und Gattungsbezeichnungen Rechnung. Die Bestimmung hat vor allem eine klarstellende Bedeutung, da die Elemente einer Bezeichnung, bei denen es sich um Gattungsbezeichnungen handelt, ohnehin durch Fußnoten aus dem Schutzbereich der Verordnung ausgenommen sind. Das Zusammenspiel zwischen dem Gattungsbezeichnungselement und den anderen Elementen einer Bezeichnung kann aber sehr wohl im Rahmen von Art. 13 Abs. 1 c) und d) bei der Feststellung einer Irreführung Berücksichtigung finden[348].

D. Übergangsregelungen für die Benutzung, Art. 13 Abs. 2 und 4 VO

Art. 13 Abs. 2 und 4 VO sehen für bestimmte Fälle, in denen eine Kollision einer angemeldeten und einzutragenden Bezeichnung mit einer Bezeichnung für Erzeugnisse, die sich bereits in der EG im Verkehr befinden, eine Übergangsregelung vor. Für eine bestimmte Zeit kann daher unter den Bedingungen des Art. 13 Abs. 2 und 4 die Verwendung einer kollidierenden Bezeichnung zulässig sein.

I. Übergangsregelung für im Verfahren nach Art. 17 VO eingetragene Bezeichnungen

Unter den folgenden Voraussetzungen, die in Art. 13 Abs. 2 VO geregelt sind[349], können einzelstaatliche Regelungen, die die Verwendung von nach Art. 17 der

347 *Ingerl/Rohnke*, MarkenG, § 135 MarkenG, Rn. 3.
348 *Tilmann*, GRUR 1992, 829 ff., 833.
349 Art. 13 Abs. 2 geändert durch VO 535/97, ABl. L 83/3 vom 17.3.1997.

Verordnung eingetragenen Bezeichnungen erlauben, bis zu 5 Jahre nach der Eintragung beibehalten werden.

Die Erzeugnisse müssen unter der Bezeichnung im jeweiligen Mitgliedstaat

- mindestens 5 Jahre lang vor dem 14. Juli 1992 rechtmäßig im Verkehr sein,
- von den Unternehmen rechtmäßig in den Verkehr gebracht worden und mindestens 5 Jahre lang vor dem 14. Juli 1992 rechtmäßig verwendet worden sein.

Des weiteren muß

- der tatsächliche Ursprung des Erzeugnisses deutlich aus der Etikettierung hervorgehen.

Einzelstaatliche Regelungen können solche bezüglich der Erlaubnis der Verwendung einer eingetragenen Bezeichnung als Gattungsbezeichnung oder die Verwendung einer eingetragenen Bezeichnung mit entlokalisierenden Angaben sein. Nicht unter Art. 13 Abs. 2 VO fallen markenrechtliche Regelungen, da die Abgrenzung zu eingetragenen Marken durch Art. 14 VO vorgenommen wird[350].

Die Übergangsregelung darf gemäß Art. 13 Abs. 2, letzter Unterabsatz VO allerdings nicht dazu führen, daß die Erzeugnisse nunmehr unbeschränkt im Hoheitsgebiet eines Mitgliedsstaats in den Verkehr gebracht werden, in dem diese Bezeichnungen vorher untersagt waren. Damit soll verhindert werden, daß in Mitgliedstaaten, in denen vorher die Einfuhr der Erzeugnisse mit der kollidierenden Bezeichnung rechtmäßig untersagt war, nunmehr diese Erzeugnisse aufgrund der Übergangsregelung eingeführt werden können. Diese Mitgliedstaaten können daher auch weiterhin den Vertrieb dieser Erzeugnisse in ihrem Hoheitsgebiet verhindern.

II. Nach Art. 5 VO eingetragene Bezeichnungen

Art. 13 Abs. 4 VO[351] bietet für den Fall, daß im Rahmen des Einspruchsvermittlungsverfahrens nach Art. 7 Abs. 5 b) VO keine einvernehmliche Lösung erzielt worden ist, die Möglichkeit, eine Übergangszeit vorzusehen[352]. Die Übergangszeit kann höchstens fünf Jahre ab dem Zeitpunkt der Eintragung der geschützten Bezeichnung betragen.

---

350 GA *Jacobs*, Schlußanträge zu „Gorgonzola, Slg. 1999, I-1304 ff., 1316 Erw. 46 - Gorgonzola.

351 Art. 13 Abs. 4 VO eingefügt durch VO 535/97, ABl. L 83/3 vom 17.3.1997.

352 Erstmalig wurde Art. 13 Abs. 4 VO im Fall von „Jambon de Bayonne" angewandt. Die Ausnahme steht unter der Bedingung, daß der wahre Ursprung deutlich angegeben wird. Die Übergangszeit beträgt in diesem Fall drei Jahre ab Eintragung, VO 2139/98 der Kommission vom 6.10.1998, ABl. L 270, 7 f. vom 7.10.1998.

Bedingung für die Anwendung der Ausnahmeregelung ist ein zulässiger Einspruch aus dem Grund, daß die Eintragung sich nachteilig auf das Bestehen einer ganz oder teilweise gleichlautenden Bezeichnung oder das Bestehen von Erzeugnissen auswirken würde, die sich zum Zeitpunkt der Veröffentlichung der einzutragenden Bezeichnung im Amtsblatt nach Art. 6 Abs. 2 VO seit fünf Jahren rechtmäßig im Verkehr befinden.

Die Übergangszeit kann gemäß Art. 13 Abs. 4, Unterabsatz 2 VO jedoch nur dann vorgesehen werden, wenn die Unternehmen die betreffenden Erzeugnisse rechtmäßig in den Verkehr gebracht haben und dabei seit mindestens fünf Jahren vor der Veröffentlichung gemäß Art. 6 Abs. 2 VO ständig die betreffenden Bezeichnungen verwendet haben.

E. Die Rechtsfolgen gemäß § 135 MarkenG

Die Verordnung selbst enthält keine Rechtsfolgenanordnung[353]. Die Rechtsfolgen im deutschen Recht sind in § 135 MarkenG geregelt. Bei Verstoß gegen die Verordnung kann danach Unterlassung und gegebenenfalls auch ein Schadensersatzanspruch geltend gemacht werden[354].

I. Unterlassungsanspruch

Das Markengesetz gibt in § 135 Abs. 1 MarkenG einen Unterlassungsanspruch für den Fall eines Verstoßes im geschäftlichen Verkehr gegen Art. 8 VO und Art. 13 VO. Der Begriff „im geschäftlichen Verkehr" ist in Einklang mit dem Begriff „kommerziell" in Art. 13 Abs. 1 a) VO auszulegen[355].

Der Anspruch kann gemäß § 135 Abs. 1 MarkenG von den nach § 13 Abs. 2 UWG zur Geltendmachung von Ansprüchen Berechtigten geltend gemacht werden[356]. Der Anspruch kann außerdem von den unmittelbar verletzten Benutzern

353 *Reger*, Der internationale Schutz gegen unlauteren Wettbewerb und das TRIPs-Abkommen, 1999, S. 145 m. w. N.; *Gloy* in: FS für Piper, 1996, 543 ff., 551.

354 Zum österreichischem Recht vgl. *Meyenburg*, MarkenR 1999, 227 ff., 230; *Schanda*, MarkenSchG, § 68 f.; *Wohlgemuth*, ecolex 1998, 642 ff., 644.

355 A. A. *Fezer*, MarkenG, § 135 Rn. 3. Zum Begriff „kommerziell" vgl. oben in Kap. 10 C. III. 1. b).

356 *Fezer*, MarkenG, 2. A., § 135 Rn. 5; *Ingerl/Rohnke*, MarkenG, § 135 Rn. 6, § 128 Rn. 7 ff.

der Angabe geltend gemacht werden. Unmittelbar Verletzte sind alle Hersteller von spezifikationskonformen Erzeugnissen[357].

II. Schadensersatzanspruch

Das Markengesetz gewährt in § 135 Abs. 2 i. V. m. § 128 Abs. 2 und 3 MarkenG einen Schadensersatzanspruch. Voraussetzung ist die vorsätzliche oder fahrlässige Verletzung von Art. 8 oder Art. 13 VO.

1. Schadensberechnung

Problematisch ist bei geographischen Bezeichnungen die Art und Weise der Schadensberechnung. Die üblicherweise bei gewerblichen Schutzrechten angewandte dreifache Schadensberechnungsmethode ist aufgrund der Eigenarten der geographischen Bezeichnungen nicht anwendbar. In Betracht kommt allein die konkrete Schadensberechung nach Maßgabe von § 135, 128 MarkenG i. V. m. § 254 BGB. Ein Schaden kann weder im Wege der Lizenzanalogie noch in Gestalt des vom Verletzer durch den Eingriff erzielten Gewinns verlangt werden (§§ 687 Abs. 2, 681, 667 BGB)[358]. So ist Voraussetzung für die Lizenzanalogie die Möglichkeit der Erteilung einer Lizenz. Bei geschützten geographischen Herkunftsangaben können Lizenzen jedoch nicht vergeben werden, da die Benutzung der geschützten Bezeichnung nur im Rahmen der Spezifikation erlaubt ist. Im übrigen darf jeder, der die Bedingungen der Spezifikation erfüllt, die Bezeichnung benutzen. Für die Erteilung einer Lizenz bleibt daher kein Raum[359]. Auch für eine Gewinnabschöpfung in Gestalt des vom Verletzer durch den Eingriff erzielten Gewinns bleibt kein Raum. Denn hier liegt die Vermutung zugrunde, daß die Gewinne des Verletzers andernfalls von dem alleinberechtigten Kläger erzielt worden wären. Typisch für geschützte geographische Angaben ist aber, daß es eine Vielzahl von Benutzern gibt[360].

Allerdings wird auch die konkrete Schadensberechnung in der Praxis daran scheitern, daß der Gewinn nicht feststellbar ist, den die verletzten Benutzer ohne

---

357 Vgl. *Ingerl/Rohnke*, MarkenG, § 135 Rn. 6.

358 Zur dreifachen Schadensberechnungsmethode vgl. *Ingerl/Rohnke*, MarkenG, Vor §§ 14-19 Rn. 64.

359 *Ingerl/Rohnke*, MarkenG, § 128 Rn. 12. Ein bereicherungsrechtlicher Anspruch scheidet ebenfalls aus, da dieser auf eine Lizenzhaftung gerichtet ist, vgl. auch *Ingerl/Rohnke*, MarkenG, § 128 Rn. 1.

360 *Ingerl/Rohnke*, MarkenG, 128 Rn. 12.

die Verletzungshandlung hätten machen können[361]. Der Sinn der Schadensersatzregelung im Markenrecht ist daher zweifelhaft.

2. *Klagebefugnis*

Problematisch ist des weiteren, wer zur Durchsetzung des Schadensersatzanspruchs aktivlegitimiert sein soll. Eine Regelung wird durch das Gesetz diesbezüglich nicht getroffen. Man könnte zwar daran denken, die Lücke durch eine Analogie zu § 135 Abs. 1 MarkenG zu schließen. Dies kommt allerdings nicht in Betracht, denn zum einen beschränkt das Gesetz die Verbandsklagebefugnis ausdrücklich auf § 135 Abs. 1 MarkenG und zum anderen ist auch im Rahmen von § 13 Abs. 2 UWG gerade keine erweiterte Klagebefugnis auf Schadenersatz vorgesehen[362]. Eine Klagebefugnis für den jeweiligen Verband oder Zusammenschluß der Hersteller der geographischen Herkunftsangabe ist deswegen nicht gegeben. Klagebefugt können daher nur die unmittelbar Verletzten sein[363].

III. *Beseitigungsanspruch*

§ 135 Abs. 2 MarkenG sieht als Rechtsfolge ausdrücklich nur den Unterlassungs- und den Schadensersatzanspruch vor. Daneben besteht aber auch, soweit es um die Durchsetzung des Schutzes von Ursprungsangaben und geschützten geographischen Bezeichnungen geht, ein verschuldensunabhängiger Beseitigungsanspruch, der sich aus dem Unterlassungsanspruch ergibt[364]. Ein solcher Anspruch besteht nicht etwa nur bei eigentumsähnlich ausgestalteten, sondern bei allen deliktisch geschützten Rechten und Interessen, sofern eine fortwirkende Quelle der Beeinträchtigung gegeben ist[365]. Der Beseitigungsanspruch ist auf Behebung der Störungsquelle gerichtet. Beispielsweise kann die Vernichtung verletzender Gegenstände verlangt werden.

---

361 *Ingerl/Rohnke*, MarkenG, Vor §§ 14-19 Rn. 64.

362 *Ingerl/Rohnke*, MarkenG, § 128 Rn. 11; vgl. auch *Althammer/Ströbele/Klaka-Klaka*, MarkenG, § 128 Rn. 2; *Knaak*, GRUR 1995, 103 ff., 107.

363 *Ingerl/Rohnke*, § 128 Rn. 11.

364 Zur Problematik der Herleitung des Beseitigungsanspruchs vgl. *Gommlich*, Die Beseitigungsansprüche im UWG, 2001; Althammer/Ströbele/Klaka-*Klaka*, MarkenG, § 135, § 128 Rn. 4 und *Fezer*, MarkenG, § 128 Rn. 6; *Ingerl/Rohnke*, MarkenG, § 128 Rn. 1.

365 Allgemein zum quasinegatorischen Beseitigungsanspruch, vgl. nur Palandt/*Bassenge*, 59. A., München, 2000, § 1004 Rn. 1.

Klagebefugt sind diejenigen, die auch zur Geltendmachung des Unterlassungsanspruchs berechtigt sind.

IV. Haftung des Betriebsinhabers gemäß § 135 Abs. 2 i. V. m. § 128 Abs. 3 MarkenG

Wird die Zuwiderhandlung in einem geschäftlichen Betrieb von einem Angestellten oder Beauftragten begangen, so kann gemäß §§ 135 Abs. 2 i. V. m. § 128 Abs. 3 MarkenG der Unterlassungsanspruch bzw. bei Vorsatz oder Fahrlässigkeit des Angestellten der Schadensersatzanspruch auch gegen den Betriebsinhaber geltend gemacht werden.

V. Verjährung, § 136 MarkenG

Die Ansprüche gemäß §§ 136 i. V. m. § 20 MarkenG verjähren in drei Jahren von dem Zeitpunkt an, in dem der Berechtigte von der Verletzung seines Rechts und der Person des Verpflichteten Kenntnis erlangt, ohne Rücksicht auf diese Kenntnis in 30 Jahren.

Kapitel 11: Regelung des Verhältnisses der eingetragenen Bezeichnungen zur Marke, Art. 14 VO

Art. 14 VO regelt das Verhältnis zwischen geschützten Bezeichnungen und Marken. Jeder der Absätze in Art. 14 VO betrifft eine andere Konstellation dieses Verhältnisses und bedient sich zur Lösung des jeweiligen Konflikts auch einer jeweils anderen Regelung. Art. 14 Abs. 1 VO verbietet die Eintragung von Marken, die mit eingetragenen geographischen Bezeichnungen kollidieren. Art. 14 Abs. 2 VO gewährt unter bestimmten Voraussetzungen ein Weiterbenutzungsrecht für ältere, eingetragene Marken. Art. 14 Abs. 3 VO hingegen räumt einer bekannten Marke unter bestimmten Bedingungen Vorrang gegenüber einer geographischen Bezeichnung ein, für die Schutz beantragt worden ist.

Entgegen der jetzigen Regelung in der Verordnung war in der Entwurfsfassung zunächst kein Tatbestand, der das Verhältnis zwischen eingetragenen Marken und geographischen Bezeichnungen differenziert regelt, vorgesehen[366]. Vielmehr war ein allgemeiner Vorrang der gemeinschaftsrechtlich geschützten Bezeichnungen auch vor älteren Markenrechten vorgesehen[367]. Aufgrund der umfangreichen Kritik an dieser Regelung wurde das Verhältnis zu Marken und insbesondere der Schutz von älteren Marken in der jetzigen Form neu gefaßt[368].

A. Art. 14 Abs. 1 VO - Verhältnis zu neuangemeldeten Marken

I. Dogmatische Einordnung

Art. 14 Abs. 1 VO regelt das Verhältnis zwischen neu beantragten, noch nicht eingetragenen Marken und geschützten Ursprungsbezeichnungen sowie geogra-

---

366 Art. 14 Abs. 1, 5. Spiegelstrich des Entwurfs der Kommission vom 21.12.1990 (SEK (90) 2415), GRUR Int. 1991, 277 ff., 280.

367 *Beier/Knaak*, GRUR Int. 1993, 602 ff., 605; *Heine*, GRUR 1993, 96 ff., 102; *Kolia*, EIPR 1992, 233 ff., 237; *v. Mühlendahl*, ZLR 1993, 187 ff., 195. Dieser Vorschlag orientierte sich am Vorbild von Art. 40 Abs. 3 der VO 2392/89 des Rates zur Aufstellung allgemeiner Regeln für die Bezeichnung und Aufmachung der Weine und Traubenmoste vom 24. Juli 1989, ABl. L 278, S. 12 ff.

368 Vgl. Resolution zu Frage Q 62, AIPPI-Jahrbuch 1992/II, S. 349; *Beier/Knaak*, GRUR Int. 1993, 602 ff., 605; *Harte-Bavendamm*, GRUR 1996, 717 ff., 727; *v. Mühlendahl*, ZLR 1993, 187 ff., 195.

phischen Angaben. Marken, auf welche die im folgenden näher zu erörternden Voraussetzungen gemäß Art. 14 Abs. 1 VO zutreffen, werden nicht eingetragen bzw. Marken, die entgegen Art. 14 Abs. 1 VO eingetragen worden sind, werden für ungültig erklärt. Art. 14 Abs. 1 VO ist daher als absolutes Schutzhindernis für die Eintragung einer Marke einzuordnen.

II. Adressaten

Adressaten von Art. 14 Abs. 1 VO sind erstens die nationalen Markenämter und das europäische Markenamt in Alicante, die dieses zusätzliche Eintragungshindernis bei der Prüfung eines Markenantrags zu berücksichtigen haben.

III. Voraussetzungen des Art. 14 Abs. 1 VO

Voraussetzung für das Vorliegen des absoluten Schutzhindernisses ist erstens, daß der Antrag auf Eintragung der Marke nach dem Zeitpunkt der Veröffentlichung des Eintragungsantrags der Ursprungsbezeichnung oder geographischen Angabe im Amtsblatt gemäß Art. 6 Abs. 2 VO beantragt wurde. Zweitens muß einer der in Art. 13 VO genannten Tatbestände verletzt sein und drittens muß die Marke die gleiche Art von Produkt betreffen wie die geschützte Bezeichnung. Die Voraussetzungen müssen kumulativ vorliegen.

1. Zeitpunkt, ab dem das Schutzhindernis für die Markeneintragung vorliegt

Art. 14 Abs. 1 VO regelt lediglich den Fall, daß eine geographische Bezeichnung im Normalverfahren eingetragen bzw. ihre Eintragung beantragt worden ist. Nur im Normalverfahren ist eine Veröffentlichung des Anmeldeantrags gemäß Art. 6 Abs. 2 der Verordnung vorgesehen. Für den Fall der Kollision einer Marke bzw. einer Markenanmeldung mit einer im verkürzten Verfahren nach Art. 17 VO eingetragenen Bezeichnung gibt die Verordnung in Art. 14 Abs. 1 VO dagegen keine Regelung vor. Denn in diesem Verfahren ist keine Veröffentlichung des Eintragungsantrags im Amtsblatt vorgesehen[369]. Im folgenden wird daher zwischen den beiden Verfahren unterschieden.

369 Zum Verfahren nach Art. 17 VO ausführlich oben unter Kap. 8, D.

a) *Erfolgte oder bereits beantragte Eintragung der geschützten Bezeichnung im Normalverfahren gemäß Art. 5 ff. VO*

Eine Marke, die gegen Art. 13 VO verstößt, kann gemäß Art. 14 Abs. 1, Unterabsatz 1 VO grundsätzlich dann nicht mehr eingetragen werden, wenn sie *nach* dem Zeitpunkt angemeldet wurde, zu dem der Antrag auf Eintragung der geographischen Bezeichnung im Normalverfahren gemäß Art. 6 Abs. 2 VO erstmalig im Amtsblatt bekannt gemacht wurde[370].

Auch wenn die Marke noch *vor* dem Zeitpunkt der erstmaligen Veröffentlichung der geographischen Bezeichnung im Amtsblatt angemeldet wurde, kann sie gemäß Art. 14 Abs. 1, Unterabsatz 3 VO zurückgewiesen werden. Nämlich dann, wenn die Veröffentlichung des Antrags auf Eintragung der geographischen Bezeichnung im Amtsblatt noch vor der Eintragung der Marke erfolgt[371].

Nur die Eintragung der Marke vor der Veröffentlichung nach Art. 6 Abs. 2 VO schützt daher vor Zurückweisung der Marke aufgrund des Schutzhindernisses in Art. 14 Abs. 1 VO[372].

b) *Erfolgte oder bereits beantragte Eintragung der geschützten Bezeichnung im Verfahren gemäß Art. 17 VO*

Kollidiert die Marke mit einer geographischen Bezeichnung, die im Verfahren nach Art. 17 VO angemeldet oder eingetragen worden ist, so stellt sich die Frage, ab welchem Zeitpunkt die Markenanmeldung zurückzuweisen wäre.

Der Zeitpunkt, auf den Art. 14 Abs. 1 VO im Normalverfahren abstellt - die Veröffentlichung gemäß Art .6 Abs. 2 VO - ist der Zeitpunkt, zu dem alle Markenämter und Markenanmelder in Europa die Anmeldung erstmalig zur Kenntnis nehmen können. Vor diesem Zeitpunkt kann eine Berücksichtigung der Anmeldung im Markeneintragungsverfahren durch die Markenämter in Europa nicht erfolgen[373].

---

370 Es handelt sich hierbei um die Veröffentlichung des Antrags durch die Kommission gemäß Art. 6 Abs. 2 VO, vgl. zum regulären Anmeldungsverfahren oben, Kap. 8, B.

371 Kritisch bezüglich der Regelung des Art. 14 Abs. 1, S. 3 VO, *Gevers*, in: WIPO (Hrsg.), WIPO-Publikation No. 739 (E), 1995, 143 ff., 162.

372 Die Marke kann aber nur dann mit der geographischen Bezeichnung, die sie verletzt, koexistieren, wenn sie die Voraussetzungen des Art. 14 Abs. 2 VO erfüllt, vgl. Kap. 11, B.

373 Kenntnis kann nur das nationale Markenamt haben, bei dem die Anmeldung der geographischen Bezeichnung erfolgt. Da dieses jedoch in der jeweiligen Landessprache erfolgt, kann von europaweiter Bekanntmachung erst mit der Veröffentlichung im Amtsblatt gesprochen werden, das in allen Sprachen der EG-Mitgliedstaaten erscheint.

Im Verfahren nach Art. 17 VO wird eine Marke deshalb dann entsprechend Art. 14 Abs. 1 VO zurückzuweisen sein, wenn die Anmeldung der Marke *nach* der *Eintragung* der geographischen Bezeichnung gemäß Art. 17 i. V. m. Art. 15 VO im Amtsblatt erfolgt[374]. Denn erst ab diesem Zeitpunkt ist der Schutz der geographischen Bezeichnung europaweit bekannt gemacht.

Erfolgt die Markenanmeldung vor der Veröffentlichung der Eintragung der geschützten Bezeichnung gemäß Art. 17 VO im Amtsblatt, so ist Art. 14 Abs. 1, 3. Unterabsatz VO entsprechend anzuwenden. D. h. erfolgt die Eintragung der Marke erst nach der Veröffentlichung der Eintragung im Amtsblatt, so ist sie zurückzuweisen, auch wenn der Antrag auf Eintragung der Marke schon vor Veröffentlichung gestellt wurde.

2. *Verletzung von Art. 13 VO durch die angemeldete Marke*

Art. 14 Abs. 1 VO verlangt außerdem, daß die zur Eintragung angemeldete Marke gegen einen der Tatbestände des Art. 13 VO verstößt[375].

3. *Gleichartigkeit der durch die Marke und die eingetragene Bezeichnung geschützten Erzeugnisse*

Selbst wenn eine Marke Art. 13 VO verletzt, wird sie nicht zwingend zurückgewiesen. Vielmehr erfolgt eine Zurückweisung nur dann, wenn die Markenanmeldung für Erzeugnisse erfolgt, die die gleiche Art von Erzeugnis betreffen, wie das unter der geographischen Bezeichnung eingetragene Erzeugnis.

Unter der Formulierung „die gleiche Art von Erzeugnis betreffend" im Sinne von Art. 14 Abs. 1 VO ist dasselbe zu verstehen, wie unter „vergleichbar" im Sinne von Art. 13 Abs. 1 a) VO. Erzeugnisse sind i. S. v. Art. 13 Abs. 1 a) VO vergleichbar, wenn sie identisch oder nahezu identisch sind[376]. Die Formulierung „die gleiche Art von Erzeugnis betreffend" besagt nichts anderes.

Auch Marken, die gegen Art. 13 VO verstoßen, können deshalb eingetragen werden, sofern sie nicht ein Erzeugnis betreffen, das mit dem unter der geographischen Bezeichnung eintragenen identisch oder nahezu identisch ist[377].

---

374 So wohl auch *Gevers*, in: WIPO (Hrsg.), WIPO-Publikation No. 739 (E), 143 ff., 162.

375 Zur Auslegung von Art. 13 VO siehe oben Kap. 10, C.

376 Vgl. Kap. 10, C. III. 2 c).

377 Die Benutzung einer solchen Marke kann jedoch gemäß Art. 13 VO untersagt werden, wenn die Marke nicht die Voraussetzungen der Koexistenzeinrede gemäß Art. 14 Abs. 2 VO erfüllt, siehe unten unter B.

IV. Rechtsfolgen

Marken, die entgegen Art. 14 Abs. 1, Unterabsatz 1 und 3 VO eingetragen worden sind, werden gemäß Art. 14 Abs. 1, Unterabsatz 2 VO für ungültig erklärt. Die Ungültigerklärung erfolgt nach den Vorschriften des nationalen Rechts, wenn es sich um eine nationale Marke handelt[378] bzw. nach Maßgabe der GemeinschaftsmarkenVO, wenn es sich um eine Gemeinschaftsmarke handelt[379].

Die Entstehung nicht eingetragener Marken durch Benutzung wird durch den Wortlaut des Art. 14 Abs. 1 VO nicht erfaßt und kann dadurch auch nicht verhindert werden[380].

B. Art. 14 Abs. 2 VO - Koexistenz von kollidierenden älteren Marken mit geschützten Ursprungsbezeichnungen und geographischen Angaben

I. Dogmatische Einordnung

Art. 14 Abs. 2 VO regelt das Verhältnis zwischen bereits eingetragenen Marken und geschützten geographischen Bezeichnungen. Dogmatisch ist Art. 14 Abs. 2 VO als rechtshindernde Einrede gegenüber der Geltendmachung von Art. 13 VO einzuordnen[381]. Bei Bestehen der Einrede liegt ein Weiterbenutzungsrecht für die kollidierende Marke neben der geschützten Bezeichnung vor. Zweck von Art. 14 Abs. 2 VO ist es, bereits eingetragenen Marken bei kollidierenden Interessen, Bestands- und Vertrauensschutz zu gewähren[382].

II. Voraussetzungen für das Bestehen der Einrede der Weiterbenutzung

Eine eingetragene Marke, auf die einer der in Art. 13 VO genannten Tatbestände zutrifft, darf weiterverwendet werden, wenn die Marke erstens vor dem Zeitpunkt der Stellung des Antrags auf Eintragung der geographischen Bezeichnung bereits

378 Der Ungültigerklärung i. S. d. VO entspricht im deutschen Markenrecht die Löschung der Marke. Die Löschung wird entsprechend § 13 Abs. 2 i. V. m. § 51 MarkenG vorgenommen.

379 Der Ungültigerklärung entspricht in der GMVO die Nichtigerklärung. Die Nichtigerklärung könnte aber analog Art. 52 Abs. 1 c) i. V. m. Art. 8 Abs. 4 GMVO erfolgen.

380 *Gorny*, GRUR 1996, 447 ff., 452.

381 A. A. *Ingerl/Rohnke*, MarkenG, § 135 Rn. 5.

382 GA *Jacobs*, Schlußanträge zu „Gorgonzola", Slg. 1999, I-1304 ff., 1317, Rn. 51.

eingetragen war. Zweitens muß die Eintragung in gutem Glauben erfolgt sein und drittens darf auf die Marke nicht einer der in Art. 3 Abs. 1 lit. c) und g) und Art. 12 Abs. 2 lit. b) der MarkenRL genannten Gründe für die Ungültigkeit oder den Verfall zutreffen. Die Tatbestandsmerkmale müssen kumulativ vorliegen. Das Vorliegen der Tatbestandsmerkmale ist vom jeweiligen nationalen Gericht festzustellen[383].

Darf eine Marke neben einer koexistierenden geographischen Bezeichnung weiterbenutzt werden, so schließt das die markenrechtlichen Verbietungsansprüche gegenüber den Benutzern der geographischen Angabe aus[384]. Umgekehrt kann gegenüber der Marke nicht mehr geltend gemacht werden werden, daß sie gegen Art. 13 VO verstößt.

1. Bestehen einer Marke, die vor Anmeldung der geographischen Bezeichnung eingetragen wurde

a) Zeitpunkt, ab dem die geographische Bezeichnung angemeldet ist

Gemäß Art. 14 Abs. 2 VO muß die Eintragung der Marke vor dem Zeitpunkt der Anmeldung der geographischen Bezeichnung erfolgt sein. Aufgrund der unterschiedlichen Ausgestaltung der Anmeldeverfahren nach Art. 5 ff. und Art. 17 VO handelt es sich in den Verfahren um jeweils unterschiedliche Zeitpunkte.

Ist die geographische Bezeichnung im *Normalverfahren* eingetragen worden, so handelt es sich um den Zeitpunkt, zu dem der Antrag auf Eintragung bei dem auf nationaler Ebene zuständigen Amt für die Durchführung des Anmeldeverfahrens eingegangen und die dafür fällige Gebühr bezahlt ist[385].

Kollidiert die Marke hingegen mit einer geographischen Bezeichnung, bei der die Eintragung im *Verfahren nach Art. 17 VO* erfolgt ist, so muß die Marke vor dem Zeitpunkt eingetragen worden sein, zu dem der Antrag auf Eintragung von dem Mitgliedstaat an die Kommission übermittelt worden ist.

b) Durch Benutzung erworbene Marken

Art. 14 Abs. 2 VO läßt unerwähnt, ob die Koexistenzeinrede auch von Marken geltend gemacht werden kann, die durch Benutzung erworben wurden. In den Verhandlungen über die Verordnung konnte sich die deutsche Delegation, die ei-

---

383 EuGH Slg. 1999, I-1304 ff., 1335 f., Erw. 36, 42 - Gorgonzola.

384 *Meyer*, WRP 1995, 783 ff., 784.

385 Vgl. *Ingerl/Rohnke*, MarkenG, § 130 Rn. 3, die auf den Zeitpunkt der Gebührenzahlung beim nationalen Markenamt abstellen.

ne ausdrückliche Erstreckung der Koexistenz auch auf uneintragene Marken befürwortete, nicht durchsetzen[386].

Art. 14 Abs. 2 VO ist jedoch auch auf formlos geschützte Kennzeichenrechte entsprechend anwendbar. Jede andere Auslegung von Art. 14 Abs. 2 der Verordnung wäre eine ungerechtfertigte Ungleichbehandlung der Inhaber von Marken, die durch Benutzung erworben wurden[387]. Denn durch Benutzung erworbene Marken stellen ebenso schützenswertes geistiges Eigentum dar, wie eingetragene Marken[388]. Die Art des Erwerbs einer Marke stellt keinen sachlichen Differenzierungsgrund dar für die unterschiedliche Behandlung in Bezug auf das Koexistenzrecht[389]. Schließlich werden geographische Bezeichnungen durch die Koexistenz einer eingetragenen Marke nicht weniger betroffen als durch die Koexistenz mit einer durch Benutzung erworbenen Marke.

Des weiteren gehören auch Inhaber solcher Marken zu den Einspruchsberechtigten nach Art. 7 Abs. 4, 2. Spiegelstrich VO. Wenn diesen aber ein Einspruchsrecht zusteht, so müßte ihnen im Falle einer Registrierung der geographischen Bezeichnung unter den Bedingungen des Art. 14 Abs. 2 VO auch das Weiterbenutzungsrecht zugebilligt werden können[390].

2. *Verstoß gegen Art. 13 VO*

Art. 14 Abs. 2 VO findet nur auf Marken Anwendung, die gegen einen der Verletzungstatbestände des Art. 13 VO verstoßen. Kollektiv- und Verbandsmarken für eingetragene geographische Bezeichnungen bleiben von der Verordnung jedoch unberührt, solange sie durch Erzeuger von spezifikationsgetreu hergestellten Produkten benutzt werden. Denn dann ist der Tatbestand von Art. 13 VO nicht erfüllt[391].

---

386 *v. Mühlendahl*, ZLR 1993, 187 ff., 196.

387 Zur Geltung der Grundrechte auf Europäischer Ebene vgl. nur *Lenz*, EG-Vertrag, Art. 8 Rn. 5.

388 *v. Mühlendahl*, ZLR 1993, 187 ff., 196.; vgl. auch *Beier/Knaak*, GRUR Int. 1993, 602 ff, 607; *Steeger*, WRP 1994, 584 ff., 590.

389 Vgl. auch *Tilmann*, GRUR Int. 1993, 610 ff., 613; a. A. *Gorny*, GRUR 1996, 447 ff., 452.

390 Vgl. *Tilmann*, GRUR Int. 1993, 610 ff., 613.

391 *Knaak*, GRUR Int. 1995, 103 ff., 111; *v. Mühlendahl*, ZLR 1993, 187 ff., 195; *Reger*, Der internationale Schutz gegen unlauteren Wettbewerb und das TRIPs-Abkommen, 1999, S. 145. Vgl. zur Vereinbarkeit des MarkenR mit der Verordnung unten Kap. 12, A. II. 2. c).

3. *Gutgläubigkeit des Markeninhabers*

Die Gutgläubigkeit des Markeninhabers ist unter Berücksichtigung aller Vorschriften des nationalen und des Völkerrechts festzustellen, die in dem Zeitpunkt galten, als der Antrag auf Eintragung der Marke eingereicht wurde[392]. Die Vermutung des guten Glaubens ist unzulässig, wenn die seinerzeit geltenden Vorschriften eindeutig entgegenstanden[393]. Die Feststellung der Gutgläubigkeit des Markeninhabers ist Tatfrage und obliegt daher dem zuständigen nationalen Gericht[394].

4. *Kein Verstoß gegen die Markenrichtlinie*

Die Marke darf nicht einem der in Art. 3 Abs. 1 c) und g) und Art. 12 Abs. 2 b) der Markenrichtlinie genannten Gründe für die Ungültigkeit oder den Verfall unterliegen[395].

a) *Art. 14 Abs. 2 VO i. V. m. Art. 3 Abs. 1 c) MarkenRL*

Art. 3 Abs. 1 c) MarkenRL bestimmt, daß Marken, die „ausschließlich aus Zeichen oder Angaben bestehen, welche im Verkehr zur Bezeichnung (...) der geographischen Herkunft (...) dienen können“, von der Eintragung ausgeschlossen werden und im Falle der Eintragung der Ungültigkeitserklärung unterliegen.

Mit dieser Vorschrift werden die Marken von der Eintragung ausgeschlossen, die die geographische Herkunft des Produktes unmittelbar beschreiben[396]. Abgewandelte geographische Herkunftsangaben sind nur dann nach Art. 3 Abs. 1 c) MarkenRL von der Eintragung ausgeschlossen, wenn die Abwandlung der geographischen Herkunftsangabe so geringfügig ist, daß der Verkehr sofort die Herkunftsangabe erkennt[397]. Ein konkretes, aktuelles oder ernsthaftes Freihaltebedürfnis an der geographischen Bezeichnung ist gemäß der „Windsurfing Chiem-

---

392 EuGH Slg. 1999, I-1304 ff., 1335, Erw. 35 - Gorgonzola.

393 EuGH Slg. 1999, I-1304 ff., 1335, Erw. 35 - Gorgonzola.

394 Vgl. dazu *Hauer*, ZLR 1999 313 ff., 317.

395 Die genannten Vorschriften der Richtlinie sind in § 8 Abs. 2 Nr. 2 und 4 sowie in § 49 Abs. 2 Nr. 2 Markengesetz umgesetzt worden. Zum Problem der Vereinbarkeit dieses Erfordernisses mit Art. 24 Abs. 5 TRIPs-Abkommen, siehe ausführlich *Reger*, Der internationale Schutz gegen unlauteren Wettbewerb und das TRIPs-Abkommen, 1999, 186 ff., 190 f.

396 Vgl. zur umgesetzten Vorschrift des Art. 3 Abs. 1 lit. c) MarkenRL im deutschen Recht, *Ingerl/Rohnke*, MarkenG, § 8 Rn. 80.

397 *Ingerl/Rohnke*, MarkenG, § 8 Rn. 85.

see“-Rechtsprechung des EuGH nicht erforderlich, damit das Schutzhindernis besteht[398].

b) Art. 3 Abs. 1 g) MarkenRL

Art. 3 Abs. 1 g) MarkenRL bestimmt, daß Marken, „die geeignet sind, das Publikum (...) über die geographische Herkunft der Ware (...) zu täuschen“, von der Eintragung ausgeschlossen sind oder im Falle der Eintragung der Ungültigkeitserklärung unterliegen.

Art. 3 Abs. 1 g) MarkenRL soll sicherstellen, daß im Rahmen des Eintragungsverfahrens Marken, deren Täuschungseignung bereits zu diesem frühen Zeitpunkt ersichtlich ist, nicht eingetragen werden[399]. Die Vorschrift setzt voraus, daß das Zeichen als solches und nicht eine bestimmte Art der Verwendung irreführend ist[400]. Voraussetzung für das Vorliegen von Art. 3 Abs. 1 g) MarkenRL ist nach Ansicht des EuGH, daß sich tatsächliche Irreführung bzw. eine hinreichend schwerwiegende Gefahr einer solchen feststellen läßt[401], da nur bei Vorliegen einer solchen die aus dem Eintragungshindernis resultierenden Hemmnisse für den freien Warenverkehr gerechtfertigt sind[402]. Bei der Prüfung der Voraussetzungen darf die Marke nicht schon deswegen als irreführend qualifiziert werden, weil sie gegen Art. 13 Abs. 1 VO verstößt[403].

c) Art. 12 Abs. 2 b) MarkenRL

Ferner bestimmt Art. 12 Abs. 2 lit. b) der Markenrichtlinie, daß eine Marke für verfallen erklärt wird, „die infolge ihrer Benutzung durch den Inhaber oder mit seiner Zustimmung für Waren (...), für die sie eingetragen ist, geeignet ist, das Publikum insbesondere über die Art, die Beschaffenheit oder die geographische Herkunft dieser Waren (...) irrezuführen“.

Damit eine Marke dem Verfall wegen Täuschungseignung unterliegt, muß die Marke erstens geeignet sein, für die Waren, für die sie eingetragen ist, den Ver-

398 EuGH WRP 1999, 629 ff., 633, Erw. 35 - Windsurfing Chiemsee.

399 Vgl. zur umgesetzten Vorschrift des Art. 3 Abs. 1 lit. g) MarkenRL im deutschen Recht, *Ingerl/Rohnke*, MarkenG, § 8 Rn. 97.

400 *Ingerl/Rohnke*, MarkenG, § 8 Rn. 99.

401 EuGH Slg. 1999, I-1304 ff., 1337, Erw. 41 - Gorgonzola; in diesem Sinne auch GA *Jacobs*, Schlußanträge zu „Gorgonzola“, Slg. 1999, I-1304 ff., 1318, Rn. 55 und die *Kommission*, wiedergegeben durch den EuGH Slg. 1999, I-1304 ff., 1336, Erw. 40 - Gorgonzola.

402 EuGH Slg. 1996, I-6039, 6059, Erw. 24 - Cottonelle/Graffione.

403 EuGH Slg. 1999, I-1304 ff., 1337 Erw. 42 f. - Gorgonzola. Vgl. auch *Hauer*, ZLR 1999, 313 ff., 318.

kehr über wesentliche Merkmale oder die geographische Herkunft der Produkte zu täuschen. Zweitens muß diese Täuschungseignung gerade auf die konkrete Benutzung durch den Inhaber zurückzuführen sein[404]. Auch Art. 12 Abs. 2 b) MarkenRL liegt nach Ansicht des EuGH nur dann vor, wenn sich eine tatsächliche Irreführung des Verbrauchers oder eine hinreichend schwerwiegende Gefahr einer solchen feststellen läßt[405]. Dabei sind alle Umstände des Falle zu berücksichtigen[406].

5. Unter Wahrung des Gemeinschaftsrechts

Die Koexistenz der Marke mit der geschützten Bezeichnung setzt außerdem voraus, daß das übrige Gemeinschaftsrecht gewahrt bleibt, d. h. die Marke nicht gegen sonstige Vorschriften des Gemeinschaftsrechts verstößt[407].

C. Art. 14 Abs. 3 VO

Art. 14 Abs. 3 VO verbietet die Eintragung einer geographischen Bezeichnung, wenn in Anbetracht des Ansehens, das eine Marke genießt, ihres Bekanntheitsgrades und der Dauer ihrer Verwendung die Eintragung geeignet ist, die Verbraucher über die wirkliche Identität des Erzeugnisses irrezuführen. In diesem Fall setzt sich ausnahmsweise die ältere, bekannte Marke gegen die jüngere geographische Bezeichnung durch.

I. Dogmatische Einordnung und Schutzzweck

Der Gesetzgeber hat hier, anders als es der systematische Standort der Vorschrift im Gesetz nahelegt, ein Eintragungshindernis für geographische Angaben geschaffen[408]. Im System der Verordnung hätte dieses daher auch bei der Prüfung

404 GA *Jacobs*, Schlußanträge zu „Gorgonzola", Slg. 1999, I-1304 ff., 1318, Rn. 56. Vgl. auch *Hauer*, ZLR 1999, 313 ff., 318; *Ingerl/Rohnke*, MarkenG, § 49 Rn. 33 zur umgesetzten Vorschrift des Art. 12 Abs. 2 lit. b) MarkenRL.

405 EuGH Slg. 1999, I-1304 ff., 1337, Erw. 41 - Gorgonzola; in diesem Sinne auch GA *Jacobs*, Schlußanträge zu „Gorgonzola, Slg. 1999, I-1304 ff., 1318 Rn. 55 und die *Kommission*, wiedergegeben durch den EuGH Slg. 1999, I-1304 ff., 1336, Erw. 40 - Gorgonzola. Vgl. *Hauer,* ZLR 1999, 313 ff., 318.

406 EuGH Slg. 1999, I-1304 ff., 1337 Erw. 42 - Gorgonzola.

407 *Gorny*, GRUR 1996, 447 ff., 452; *Heine*, GRUR 1993, 96 ff., 103.

408 So auch *Gorny*, GRUR 1996, 447 ff., 453.

des Vorliegens der Eintragungsvoraussetzungen nach Art. 2 bis Art. 4 VO eingeordnet werden können.

Schutzzweck von Art. 14 Abs. 3 VO ist die Sicherung der Rechte des Markeninhabers. Außerdem soll der Verkehr vor einer betrieblichen Herkunftstäuschung geschützt werden, die dadurch verursacht wird, daß der Verkehr das unter der geographischen Angabe vertriebene Produkt für das der Marke hält.

II. Adressaten

Die Kommission entscheidet darüber, ob eine geographische Bezeichnung wegen der Kollision mit einer Marke nach Maßgabe von Art. 14 Abs. 3 VO nicht einzutragen ist. Art. 14 Abs. 3 VO ist von ihr von Amts wegen zu berücksichtigen, eine selbstständige Geltendmachung von Art. 14 Abs. 3 VO durch den Markeninhaber ist nicht notwendig.

Der Markeninhaber kann Art. 14 Abs. 3 VO gegenüber der Kommission im Rahmen eines Einspruchs nach Art. 7 Abs. 4, 2. Spiegelstrich VO während der Einspruchsfrist von sechs Monaten geltend machen[409]. Im verkürzten Verfahren nach Art. 17 VO fehlt dem Markeninhaber dagegen dazu die die Möglichkeit.

Für den Fall, daß eine geographische Bezeichnung trotz Einschlägigkeit von Art. 14 Abs. 3 VO eingetragen worden ist, ist es dem Markeninhaber möglich, gemäß Art. 230 EGV (Ex-Art. 173 EGV) Nichtigkeitsklage zu erheben[410].

III. Irreführungstatbestand nach Art. 14 Abs. 3 VO

Eine Ursprungsbezeichnung wird nicht eingetragen, wenn ihre Eintragung aufgrund einer bereits bestehenden Marke geeignet ist, die Verbraucher über die wirkliche Identität des mit ihr gekennzeichneten Erzeugnisses irrezuführen. Bei der Beurteilung der Frage, wann eine Irreführungseignung durch die Eintragung der geographischen Bezeichnung entsteht, sind das Ansehen, der Bekanntheitsgrad und die Dauer der Benutzung der Marke zu berücksichtigen[411]. Es kommt im Rahmen von Art. 14 Abs. 3 VO hingegen nicht auf eine Kollision der beiden Zeichen nach Maßgabe von Art. 13 Abs. 1 VO an.

---

409 *Tilmann*, GRUR 1992, 829 ff., 831.

410 Vgl. *Meyer/Koch*, GRUR 1999, 113 ff., 120.

411 Zum Irreführungsbegriff der Verordnung siehe oben Kap. 10, C.V.

1. Marke

Voraussetzung ist zunächst das Vorliegen einer Marke. Diese muß nicht eingetragen sein, sondern kann auch aufgrund von Verkehrsgeltung Schutz erlangt haben[412]. Die Marke muß vor Eintragung der geographischen Angabe bei der Kommission Schutz erlangt haben.

2. Irreführung über die „wirkliche Identität"

Das Eintragungsverbot tritt dann ein, wenn der Verbraucher über die „wirkliche Identität" des geographischen Erzeugnisses in Anbetracht der Existenz der Marke irregeführt wird. Aus dem Schutzzweck von Art. 14 Abs. 3 VO ergibt sich, daß unter der „wirklichen Identität" des Erzeugnisses die betriebliche Herkunft des Erzeugnisses, das unter der geographischen Bezeichnung eingetragen ist, zu verstehen ist[413]. Der Verbraucher soll nicht durch die Eintragung der geographischen Bezeichnung dahingehend irregeführt werden, daß er glaubt, bei dem Erzeugnis handele es sich um eines aus dem Betrieb des Markeninhabers. Dafür sprechen auch die in Art. 14 Abs. 3 VO genannten Kriterien, die bezüglich der Marke erfüllt sein müssen, damit diese gegenüber der geographischen Bezeichnung Vorrang genießt. Die Eignung der geographischen Bezeichnung zur Irreführung der Verbraucher muß in Anbetracht des Ansehens, der Bekanntheit und der Dauer der Benutzung der Marke vorliegen. Diese Kriterien dienen als Maßstab dafür, wie sehr sich die Marke bei den Verbrauchern durchgesetzt hat. Der Marke wird deshalb nur dann der Vorrang eingeräumt, wenn die Verbraucher der geographischen Bezeichnung die Attribute zuordnen, die sie mit der Marke verbinden, nicht hingegen wenn das Umgekehrte der Fall ist.

3. Feststellung der Irreführung anhand der Kriterien des Art. 14 Abs. 3 VO

a) Einordnung der Kriterien in ein bewegliches System

Die Verordnung nennt als Kriterien, „in Anbetracht" derer die Irreführung vorliegen soll, das Ansehen der Marke, ihren Bekanntheitsgrad und die Dauer ihrer Verwendung. Dabei ist jedes der Kriterien ein normativer Begriff, der der Auslegung bedarf. Die Kriterien müssen nach Wortlaut der Verordnung kumulativ

412 *v. Mühlendahl*, ZLR 1993, 187 ff., 196; *Steeger*, WRP 1994, 584 ff., 590; *Tilmann*, GRUR Int. 1993, 610 ff., 613; a. A. *Gorny*, GRUR 1996, 447 ff., 454.

413 So auch *Steeger*, WRP 1994, 584 ff., 590.

vorliegen[414]. Die Gefahr der Irreführung über die wirkliche Identität der Ware ist daher unter Würdigung aller genannten Kriterien zu bestimmen. Weitere Kriterien außer den in Art. 14 Abs. 3 VO genannten dürfen nicht berücksichtigt werden, da es sich bei dem Irreführungsbegriff des Art. 14 Abs. 3 VO um einen festen Begriff handelt, dessen Schutzstandard weder über- noch unterschritten werden darf[415]. Eine Gewichtung der Kriterien läßt sich weder dem Wortlaut noch dem Sinn und Zweck der Vorschrift entnehmen. Es ist hier daher sinnvoll, sich zur Beurteilung des Vorliegens der Irreführungsgefahr eines beweglichen Systems zu bedienen, in dem die genannten Kriterien wechselseitig gegeneinander abgewogen werden[416].

b) Bekanntheit

Die Gefahr einer Irreführung über die betriebliche Herkunft einer Ware hängt erheblich von der Bekanntheit der Marke ab, da mit zunehmender Bekanntheit der Marke auch die Irreführungsgefahr zunimmt[417].

Klärungsbedürftig ist, auf welches Gebiet sich die Bekanntheit erstrecken muß und welche quantitativen Anforderungen an die Bekanntheit zu stellen sind.

Als räumliche Verbreitungsgebiete kommen die gesamte EG, Teilflächen der EG oder einzelne Mitgliedstaaten in Betracht. Aus dem Wortlaut der Verordnung geht allerdings nicht hervor, welches Gebiet gemeint sein könnte.

Dafür, daß nur bei EG-weiter Bekanntheit der Marke ein Eintragungshindernis für die geographische Angabe vorliegt, spricht, daß sonst die geographische Angabe EG-weit gesperrt würde, obwohl die Marke nur in einem Mitgliedstaat der EG bekannt ist. Eine geographische Bezeichnung, die aus einem anderen Mitgliedstaat kommt als eine solche nur einem Mitgliedstaat bekannte Marke, könnte nicht für „ihr" Ursprungsland geschützt werden, obwohl eine Irreführung in diesem geographischen Gebiet nicht vorhanden wäre.

Dafür, daß dennoch das Vorliegen der Bekanntheit der Marke in einem Mitgliedstaat ausreicht, spricht jedoch, daß die Vorschrift den Markenschutz von einer Irreführung der Verbraucher abhängig macht. Wählt man aber den für die Feststellung der Irreführung relevanten Markt zu groß, wird eine Irreführung nur

---

414 So auch *Gorny*, GRUR 1996, 447 ff., 453.

415 Vgl. *Sack*, in: Schwarze (Hrsg.), Werbung und Werbeverbote im Lichte des europäischen Gemeinschaftsrechts, 1999, 103 ff., 132.

416 Grundlegend zum beweglichen System im Markenrecht, *Sack*, FS für Wilburg, 1986, 177 ff.; *ders,*. WRP 1985, 459 ff., 460 f.; *ders.*, WRP 1998, 1127 ff., 1132 jeweils m. w. N.

417 Vgl. ausführlich zur Relevanz der Bekanntheit bei der Bestimmung des Begriffs der Verwechslungsgefahr im MarkenG, *Sack*, WRP 1998, 1127 ff., 1132 m. w. N.

sehr selten feststellbar sein und der Zweck der Vorschrift nicht erreicht. Zwar könnte dann auf einem nationalen Markt ein überwiegender Teil der Verbraucher durch die Eintragung der geographischen Bezeichnung irregeführt werden, dieses wäre jedoch aufgrund der nur nationalen Bekanntheit der Marke irrelevant für die Anwendbarkeit von Art. 14 Abs. 3 VO.

Für die Zugrundelegung einer nur nationalen Bekanntheit der Marke spricht des weiteren der Vergleich mit der Regelung des Schutzes bekannter Marken in Art. 8 Abs. 5 GemeinschaftsmarkenVO. Dort wird bestimmt, daß die Marke in dem Gebiet bekannt sein muß, in dem sie geschützt ist. Bekanntheit muß daher für eine nationale Marke in dem jeweiligen Mitgliedstaat, bei Kollision mit einer Gemeinschaftsmarke „in der Gemeinschaft“ vorliegen. Dabei wird bei der Gemeinschaftsmarke in der Lehre nicht davon ausgegangen, daß die Bekanntheit in sämtlichen Mitgliedstaaten der EG verlangt wird[418].

In seiner Entscheidung „General Motors/Yplon“ hat der EuGH bei nur national bekannten Marken „mangels einer entsprechenden Präzisierung der Gemeinschaftsvorschrift[419]“ nicht verlangt, daß die Bekanntheit in allen Regionen des jeweiligen Mitgliedstaates gegeben ist[420]. Es genügt vielmehr, daß die Bekanntheit in einem wesentlichen Teil des Mitgliedstaates vorliegt[421]. Die Äußerungen des EuGH lassen sich auch auf die Verordnung 2081/92 übertragen. Zum Zeitpunkt des Erlasses der Verordnung gab es die Gemeinschaftsmarke noch nicht. Mit dem Begriff „Marke“ in Art. 14 Abs. 3 VO kann daher nur die nationale Marke gemeint sein. Da es in der VO an einer Präzisierung des räumlichen Bereichs fehlt, ist nicht anzunehmen, daß in Art. 14 Abs. 3 die räumliche Bezugsgröße für die Feststellung der Bekanntheit die gesamte Gemeinschaft sein sollte.

Fraglich ist außerdem, wie die Bekanntheit quantitativ festzustellen ist. Der EuGH hat zu den quantitativen Erfordernissen, die an den Begriff der Bekanntheit in der MarkenRL zu stellen sind, festgestellt, daß der erforderliche Bekanntheitsgrad als erreicht anzusehen ist, wenn die ältere Marke einem bedeutenden Teil des Publikums bekannt ist, das von den durch diese Marke erfaßten Waren oder Dienstleistungen betroffen ist[422]. Es könne jedoch nicht verlangt werden, daß die Marke einem bestimmten Prozentsatz des betroffenen Publikums bekannt ist[423], da sich dafür weder im Wortlaut noch im Sinn und Zweck von Art. 5 Abs.

---

418 *Levin*, GRUR Int. 1996, 454 ff., 456; *von Mühlendahl/Ohlgart*, Gemeinschaftsmarke, § 5 Rn. 34; a. A. *Ingerl*, Gemeinschaftsmarke, S. 85 f.

419 Art. 5 Abs. 2 MarkenRL.

420 EuGH, Urt. v. 14.9.1999, Rs. C-375/97, Erw. 28 - General Motors/Yplon; *von Mühlendahl/Ohlgart*, Gemeinschaftsmarke, § 5 Rn. 34 m. w. N.

421 EuGH, Urt. v. 14.9.1999, Rs. C-375/97, Erw. 28 - General Motors/Yplon.

422 EuGH, Urt. v. 14.9.1999, Rs. C-375/97, Erw. 26 - General Motors/Yplon.

423 EuGH, Urt. v. 14.9.1999, Rs. C-375/97, Erw. 25 - General Motors/Yplon.

2 MarkenRL Anhaltspunkte finden ließen. Da dieses ebenso für Art. 14 Abs. 3 der VO 2081/92 gilt, kann die EuGH-Rechtsprechung wohl darauf übertragen werden. Ein hinreichender Bekanntheitsgrad der Marke ist somit sicher dann gegeben, wenn es sich um eine notorisch bekannte Marke i. S. v. Art. 6bis PVÜ handelt. Dagegen liegt sicher keine hinreichende Bekanntheit vor, wenn die Marke nur einem kleinen Teil der angesprochenen Verkehrskreise bekannt ist.

An die Stelle einer prozentualen, quantitativen Feststellung des Bekanntheitsgrades der Marke setzt der EuGH eine Prüfung aller relevanten Umstände des Falles. Diese relevanten Umstände beinhalten insbesondere den Marktanteil der Marke, die Intensität, die geographische Ausdehnung und die Dauer der Benutzung sowie den Umfang der Investitionen, die das Unternehmen zur Förderung der Marke getätigt hat[424]. Diese Kriterien sind sinnvollerweise im Wege eines beweglichen Systems zu gewichten[425].

c) Ansehen

Die Marke muß Ansehen genießen. Darunter ist die Wertschätzung durch den von der Marke angesprochenen Adressatenkreis zu verstehen[426].

d) Dauer der Verwendung

Eine bestimmte Verwendungsdauer der Marke sieht die Verordnung nicht vor. Denn zwar kann eine langjährige Verwendung der Marke ein Indiz für bestehendes Ansehen oder Bekanntheit sein, jedoch kann auch bei einer nur kurzen Verwendungsdauer der Marke bereits eine hohe Bekanntheit und ein hohes Ansehen der Marke vorliegen. Als Regel kann jedoch gelten, daß, je länger die Marke benutzt wird, sie desto eher bekannt sein wird und desto eher auch eine betriebliche Herkunftstäuschung der Verbraucher vorliegen wird[427].

e) Relevantes geographisches Gebiet für das Vorliegen der Irreführung

Die Irreführung über die betriebliche Herkunft muß in demselben Gebiet, in dem auch die Marke bekannt ist, vorliegen.

---

424 EuGH, Urt. v. 14.9.1999, Rs. C-375/97, Erw. 27 - General Motors/Yplon.

425 Vgl. *Sack*, FS für Wilburg, 1986, 177 ff.; *ders.*, WRP 1985, 459 ff., 460 f.; *ders.*, WRP 1998, 1127 ff., 1132 m. w. N.

426 Vgl. zum identischen Begriff in Art. 8 Abs. 5 der GemMVO, *von Mühlendahl/Ohlgart*, Gemeinschaftsmarke, § 5 Rn. 36; *Ingerl*, Gemeinschaftsmarke, S. 84 f.

427 Vgl. dazu *Sack*, WRP 1998, 1127 ff., 1133.

Kapitel 12: Verhältnis der VO 2081/92 zum internationalen Recht, zum EG-Recht und zum Recht der Mitgliedstaaten

A. Verhältnis der Verordnung 2081/92 zum internationalen Recht und zum EG-Recht

I. Die Verordnung 2081/92 und internationale Abkommen zum Schutze von Angaben über die geographische Herkunft

Die von der EG abgeschlossenen völkerrechtlichen Verträge sind gemäß Art. 300 Abs. 7 EGV (ex-Art. 228 EGV) für die Organe der EG und die Mitgliedstaaten verbindlich[428]. Sie haben Vorrang vor dem von den Gemeinschaftsorganen gesetzten Sekundärrecht und sind daher bei dessen Erlaß zu berücksichtigen. Bei der Auslegung der Verordnung 2081/92 könnten deshalb die internationalen Abkommen, die den Schutz geographischer Herkunftsangaben betreffen, wie die Pariser Verbandsübereinkunft (PVÜ)[429], das Madrider Herkunftsabkommen (MHA)[430], das Lissabonner Ursprungsabkommen (LUA)[431] und neuerdings das Übereinkommen über handelsbezogene Aspekte der Rechte des geistigen Eigentums (TRIPs-Abkommen)[432], zu berücksichtigen sein[433].

---

428 *Streinz*, Europarecht, 4. A., § 5 IV, Rn. 431.

429 Vom 20.3.1883, zuletzt revidiert in Stockholm am 14.7.1967, BGBl. 1970 II, S. 391. Zur PVÜ vgl. nur *Bodenhausen*, Guide to the Application of the Paris Convention for the Protection of Industrial Property as revised at Stockholm in 1967, Genf 1968.

430 Madrider Abkommen über die Unterdrückung falscher oder irreführender Herkunftsangaben vom 14.4.1891, zuletzt revidiert in Lissabon am 31.10.1958, BGBl. 1961 II, S. 293; zum MHA vgl. nur *Miosga*, Internationaler Marken- und Herkunftsschutz, München 1967, S. 443 ff.

431 Lissabonner Abkommen über den Schutz der Ursprungsbezeichnungen und ihre internationale Registrierung vom 31.10.1958, nicht durch die BRD ratifiziert. Ausführlich zum LUA vgl. nur *Reger*, Der internationale Schutz gegen unlauteren Wettbewerb und das TRIPs-Abkommen, 1999, S. 127 m. w. N.

432 Vom 15.4.1994, BGBl. 1994 II, S. 1730. Allgemein zum TRIPs-Abkommen vgl. *Gervais*, The TRIPs-Agreement, London 1998; *Reger*, Der internationale Schutz gegen unlauteren Wettbewerb und das TRIPs-Abkommen, 1999; *Staehelin*, TRIPs-Abkommen, Bern 1997; zur Entstehungsgeschichte von Art. 22 ff. TRIPs vgl. außerdem *Bendekgey/Mead*, TMR 1992 (82), 765 ff., 785 ff.; *Dawson*, TMR 2000 (90), 590 ff., 612 ff.

1. Die Abkommen vor TRIPs

Die EG ist nie selbst Mitglied derjenigen internationalen Abkommen im Bereich des Gewerblichen Rechtsschutzes geworden, die vor dem TRIPs-Abkommen entstanden sind. Beim Erlaß der Verordnung mußte vom Verordnungsgeber daher keines der vor dem TRIPs-Abkommen geschlossenen internationalen Abkommen zum Schutz von geographischen Herkunftsangaben berücksichtigt werden[434].

2. TRIPs-Abkommen

a) Eigenständige Verpflichtung der EG aus TRIPs

Im Gegensatz zu den oben genannten Abkommen hat die EG das TRIPs-Abkommen zusammen mit den EG-Mitgliedstaaten unterzeichnet[435]. Die Gemeinschaft ist somit aus dem TRIPs-Abkommen selbständig verpflichtet[436]. Folglich muß der im folgenden dargestellte Schutz geographischer Angaben durch TRIPs bei der in den nachfolgenden Kapiteln behandelten Auslegung der Verordnung beachtet werden.

b) Überblick über den Schutz geographischer Angaben gemäß Art. 22 TRIPs-Abkommen

aa) Mindestschutz

Das TRIPs-Abkommen verpflichtet seine Mitglieder, geographischen Angaben den in Art. 22 ff. TRIPs vorgesehenen Mindestschutz zu bieten. Dieses Schutzniveau darf weder durch die EG noch durch die einzelnen EG-Mitgliedstaaten unterschritten werden. Außerdem ist in Art. 24 Abs. 3 TRIPs festgelegt, daß die TRIPs-Mitgliedstaaten ein bei ihnen zum 1.1.1995 bestehendes, höheres Schutzniveau (status quo) nicht absenken dürfen.

---

433 Zum Schutz der geographischen Angaben auf internationaler Ebene vor TRIPs, vgl. nur *Krieger*, GRUR Int. 1984, 71 ff. m. w. N.

434 Zur Bindung der Mitgliedstaaten an völkerrechtliche Verträge und deren Verhältnis zum Gemeinschaftsrecht vgl. nur *Streinz*, Europarecht, 4. A., § 10 II 1, Rn. 596.

435 Zur Kompetenz der EG zum Abschluß des TRIPs-Abkommens vgl. das Gutachten des Gerichtshofs 1/94, EuGH Slg. 1994, I-5267 ff. Zu der Entstehungsgeschichte der Art. 22 ff. TRIPs vgl. *Reger*, Der internationale Schutz gegen unlauteren Wettbewerb und das TRIPs-Abkommen, 1999, S. 154 ff.

436 Zum Verhältnis von TRIPs zum EG-Recht vgl. *Drexl*, in: Beier/Schricker (Hrsg.), From GATT to TRIPs, Weinheim, 1996

bb) Die Definition der geographischen Angabe nach Art. 22 Abs. 1 TRIPs

Das TRIPs-Abkommen schützt nicht jede Bezeichnung, die auf die geographische Herkunft Bezug nimmt. Vielmehr gelten als geographische Angaben i. S. d. TRIPs-Abkommens nur solche „Angaben, die eine Ware als aus dem Hoheitsgebiet eines Mitgliedstaates oder aus einer Gegend oder aus einem Ort in diesem Gebiet stammend kennzeichnen, wenn eine bestimmte Qualität, der Ruf oder eine sonstige Eigenschaft der Ware im wesentlichen auf ihrer geographischen Herkunft beruht“[437].

(1) Geschützte Produkte

Aus dem allgemeinen Gebrauch des Begriffs „Ware“ ergibt sich, daß der Anwendungsbereich von Art. 22 TRIPs-Abkommen nicht auf bestimmte Produktgruppen begrenzt ist[438]. Damit fallen sowohl Agrarerzeugnisse und Lebensmittel unter das TRIPs-Abkommen, als auch industrielle Erzeugnisse, wie Textilien, Metallwaren oder Maschinen. Von Art. 22 TRIPs-Abkommen ausgenommen sind lediglich geographische Angaben für Dienstleistungen[439].

(2) Geschützte Angaben

Geschützt werden Angaben, durch die eine Ware als aus dem Gebiet eines Mitgliedstaates bzw. aus einem Ort oder einer Gegend dieses Mitgliedstaates stammend gekennzeichnet wird. Auch Ländernamen sind somit als geographische Angabe ohne weiteres schutzfähig[440]. Gleichgültig für die Schutzfähigkeit der Angaben ist es, ob die Bezeichnung der Herkunft in unmittelbarer oder in mittelbarer Weise erfolgt, da der Wortlaut sich diesbezüglich nicht festlegt[441].

---

437 Kritisch bezüglich des Schutzkonzeptes geographischer Angaben in TRIPs, *Reger*, Der internationale Schutz gegen unlauteren Wettbewerb und das TRIPs-Abkommen, 1999, S. 170. Zur Vereinbarkeit des US-Amerikanischen Rechts mit Art. 22 ff. TRIPs-Abkommen vgl. *Brody*, TMR 1994 (84), 521 ff; zum Schutz geographischer Angaben im Geltungsbereich des Nordamerikanischen Freihandelsabkommens (NAFTA) im Vergleich zu TRIPs, vgl. *Bereskin*, TMR 1993 (83), 1 ff., 11 f.

438 *Knaak*, GRUR Int. 1995, 642 ff., 646; *Reger*, Der internationale Schutz gegen unlauteren Wettbewerb und das TRIPs-Abkommen, 1999, S. 161; *Staehelin*, TRIPs-Abkommen, S. 63.

439 *Knaak/Wiszniewska*, Revue Internationale de la Concurrence, 1997, 37 ff, 41; *Staehelin*, TRIPs-Abkommen, S. 64.

440 Anders aber die Verordnung in Art. 2 Abs. 2 VO, siehe dazu oben Kap. 5 A. II. 3.

441 *Knaak/Wiszniewska*, Revue Internationale de la Concurrence, 1997, 37 ff, 41; *Meyenburg*, MarkenR 1999, 227, 228; *Reger*, Der internationale Schutz gegen unlaute-

(3) *Zusammenhang zwischen Herkunft und Ware („Link"-Erfordernis)*

Nicht jede Angabe, welche die ersten beiden Voraussetzungen erfüllt, ist jedoch schutzfähig i. S. d. TRIPs-Abkommens. Eingeschränkt wird der Kreis der schutzfähigen Angaben durch das „Link"-Erfordernis, welches verlangt, daß eine bestimmte Qualität, der Ruf[442] oder eine sonstige Eigenschaft der Ware im wesentlichen auf ihrer geographischen Herkunft[443] beruht[444].

Das Link-Erfordernis ist so weit gefaßt, daß es sowohl durch Ursprungsangaben als auch durch qualifizierte geographische Angaben bzw. die geschützte geographische Angabe i. S. d. Verordnung erfüllt wird[445]. Einfache geographische Herkunftsangaben, fallen hingegen nicht unter das Abkommen[446].

Zuständig für die Feststellung des Zusammenhangs sind die Gerichte oder Behörden desjenigen Mitgliedstaates, in dem für die geographische Angabe Schutz nach dem TRIPs-Abkommen begehrt wird[447]. Anhaltspunkte oder einen Maßstab für die Feststellung des Vorliegens des Produktzusammenhangs bietet das TRIPs-Abkommen nicht, weshalb die Anwendung des TRIPs-Abkommens an diesem Punkt wohl künftig Schwierigkeiten bereiten könnte[448]. Denn mangels eindeutiger Kriterien, die den nationalen Gerichten Anhaltspunkte für die Feststellung eines Links geben könnten, ist eine uneinheitliche Praxis auf nationaler Ebene zu erwarten. Je nachdem, ob eine Bezeichnung in einem Mitgliedstaat als schutzfähig anerkannt wird oder nicht, wird auch ihr Schutz von Land zu Land schwanken.

---

ren Wettbewerb und das TRIPs-Abkommen, 1999, S. 169 f.; *Staehelin*, TRIPs-Abkommen, S. 64.

442 Zur Auslegung des Begriffs „Ruf" ausführlich *Reger*, Der internationale Schutz gegen unlauteren Wettbewerb und das TRIPs-Abkommen, 1999, S. 163.

443 Vgl. ausführlich dazu *Reger*, Der internationale Schutz gegen unlauteren Wettbewerb und das TRIPs-Abkommen, 1999, S. 168 f.

444 So auch *Knaak/Wiszniewska*, Revue Internationale de la Concurrence, 1997, 37 ff, 41.

445 So auch *Gervais*, Art. 22 TRIPs Rn. 2.109; *Reger*, Der internationale Schutz gegen unlauteren Wettbewerb und das TRIPs-Abkommen, 1999, S. 166.

446 A. A. *Staehelin*, TRIPs-Abkommen, S. 64.

447 *Althammer/Ströbele/Klaka-Klaka*, § 126 Rn. 8; *Knaak*, GRUR Int. 1995, 642 ff., 647; *Knaak/Wiszniewska*, Revue Internationale de la Concurrence, 1997, 37 ff, 41,

448 So auch *Staehelin*, TRIPs-Abkommen, S. 64. Vgl. auch ausführlich dazu *Reger*, Der internationale Schutz gegen unlauteren Wettbewerb und das TRIPs-Abkommen, 1999, S. 166 ff.

cc) Der Schutzumfang nach Art. 22 Abs. 2 TRIPs-Abkommen

Innerhalb des Rahmens, der durch den Mindestschutzstandard des TRIPs-Abkommens abgesteckt wird, entscheiden über den Schutzumfang einer geographischen Angabe die Gerichte und Behörden des Landes, in welchem für die geographische Angabe Schutz begehrt wird. Das Schutzniveau, das einer geographischen Angabe zur Verfügung steht, kann somit unterschiedlich hoch sein, je nachdem wie die umgesetzten Bestimmungen des TRIPs-Abkommens in den Mitgliedstaaten gehandhabt werden[449].

(1) Irreführungsschutz nach Art. 22 Abs. 2 TRIPs-Abkommen

α) Art. 22 Abs. 2 a) TRIPs-Abkommen

Art. 22 Abs. 2 a) TRIPs verpflichtet die Mitgliedstaaten, den „beteiligten Parteien[450] die rechtlichen Mittel für ein Verbot der Benutzung irgendeines Mittels in der Bezeichnung oder Aufmachung einer Ware, das auf eine das Publikum hinsichtlich der geographischen Herkunft der Ware irreführende Weise angibt oder nahelegt, daß die fragliche Ware ihren Ursprung in einem anderen geographischen Gebiet als dem wahren Ursprungsort hat“, zu bieten.

Ergebnis der Anwendung von Art. 22 Abs. 2 a) TRIPs ist ein Schutz der geographischen Angaben gegen Irreführung[451]. Dieser allein ist allerdings nicht sehr effektiv, da dadurch Nichtberechtigten nicht grundsätzlich die Verwendung von geographischen Angaben im Verkehr, auch unabhängig von einer Irreführung, verboten wird[452]. Die Benutzung einer geographischen Angabe mit entlokalisierenden Zusätzen bleibt nämlich nach Art. 22 Abs. 2 a) TRIPs weiterhin möglich[453]. Der durch Art. 22 Abs. 2 a) TRIPs gegebene Schutz geht damit nicht über den bisher durch PVÜ und MHA gewährten Schutz hinaus[454].

---

449 So *Knaak*, GRUR Int. 1995, 642 ff., 648. Sehr kritisch bezüglich des tatsächlichen Erfolges des durch TRIPs statuierten Schutzes, *Reger*, Der internationale Schutz gegen unlauteren Wettbewerb und das TRIPs-Abkommen, 1999, S. 177 f.

450 Zum Begriff der „beteiligten Parteien“ vgl. *Reger*, Der internationale Schutz gegen unlauteren Wettbewerb und das TRIPs-Abkommen, 1999, S. 194 ff.

451 *Fezer*, 2. A., Vorb § 130 Rn. 6; *Gervais*, Art. 22 TRIPs Rn. 2.110; *Staehelin*, TRIPs-Abkommen, S. 64.

452 *Reger*, Der internationale Schutz gegen unlauteren Wettbewerb und das TRIPs-Abkommen, 1999, S. 175.

453 *Reger*, Der internationale Schutz gegen unlauteren Wettbewerb und das TRIPs-Abkommen, 1999, S. 175.

454 Vgl. *Knaak*, GRUR Int. 1995, 642 ff., 643 m. w. N.; *Reger*, Der internationale Schutz gegen unlauteren Wettbewerb und das TRIPs-Abkommen, 1999, S. 174.

β) *Art. 22 Abs. 2 b) TRIPs-Abkommen*

Weitergehender Schutz läßt sich jedoch aus Art. 22 Abs. 2 b) TRIPs herleiten. Art. 22 Abs. 2 b) TRIPs-Abkommen gebietet den TRIPs-Mitgliedern, den beteiligten Parteien die rechtlichen Mittel für ein Verbot jeder Benutzung, die eine unlautere Wettbewerbshandlung im Sinne des Art. 10bis PVÜ darstellt, zu bieten. Gemäß Art. 10bis Abs. 2 PVÜ sind als unlauterer Wettbewerb solche Wettbewerbshandlungen anzusehen, die den anständigen Gepflogenheiten in Gewerbe oder Handel zuwiderlaufen. Beispielhaft nennt Art. 10bis Abs. 3 Regelbeispiele, die als unlauterer Wettbewerb gelten. Dieses verpflichtet die Mitgliedstaaten unabhängig davon, wie ihr nationales Recht gegen den unlauteren Wettbewerb ausgestaltet sein mag, bestimmte Handlungen zu verbieten[455].

Gemäß Art. 22 Abs. 2 b) TRIPS i. V. m. Art. 10bis Abs. 3 Nr. 1 PVÜ sind alle Handlungen verboten, die geeignet sind, auf irgendeine Weise eine Verwechslung mit der Niederlassung, den Erzeugnissen oder der gewerblichen oder kaufmännischen Tätigkeit eines Wettbewerbers hervorzurufen. Daraus folgt ein Verbot der Benutzung von Angaben, die identisch oder ähnlich mit einer geographischen Angabe i. S. d. TRIPs-Abkommens sind, sofern durch die Benutzung eine Verwechslungsgefahr entsteht[456].

Art. 22 Abs. 2 b) TRIPS i. V. m. Art. 10bis Abs. 3 Nr. 2 PVÜ verbietet es, im geschäftlichen Verkehr falsche Behauptungen zu benutzen, die geeignet sind, den Ruf der Niederlassung, der Erzeugnisse oder der gewerblichen oder kaufmännischen Tätigkeit eines Wettbewerbers herabzusetzen. Damit ist auch die herabsetzende Benutzung geographischer Angaben verboten[457].

Art. 22 Abs. 2 b) TRIPS i. V. m. Art. 10bis Abs. 3 Nr. 3 PVÜ schützt den Verbraucher vor dem irreführenden Gebrauch geographischer Herkunftsangaben, sofern deren Verwendung geeignet ist, über die Beschaffenheit, die Art der Herstellung oder die wesentlichen Eigenschaften irrezuführen. Von diesem Verbot erfaßt wird auch die Benutzung geographischer Angaben mit Zusätzen wie „nach

---

455 Zu Art. 10bis vgl. *Bodenhausen*, Guide to the Application of the Paris Convention for the Protection of Industrial Property as revised at Stockholm in 1967, 1968, Art. 10bis .

456 *WIPO (Hrsg.)*, Publication No. 725 (E), Genf 1994, 26 ff.; *Meyenburg*, MarkenR 1999, 227 ff., 228; vgl. auch die Beispiele bei *Bodenhausen*, Guide to the Application of the Paris Convention for the Protection of Industrial Property as revised at Stockholm in 1967, 1968, Art. 10bis (f), S. 124; *Schricker*, GroßKomm UWG, Einl F 58 ff.

457 So *Knaak/Wiszniewska*, Revue Internationale de la Concurrence, 1997, 37 ff., 41 f. Zu Art. 10bis Abs. 3 Nr.2 vgl. auch *Schricker*, GroßKomm UWG, Einl F 66 ff.

Art von", „Typ", „à la" usw.[458]. Des weiteren enthält Art. 10 bis Abs. 3 Nr. 3 PVÜ auch ein Verbot der Verwendung einer geographischen Angabe für solche Erzeugnisse, deren Herkunft zwar korrekt ausgewiesen ist, die jedoch nicht die mit dem Produkt üblicherweise verbundene Qualität aufweisen[459]. Beispielsweise wäre die Verwendung von „Parma-Schinken" für einen Schinken, der zwar aus Parma stammt, aber nicht die örtlichen Herstellungsbedingungen erfüllt, ein Verstoß gegen Art. 22 Abs. 2 b) TRIPs i. V. m. Art. 10 bis Abs. 3 Nr. 3 PVÜ[460].

(2) Die Anwendbarkeit von Art. 22 Abs. 2 TRIPs auf gleichlautende geographische Angaben gemäß Art. 22 Abs. 4 TRIPs

Gemäß Art. 22 Abs. 4 TRIPs sind die in Art. 22 Abs. 1 bis 3 TRIPs genannten Grundsätze auch „gegen eine geographische Angabe anwendbar, die zwar in bezug auf das Hoheitsgebiet, die Gegend oder den Ort, aus dem die Waren stammen, tatsächlich zutreffend ist, aber dem Publikum gegenüber fälschlich die Herkunft der Waren aus einem anderen Hoheitsgebiet darstellt".

Auch wahre Herkunftsangaben können somit irreführend i. S. v. Art. 22 Abs. 2 TRIPs sein, sofern sie mit einer anderen Herkunftsangabe identisch oder weitgehend ähnlich sind. Das TRIPs-Abkommen läßt jedoch offen, in welcher Weise eine solche Kollision geographischer Angaben zu lösen ist. In der Praxis wird es wohl zu einer Koexistenzlösung entsprechend Art. 23 Abs. 3 TRIPs, der eine solche für gleichnamige Weinbezeichnungen vorsieht, kommen[461].

---

458 So wohl auch *Knaak*, GRUR Int. 1995, 642 ff., 648. Skeptisch für die Praxis des TRIPs-Abkommens aber *Cottier*, in: Thürer/Kux (Hrsg.), GATT 94 und die Welthandelsorganisation, 1996, 193 ff., 198, mit der Begründung, daß die Verwendung eines Namens bei gleichzeitiger Angabe des wirklichen Herstellungsortes nach der Handhabung der meisten Staaten wohl keinen unlauteren Wettbewerb darstelle.

459 Vgl. *Reger*, Der internationale Schutz gegen unlauteren Wettbewerb und das TRIPs-Abkommen, 1999, S. 176.

460 *Knaak*, GRUR Int. 1995, 642 ff., 648; *—/Wiszniewska*, Revue Internationale de la Concurrence, 1997, 37 ff, 41; so wohl auch *Meyenburg*, MarkenR 1999, 227 ff., 228 Fn. 21; *Staehelin*, TRIPs-Abkommen, S. 64.

461 Vgl. *Knaak*, GRUR Int. 1995, 642 ff., 648; *Reger*, Der internationale Schutz gegen unlauteren Wettbewerb und das TRIPs-Abkommen, 1999, S. 179.

dd) *Verhältnis von geographischen Angaben zu Marken*

(1) *Das allgemeine Schutzhindernis für irreführende Marken gemäß Art. 22 Abs. 3 TRIPs*

Art. 22 Abs. 3 TRIPs verbietet es den Mitgliedstaaten, geographische Angaben als Marken zu schützen, wenn die damit gekennzeichneten Waren nicht aus dem betreffenden geographischen Gebiet stammen und es dadurch im Verkehr des Mitgliedstaates zu Irreführungen über die geographische Herkunft kommen könnte[462]. Es werden jedoch nur solche Marken vom Verbot der Eintragung erfaßt, bei denen die geographischen Angaben vom Verkehr in Verbindung mit den für die Marke angemeldeten Waren als geographische Angaben erkannt und aufgefaßt werden[463]. Sofern das Recht des Mitgliedstaates dieses erlaubt, soll das Verbot von Amts wegen durchgesetzt werden[464].

Art. 22 Abs. 3 TRIPs-Abkommen beinhaltet somit ein absolutes Schutzhindernis für Marken, die bezüglich der geographischen Herkunft irreführend sind.

(2) *Ausnahme: Weiterbestand gutgläubig erworbener Marken gemäß Art. 24 Abs. 5 TRIPs*

Entgegen Art. 22 Abs. 3 darf eine Marke dennoch weiterbenutzt oder angemeldet werden, wenn die Bedingungen des Art. 24 Abs. 5 TRIPs erfüllt sind. Dieser wurde eingeführt, um sicherzustellen, daß TRIPs die „Sünden der Vergangenheit", wie etwa den Markenschutz einiger bekannter Weinbezeichnungen in den USA, unangetastet läßt[465]. Nach Art. 24 Abs. 5 TRIPs kann der Inhaber einer angemeldeten, eingetragenen oder durch Benutzung erworbenen Marke, die mit einer geographischen Angabe identisch oder ähnlich ist, auch weiterhin benutzen, wenn er bei Erwerb des Markenrechts vor den in Art. 24 Abs. 5 TRIPs bestimmten Zeitpunkten gutgläubig[466] war.

---

462 *Reger*, Der internationale Schutz gegen unlauteren Wettbewerb und das TRIPs-Abkommen, 1999, S. 184.

463 *Knaak*, GRUR Int. 1995, 642 ff., 648.

464 *Reger*, Der internationale Schutz gegen unlauteren Wettbewerb und das TRIPs-Abkommen, 1999, S. 184.

465 Vgl. *Reger*, Der internationale Schutz gegen unlauteren Wettbewerb und das TRIPs-Abkommen, 1999, S. 193.

466 Zum Vorliegen der Gutgläubigkeit vgl. ausführlich *Reger*, Der internationale Schutz gegen unlauteren Wettbewerb und das TRIPs-Abkommen, 1999, S. 187 f.

c) Vereinbarkeit der Schutzvoraussetzungen der Verordnung 2081/92 mit Art. 22 TRIPs-Abkommen

Der Mindestschutz, den Art. 22 TRIPs festlegt, unterscheidet sich in zwei wesentlichen Punkten von der Verordnung. Weder sieht TRIPs ein Registrierungserfordernis vor, noch ist für die Erlangung von Schutz die Einreichung einer Spezifikation oder die Einrichtung von Kontrollstellen vorgesehen. Die Verordnung stellt damit zusätzliche Anforderungen an den Schutz einer geographischen Bezeichnung, die im TRIPs-Abkommen nicht vorgesehen sind. Außerdem schützt die Verordnung nicht alle mittelbaren geographischen Angaben, sondern nur solche, deren Eintragung als Ursprungsbezeichnung in Frage kommt[467]. Insoweit könnte also jeweils ein Verstoß der Verordnung gegen TRIPs vorliegen.

Zu diesem Ergebnis kommt man aber nur dann, wenn man der Auffassung ist, daß ergänzender nationaler Schutz nach Maßgabe des Wettbewerbsrechts durch die Verordnung 2081/92 für Angaben, die zwar nicht nach Maßgabe der Verordnung eingetragen, nach TRIPs aber schutzfähig sind, ausgeschlossen wird[468]. Unter dieser Prämisse wären die zusätzlichen Schutzvoraussetzungen der Verordnung gegenüber Bezeichnungen, die nach TRIPs schutzfähig sind, unzulässig. Denn dann würde den nach TRIPs schutzfähigen Angaben in der EG weder auf Ebene der Gemeinschaft selbst, noch auf Ebene der Mitgliedstaaten Schutz gewährt.

Nach der hier vertretenen Auffassung[469], bleibt jedoch auf nationaler Ebene neben der Verordnung ein Schutz nach Maßgabe des Wettbewerbsrechts möglich. Dieser Schutz soll inhaltlich dem in Art. 22 TRIPs festgelegten Mindeststandard entsprechen[470]. Der Schutz auf nationaler Ebene genügt auch den Anforderungen des TRIPs-Abkommens. Denn es ist der EG überlassen, ob sie die Anforderungen des TRIPs-Abkommens durch Vorschriften auf Ebene der Mitgliedstaaten in Form einer Richtlinie oder auf Ebene der EG selbst in Form einer Verordnung erfüllt. Da TRIPs mit der Festlegung von Mindestschutz nicht ein höheres Schutzniveau ausschließen will, ist die Einrichtung eines zusätzlichen Schutzsystems durch die EG, das höhere Ansprüche an die Schutzvoraussetzungen stellt, neben dem Mindestschutz mit TRIPs grundsätzlich vereinbar.

---

467 Siehe dazu oben Kap. 5, D. II.

468 So etwa die Mitteilung der Kommission vom 9.10.1993 an die Mitgliedstaaten, ABl. C 273 S. 4; vgl. auch unten Kap. 12, B. IV. 2. b).

469 Siehe dazu ausführlich Kap. 12, B. IV. 2. c) aa) und Kap. 5, D. II. bezüglich des Schutzes mittelbarer Herkunftsangaben.

470 Vgl. nur § 127 Abs. 1 MarkenG.

II. *Das Verhältnis der Verordnung 2081/92 zum EG-Recht*

Wie jede Vorschrift des sekundären EG-Rechts muß auch die Verordnung im Lichte der Vorschriften des EGV ausgelegt werden[471].

1. *Primäres EG-Recht, insbesondere Art. 28, 30 EG*

Die Verordnung ist mit den Vorschriften des EG-Vertrages vereinbar.

Die Verordnung fällt unter Art. 28 EGV (ex-Art. 30 EGV), der mengenmäßige Einfuhrbeschränkungen sowie alle Maßnahmen gleicher Wirkung untersagt. Die Verordnung stellt eine Maßnahme gleicher Wirkung dar[472]. Sie ist eine immaterialgüterrechtliche Beschränkung der Warenverkehrsfreiheit, die geeignet ist, den innergemeinschaftlichen Handel unmittelbar oder mittelbar, tatsächlich oder potentiell zu behindern[473]. Aufgrund der Verordnung kann der Vertrieb von Waren, die gegen die Schutzbestimmungen der Verordnung für eingetragene Bezeichnungen verstoßen, in den EG-Mitgliedstaaten unterbunden werden. Die einschränkenden Wirkungen der Verordnung sind unter den Voraussetzungen des Art. 30 EGV (ex-Art. 36 EGV) aus Gründen des Schutzes des gewerblichen und kommerziellen Eigentums gerechtfertigt[474]. Vorschriften zum Schutze von geographischen Bezeichnungen gehören zu den gewerblichen Schutzrechten[475].

Geographische Bezeichnungen erfreuen sich bei den Verbrauchern einer hohen Wertschätzung. Für die Erzeuger, die die Voraussetzungen für die Verwendung einer geographischen Bezeichnung erfüllen sind diese Bezeichnungen daher ein wichtiges Mittel zur Schaffung und Erhaltung eines Kundenstamms[476]. Die Regelung schützt die berechtigten Benutzer von geographischen Bezeichnungen

---

471 Vgl. EuGH Rs. C-314/89 Slg. 1991, I-1647, 1672 f. - Rauh/HZA Nürnberg-Fürth; Rs. C- 98/91, Slg. 1994, I-223, 252 f. - Herbrink/Minister von Landbouw.

472 Das Verbot des Art. 28 EGV gilt nicht nur für die Mitgliedstaaten, sondern auch die Gemeinschaftsorgane müssen es beachten, vgl. nur *Lenz* (Hrsg.), EG-Vertrag, 1. A., Art. 30 EGV Rn. 9.

473 Vgl. EuGH Slg. 1974, 837 ff, 853, Erw. 5 - Dassonville.

474 Vgl. EuGH, Slg. 1999, I-1301 ff., 1332 Erw. 20 - Gorgonzola.

475 St. Rechtsprechung des EuGH seit Slg. 1992, I-5530 ff., 5562, Erw. 28 - Exportur, zuletzt Urt. v. 16.5.2000, GRUR Int. 2000, 750 ff., 754, Erw. 54 f. - Rioja Wein.

476 EuGH Slg. 1992, I-5530 ff., 5562, Erw. 28 - Exportur = GRUR Int. 1993, 76 m. Anm. *Beier*, GRUR Int. 1993, 79. Zu dieser Entscheidung vgl. auch *Ahrens*, GRUR Int. 1997, 508 ff., 512 f.; *Beier/Knaak*, GRUR Int. 1993, 602 ff., 606 f.; *v. Danwitz*, GRUR 1997, 81 ff., 82 f.; *Joliet*, GRUR Int. 1994, 1 ff., 4 f.; *Knaak*, GRUR 1995, 103 ff., 104; *Obergfell*, GRUR 1999, 551 ff., 554 f.; *Sosnitza*, MarkenR 2000, 77 ff., 87; *Streber*, Die Vereinbarkeit des Schutzes geographischer Herkunftsangaben, Köln, 1994, S. 50 ff..

gegen eine mißbräuchliche Benutzung dieser Bezeichnungen durch Dritte, die aus dem Ansehen, das diese Bezeichnungen erworben haben, einen Vorteil ziehen wollen[477]. Die Vorschriften der Verordnung sollen außerdem gewährleisten, daß das mit einer geographischen Ursprungsbezeichnung oder geographischen Angabe versehene Erzeugnis aus einem bestimmten geographischen Bereich stammt und bestimmte besondere Eigenschaften aufweist[478]. Die Verordnung ist zur Verwirklichung des Ziels des Schutzes geographischer Bezeichnungen auch erforderlich, da zu dessen Erreichung keine anderen gleich wirksamen und weniger restriktiven Maßnahmen zur Verfügung stehen.

2. *Verhältnis der Verordnung zu sekundärem EG-Recht*

Außerhalb der Verordnung beinhaltet noch eine Reihe anderer Regelungen des sekundären EG-Rechts den Schutz von Angaben über die geographische Herkunft. Es handelt sich hierbei um die *Etikettierungsrichtlinie*, die *Richtlinie gegen die irreführende Werbung* sowie die *Markenrichtlinie* und die *Gemeinschaftsmarkenverordnung*. Nach dem Grundsatz der Einheitlichkeit der Gemeinschaftsordnung, sollen Vorschriften des Gemeinschaftsrechts eine in sich geschlossene Einheit bilden. Widersprüchlichkeiten sollen dabei möglichst vermieden werden[479].

a) *Etikettierungsrichtlinie*

Die Richtlinie 79/112/EWG des Rates vom 18. Dezember 1978 zur Angleichung der Rechtsvorschriften der Mitgliedstaaten über die Etikettierung und Aufmachung von Lebensmitteln sowie die Werbung hierfür[480] betrifft u. a. auch die Kennzeichnung mit der geographischen Herkunft bzw. dem Ursprung eines Lebensmittels. Schutzzweck der Etikettierungsrichtlinie ist die Unterrichtung und der Schutz der Verbraucher[481]. Gemäß Art. 2 Abs. 1 a), Unterabsatz 1 der EtikettierungsRL ist es verboten, ein „Lebensmittel in einer Weise zu etikettieren, die geeignet ist, den Käufer über die Eigenschaften des Lebensmittels, namentlich (...) Ursprung oder Herkunft, irrezuführen“[482]. Es ist also verboten, ein Er-

---

477 Vgl. EuGH Urt. v. 16.5.2000, GRUR Int. 2000, 750 ff., 754, Erw. 54 - Rioja Wein.

478 Vgl. EuGH Urt. v. 16.5.2000, GRUR Int. 2000, 750 ff., 754, Erw. 54 - Rioja Wein.

479 *Borchardt,* in: Lenz (Hrsg.) EG-Vertrag 1. A., Art. 164 EGV Rn. 16 ff.

480 ABl. EG Nr. L 33 vom 8.2.1979, S. 1, RL zuletzt geändert durch die RL 91/72/EWG, ABl. EG Nr. L 42 vom 15.2.1991, S. 27

481 Erwägungsgrund 6 der EtikettierungsRL.

482 Die Vorschrift hat im deutschen Recht in § 17 Abs. 5 Nr. 1 LMBG ihre Entsprechung. Zur Auslegung des Irreführungsverbots der Etikettierungsrichtlinie, *Meyer,*

zeugnis, in irreführender Weise mit der geographischen Herkunft zu kennzeichnen. Daraus resultiert ein sogenannter „mittelbarer Schutz“ der berechtigten Benutzer der geographischen Herkunftsangaben vor deren Benutzung durch Nichtberechtigte.

Die Etikettierungsrichtlinie enthält somit einen Schutz für Angaben, die die geographische Herkunft eines Erzeugnisses bezeichnen. Möglich wäre daher, daß die Verordnung als ausdrückliche und direkte Regelung des Schutzes geographischer Angaben gegenüber der Etikettierungsrichtlinie lex specialis ist. Die Anwendbarkeit dieser Norm auf Bezeichnungen, die der Verordnung unterfallen, könnte daher ausgeschlossen sein. Der Schutzzweck der Verordnung und derjenige der Etikettierungsrichtlinie haben allerdings eine unterschiedliche Zielrichtung. So geht es der Verordnung 2081/92 zwar auch darum, die Verbraucher besser zu informieren. Im Gegensatz zum Schutzzweck der Etikettierungsrichtlinie steht im Zentrum des Schutzzwecks der Verordnung 2081/92 jedoch die Förderung des Absatzes von Erzeugnissen mit geographischen Angaben. Die Etikettierungsrichtlinie hat daher einen im Verhältnis zur Verordnung 2081/92 eigenen Regelungsgegenstand.

Außerdem will die Verordnung nicht in den durch die Richtlinie geschaffenen Schutz der Verbraucher eingreifen. Dieses ergibt sich auch aus Erwägungsgrund 5 der Verordnung 2081/92[483]. Darin weist der Gemeinschaftsgesetzgeber ausdrücklich darauf hin, daß für die Etikettierung von Agrarerzeugnissen und Lebensmitteln weiterhin die in der Gemeinschaft aufgestellten allgemeinen Vorschriften, insbesondere aber die Richtlinie 79/112/EWG, gelten. Die Verordnung stelle im Verhältnis zur Etikettierungsrichtlinie eine „ergänzende Sonderbestimmung“ dar.

Die Etikettierungsrichtlinie ist daher eine „besondere Vorschrift des Gemeinschaftsrechts“ im Sinne von Art. 1 Abs. 2 der VO 2081/92 und gilt „unbeschadet“ der Verordnung auch für Bezeichnungen, die der Verordnung unterfallen[484].

b) Richtlinie über irreführende Werbung

Die Richtlinie 84/450/EWG des Rates vom 10. September 1984 zur Angleichung der Rechts- und Verwaltungsvorschriften der Mitgliedstaaten über irreführende

---

Lebensmittelrecht, Stuttgart, 1998, S. 76 ff.; *Rüffler*, in: Koppensteiner (Hrsg.), Österreichisches und europäisches Wirtschaftsprivatrecht, Teil 6/2, Wien, 1998, S. 332 ff.

483 *Rüffler*, in: Koppensteiner (Hrsg.), Österreichisches und europäisches Wirtschaftsprivatrecht, Teil 6/2, 1998 S. 375 f.

484 So auch *Rüffler*, in: Koppensteiner (Hrsg.), Österreichisches und europäisches Wirtschaftsprivatrecht, Teil 6/2, 1998, S. 375 f.

Werbung[485] verbietet in Art. 2 i. V. m. Art. 3 RL 84/450/EWG jede irreführende Werbung, worunter nach Art. 4 der Richtlinie auch die Irreführung mit der geographischen Herkunft fällt[486]. Auch aus dieser Richtlinie ergibt sich ein mittelbarer Schutz geographischer Angaben über das Irreführungsverbot. Sinn und Zweck der Richtlinie über irreführende Werbung ist es, den Markt und die Verbraucher vor der Verfälschung des Wettbewerbs zu schützen[487]. Auch die Richtlinie 84/450/EWG ist neben der Verordnung anwendbar. Die Verordnung regelt das Verhältnis zur Richtlinie 84/450/EWG zwar nicht, wie im Verhältnis zur Etikettierungsrichtlinie geschehen, ausdrücklich. Ebenso wie bei der Etikettierungsrichtlinie ist jedoch auch hier der Schutzzweck der Richtlinie über irreführende Werbung zu weit vom Gegenstand der Verordnung entfernt, als daß die Verordnung die Richtlinie 84/450/EWG beeinträchtigen könnte.

Bestätigt wird dieses Ergebnis, wenn man die nach Inkrafttreten der Verordnung ergangene Richtlinie 97/55/EG des Europäischen Parlaments und des Rates vom 6. Oktober 1997 zur Änderung der Richtlinie 84/450/EWG über irreführende Werbung zwecks Einbeziehung der vergleichenden Werbung[488] in die Auslegung mit einbezieht. Aus Art. 3 a Abs. 1 f) und g) i. V. m. Erwägungsgrund 12 der RL 97/55/EG ergibt sich, daß sich die Richtlinie 97/55/EG auf die Verordnung 2081/92 bezieht. Der Gemeinschaftsgesetzgeber ist bei der Änderung der RL 84/450/EWG also davon ausgegangen, daß die Richtlinie neben der Verordnung anwendbar ist.

Problematisch an der Anwendung der Irreführungsrichtlinie neben der Verordnung ist, daß die Richtlinie in Art. 7 Abs. 1 den Mitgliedstaaten erlaubt über den in ihr festgelegten Mindeststandard hinaus, noch einen weitergehenden Schutz auf nationaler Ebene zu gewähren. Die Verordnung beschränkt jedoch die Möglichkeit eines weitergehenden nationalen Schutzes für Bezeichnungen, die nach Maßgabe der Verordnung eingetragen oder eintragungsfähig sind. Die Verordnung bestimmt grundsätzlich abschließend über den Schutz von Bezeichnungen, die in ihren Schutzbereich fallen[489]. Es kann daher nicht sein, daß im Vorfeld der Verordnung auf nationaler Ebene ein Schutz gewährt wird, der über den durch die Verordnung gewährten hinausgeht. Dafür besteht auch kein Bedürfnis,

---

485 ABl. EG L 250 vom 19.9.1984, S. 17 ff.

486 Art. 4 i. V. m. Art. 3 RL 84/450/EWG. Ausführlich zum Verhältnis der Richtlinien 84/450/EG und 97/55/EG zum deutschen Wettbewerbsrecht vgl. *Sack*, WRP 1998, 241 ff.; *ders.*, GRUR Int. 1998, 263 ff.

487 Erwägungsgründe 2, 5 und 6 der RL 84/450/EWG.

488 ABl. EG L 290 vom 23.10.1997, S. 18 ff.

489 Dieses ergibt sich aus Erwägungsgrund 9 der VO. Siehe auch unten Kap. 12, B. II, 2, und IV. 2. c).

da solche Bezeichnungen entweder bereits umfassenden Schutz genießen oder jederzeit angemeldet werden können.

c) *Gemeinschaftsmarkenverordnung und Markenrichtlinie*

Sowohl die Gemeinschaftsmarkenverordnung (GMVO)[490] als auch die Markenrichtlinie (MarkenRL)[491] bieten Bezeichnungen, die auf die geographische Herkunft des damit gekennzeichneten Erzeugnisses hinweisen, die Möglichkeit der Eintragung als Kollektivmarke. Dabei knüpft weder Art. 64 Abs. 2 GMVO noch Art. 15 MarkenRL die Eintragung als Kollektivmarke an Anforderungen, die denen der Verordnung entsprechen. Insbesondere ist der markenrechtliche Schutz unabhängig vom Bestehen eines Links.

Beide markenrechtlichen Vorschriften bieten Bezeichnungen, die auf die geographische Herkunft einer Ware hinweisen, einen unmittelbaren kennzeichenrechtlichen Schutz. Die Art des durch sie gewährten Schutzes unterscheidet sich somit von dem durch die Etikettierungsrichtlinie und die Richtlinie gegen die irreführende Werbung gewährten mittelbaren Schutzes.

Die Möglichkeit der Eintragung als Kollektivmarke besteht allerdings trotz des dadurch gewährten kennzeichenmäßigen Schutzes neben der Verordnung weiterhin fort[492]. Denn die Verordnung 2081/92 geht in Art. 14 Abs. 2 VO ausdrücklich davon aus, daß die MarkenRL neben ihr weiterhin anwendbar ist. Außerdem geht weder aus der Verordnung noch aus den beiden markenrechtlichen Regelungen hervor, daß die Verordnung die Möglichkeit der Eintragung als Kollektivmarke beschränkt. Insbesondere erwähnt die Verordnung 2081/92 eine solche Einschränkung nicht. Auch die *nach* der Verordnung 2081/92 in Kraft getretene Gemeinschaftsmarkenverordnung erwähnt die VO 2081/92 mit keinem Wort, insbesondere nicht im Rahmen der Gründe, aus denen eine Kollektivmarke nach Art. 71 GMVO für verfallen erklärt werden kann.

Für bekannte geographische Herkunftsangaben bietet das Markenrecht außerdem einen Schutz, der über den der Verordnung hinausgeht. Die Verordnung bietet eingetragenen Bezeichnungen zwar gegenüber deren Benutzung für Erzeugnisse Schutz, die mit den unter der Bezeichnung eingetragenen identisch oder nahezu identisch sind. Außerhalb dieses Bereichs der Erzeugnisidentität ist

---

490 Verordnung (EG) Nr. 40/94 des Rates über die Gemeinschaftsmarke vom 20.12.1993 ABl. EG Nr. L 11 vom 14.1.1994, S. 1.

491 Erste Richtlinie des Rates zur Angleichung der Rechtsvorschriften der Mitgliedstaaten über die Marken 89/104/EWG vom 21.12.1988 ABl. EG Nr. L 40 vom 11.2.1989, S. 1.

492 *Harte-Bavendamm*, GRUR 1996, 717 ff., 727; A. A. *Meyer*, WRP 1995, 783 ff., 784.

ein Schutz der eingetragenen Bezeichnung jedoch nur gegen Rufausbeutung gegeben. Einen Schutz gegen Rufbeeinträchtigung und Verwässerungsgefahr bietet die Verordnung im Gegensatz zum Markenrecht[493] in diesem Bereich jedoch nicht.

Die GemeinschaftsmarkenVO und die Markenrichtlinie gelten daher neben der Verordnung.

B. Verhältnis der Verordnung zum Recht der Mitgliedstaaten (unter besonderer Berücksichtigung des deutschen Rechts)

I. Problemstellung

Seit Inkrafttreten der Verordnung ist heftig umstritten, inwieweit die Verordnung auf Ebene des nationalen Rechts noch Raum läßt für einen Schutz von Angaben über die geographische Herkunft, der sich nicht auf die Verordnung stützt[494].

Die Frage nach der Ausschließlichkeit der Verordnung stellt sich in drei Gruppen von Fällen:

- eingetragene und somit nach Maßgabe der Verordnung bereits geschützte geographische Bezeichnungen (im folgenden unter II.);
- Bezeichnungen, die zwar angemeldet, jedoch noch nicht eingetragen sind (im folgenden unter III.) und schließlich
- Bezeichnungen, die gar nicht anmeldet sind. Dabei ist zu unterscheiden zwischen
  - solchen Bezeichnungen, die theoretisch eintragungsfähig sind (IV.)
  - und solchen, für die eine Eintragung bereits aufgrund der in Art. 2 Abs. 2 VO gegebenen Definition ausgeschlossen ist (V.).

---

493 Art. 9 Abs. 1 c) GMVO; Art. 5 Abs. 2 MarkenRL i. V. m. dem jeweiligen Recht der Mitgliedstaaten, z. B. § 14 Abs. 2 Nr. 3 dMarkenG.

494 *Ahrens*, GRUR Int. 1997, 508 ff.; *Beier/Knaak*, GRUR Int. 1993, 602 ff., 606; *Gloy*, in: FS für Piper, 1996, 543 ff., 549; *Harte-Bavendamm*, GRUR 1996, 717 ff.; *Hohmann/Leible*, ZLR 1995, 265 ff., 270; *Knaak*, GRUR 1995, 103 ff., 110; *Meyer*, WRP 1995, 783 ff.; *Obergfell*, GRUR 1999, 551 ff., 554 ff.; *Rüffler*, in: Koppensteiner (Hrsg.), Österreichisches und europäisches Wirtschaftsprivatrecht, Teil 6/2, 1998, S. 371 ff.; *Steeger*, WRP 1994, 584 ff., 588; *Streber*, Die Vereinbarkeit des Schutzes geographischer Herkunftsangaben, 1994, S. 229 ff.; *Tilmann*, GRUR Int. 1993, 610 ff., 612; *Tilmann*, GRUR 1996, 959 ff.; *Ullmann*, GRUR 1999, 666 ff., 668; *v. Danwitz*, GRUR 1997, 81 ff., 84 f.; *v. Mühlendahl*, ZLR 1993, 187 ff., 196 f.; *Wichard*, WRP 1999, 1005 ff.; *Wohlgemuth*, ecolex 1998, 642 ff., 645. Vgl. dazu auch BGH, GRUR Int. 1994, 523 ff., 524 f - Mozzarella I; BGH GRUR 1995, 354 ff., 356 - Rügenwalder Teewurst II; BGH WRP 1998, 998 ff., 1001 - Warsteiner I.

II. Eingetragene Ursprungsbezeichnungen und eingetragene geographische Angaben

Eingetragene geographische Angaben erfahren bereits durch die Verordnung einen umfassenden Schutz. Die Frage, ob für eingetragene geographische Bezeichnungen nationaler Schutz bestehen kann, ist jedoch von Interesse. Denn danach richtet sich, ob auf nationaler Ebene für eingetragene Bezeichnungen Sondervorschriften getroffen werden dürfen und ob lückenfüllender Schutz in Betracht kommt.

1. Die Auffassung des EuGH

Zur Frage der Ausschließlichkeit der Verordnung für eingetragene geographische Angaben hat der EuGH in seiner Entscheidung „Chiciak"[495] erstmalig ausdrücklich Stellung genommen[496]. In der Entscheidung ging es darum, ob eine nationale Regelung, die den Namen einer bereits eingetragenen Bezeichnung abändert und die so abgeänderte Bezeichnung unter nationalen Schutz stellt, neben der Verordnung zulässig ist.

Der Entscheidung lag folgender Sachverhalt zugrunde. Das französische Dekret vom 14.5.1991 über die Ursprungsbezeichnung „Époisses de Bourgogne"[497] hatte diese Bezeichnung geschaffen und festgelegt, welche Käsesorten mit ihr gekennzeichnet werden dürfen. Dieselbe Bezeichnung wurde im Jahre 1995 von der französischen Regierung im Verfahren nach Art. 17 VO zur Eintragung angemeldet. Durch Dekret der französischen Regierung vom 14.4.1995 über die geschützte Ursprungsbezeichnung „Époisses"[498] wurde das Dekret von 1991 noch nach der Anmeldung der Bezeichnung „Époisses de Bourgogne" zur Eintragung nach Maßgabe der Verordnung in der Weise geändert, daß in sämtlichen Bestimmungen der Name „Époisses de Bourgogne" durch „Époisses" ersetzt wurde. In der Folge verwendeten mehrere Käseerzeuger die Bezeichnung „Époisses" für Erzeugnisse, die die Voraussetzungen des Dekrets von 1991 nicht erfüllten. Daraufhin wurde gegen diese Erzeuger in Frankreich ein Strafverfahren wegen Verstoßes gegen das Dekret eingeleitet. Im Verfahren machten die angeklagten Erzeuger geltend, daß die Änderung der Bezeichnung „Époisses de Bourgogne" in die Bezeichnung „Époisses" durch die französische Regierung nicht wirksam sei. Nach Antrag auf Eintragung der Bezeichnung „Époisses de Bourgogne" auf Ebe-

---

495 EuGH Slg. 1998, I-3315 ff. - Chiciak.

496 Vorher hatte sich der EuGH in Slg. 1997, I-2343 ff., 2372 f., Erw. 37, 38 - Pistre, nur konkludent zu dieser Frage geäußert.

497 JORF, S. 6593.

498 JORF, S. 6271.

ne der Europäischen Gemeinschaft sei allein die EG ermächtigt, solche Änderungen vorzunehmen[499]. Das Tribunal de grande instance de Dijon rief daraufhin den EuGH an.

Der EuGH entschied unter Verweis auf Art. 17 Abs. 3 VO, daß eine Ursprungsbezeichnung nach der Anmeldung im Verfahren nach Art. 17 VO nicht mehr durch den Erlaß nationaler Vorschriften geändert oder unter Schutz gestellt werden könne ohne ausdrückliche Ermächtigung durch die Verordnung[500]. Eine solche Ermächtigung könne sich zwar für Bezeichnungen, die im *regulären* Eintragungsverfahren eingetragen worden sind, aus Art. 5 Abs. 5 Unterabsatz 2 VO[501] ergeben. Für Bezeichnungen, die im verkürzten Eintragungsverfahren nach Art. 17 VO eingetragen worden seien, sei eine solche Ermächtigung jedoch nicht vorgesehen. Daher sei hier für Änderungen durch die Mitgliedstaaten kein Raum[502]. Dasselbe gilt erst recht für Änderungen nach *Eintragung* einer geographischen Bezeichnung.

Diese Rechtsprechung hat der EuGH in „Gorgonzola/Cambozola" für den Fall einer eingetragenen Bezeichnung bestätigt. Er hat dort festgestellt, daß aus dem Wortlaut von Art. 17 Abs. 3 VO hervorgehe, daß mitgliedstaatlicher Schutz nach Eintragung einer Bezeichnung auch dann nicht weiterbestehen könne, wenn dieser eine größere Tragweite als der gemeinschaftsrechtliche Schutz habe[503]. Die aus der Verordnung 2081/92 hervorgegangene Regelung sei die allein maßgebliche[504].

---

499 EuGH Slg. 1998, I-3315 ff., 3334, Erw. 16 - Chiciak.

500 EuGH Slg. 1998, I-3315 ff., 3340, Erw. 28 ff. - Chiciak; ebenso EuGH, Slg. 1999, I-1301 ff., 1331, Erw. 15, 18 - Gorgonzola/Cambozola.

501 Unterabsatz 2 eingefügt durch Verordnung (EG) Nr. 535/97 des Rates vom 17.3.1997 zur Änderung der Verordnung (EWG) Nr. 2081/92 zum Schutz von geographischen Angaben und Ursprungsbezeichnungen für Agrarerzeugnisse und Lebensmittel, ABl. L 83, S. 3 f.

502 EuGH Slg. 1998, I-3315 ff., 3340, Erw. 28 ff. - Chiciak. So auch die *Kommission*, Mitteilung vom 9.10.1993 an die Mitgliedstaaten, ABl. C 273 vom 9.10.1993, S. 4; *dies.* zitiert nach EuGH Slg. 1998 I-3315 ff., 3336, Erw. 21 - Chiciak. Vgl. auch *Bundesregierung*, Begründung zum Markengesetz, BT-Drs. 12/6581, S. 112; BGH GRUR 1995, 354 ff. - Rügenwalder Teewurst II; *Gloy*, in: FS für Piper, 1996, 543 ff., 549; *Ullmann*, GRUR 1999, 666 ff., 669; *Wichard*, WRP 1999, 1005 ff., 1007; *Wohlgemuth*, ecolex, 1998, 642 ff., 645; differenzierend *Tilmann*, GRUR 1996, 959 ff., 962.

503 Bei dem angesprochenen mitgliedstaatlichen Schutz handelte es sich um das österreichisch-italienische Abkommen über geographische Herkunftsbezeichnungen und die Benennung bestimmter Erzeugnisse vom 1.2.1952, öBGBl. 1954, S. 235, vgl. dazu *Hauer*, ZLR 1999 314 ff., 317.

504 EuGH, Slg. 1999, I-1321 ff., 1331, Erw. 18 - Gorgonzola/Cambozola.

2. *Stellungnahme*

Dem EuGH ist zuzustimmen. Eine Auslegung[505] der Verordnung nach Wortlaut, Systematik sowie Sinn und Zweck kommt zum Ergebnis einer Ausschließlichkeit der Verordnung für eingetragene geographische Bezeichnungen[506].

Für eine ausschließliche Geltung der Verordnung für eingetragene geographische Bezeichnungen sprechen zunächst die Art. 5 Abs. 5 Unterabsätze 2 und 3 VO und Art. 17 Abs. 3 VO[507]. Beide Vorschriften betreffen die Möglichkeit eines nationalen Schutzes neben der Verordnung.

Gemäß Art. 5 Abs. 5 Unterabsätze 2 und 3 VO kann auf nationaler Ebene ein Schutz im Sinne der Verordnung lediglich übergangsweise, vom Zeitpunkt der Übermittlung der geographischen Bezeichnung an, gewährt werden. Der übergangsweise gewährte nationale Schutz endet jedoch mit dem Zeitpunkt, zu dem nach der Verordnung über die Eintragung beschlossen wird. Art. 5 Abs. 5, Unterabsätze 2 und 3 VO trifft zunächst eine Aussage bezüglich angemeldeter und im weiteren Verlauf eingetragener Bezeichnungen. Für diese ist *nach* dem Zeitpunkt der Eintragung im regulären Verfahren nach Art. 5 VO ein nationaler Schutz eindeutig nicht mehr möglich. Dabei ist jedoch zu beachten, daß es sich bei dem im Wortlaut von Art. 5 Abs. 5 Unterabsatz 2 VO angesprochenen nationalen Schutz nur um einen Schutz *im Sinne der Verordnung* handelt. Art. 5 Abs. 5 VO schließt somit nicht *jeglichen* nationalen Schutz aus, sondern nur einen solchen Schutz, der in Tatbestand und Schutzinhalt dem der Verordnung gleicht. Davon erfaßt ist etwa ein solcher Schutz, wie ihn z. B. Frankreich und Italien in Form der „appellations d´origine" bereits vor Inkrafttreten der Verordnung kannten[508].

Gemäß Art. 17 Abs. 3 VO *können* die Mitgliedstaaten den einzelstaatlichen Schutz der im vereinfachten Anmeldeverfahren nach Art. 17 VO mitgeteilten Bezeichnungen so lange beibehalten, bis über die Eintragung entschieden worden ist. Daraus kann man, wie der EuGH[509], herauslesen, daß der nationale Schutz

---

505 Zur Interpretationsmethodik im Europarecht vgl. *Krück*, in: G/T/E, EU-/EG-Vertrag, 4. A., Art. 164 Rn. 53 ff. und *Zuleeg*, in: G/T/E, EU-/EG-Vertrag, 4. A., Art. 1 Rn. 37 ff. jeweils m. w. N.

506 So auch *Rüffler*, in: Koppensteiner (Hrsg.), Österreichisches und europäisches Wirtschaftsprivatrecht, Teil 6/2, 1998, 373 ff.; *Schricker*, GroßKomm UWG, Einl F 153 ff.; *Tilmann*, GRUR 1996, 959 ff., 962; *Wichard*, WRP 1999, 1005 ff., 1008, 1010.

507 So auch *Rüffler*, in: Koppensteiner (Hrsg.), Österreichisches und europäisches Wirtschaftsprivatrecht, Teil 6/2, 1998, 371 ff., 373 f.; *Wichard*, WRP 1999, 1005 ff., 1008.

508 Siehe oben Kap. 2. A.

509 EuGH Slg. 1998, I-3315 ff., 3340, Erw. 28 ff. - Chiciak; so wohl auch *Tilmann*, GRUR 1996, 959 ff., 962.

angemeldeter Bezeichnungen mit der Eintragung der Bezeichnung endet[510]. Teilweise wird in der Literatur der Wortlaut allerdings dahingehend gedeutet, daß es in das Ermessen der Mitgliedstaaten gestellt ist, ob diese den Schutz nach Eintragung beibehalten wollen[511]. Das ist m. E. unzutreffend. Denn es kann keinen Unterschied machen, ob eine Bezeichnung im Verfahren nach Art. 5 oder Art. 17 VO eingetragen worden ist. Sinnvollerweise muß daher auch Art. 17 Abs. 3 VO in der Weise ausgelegt werden, daß ein nationaler Schutz *im Sinne der Verordnung* nach der Eintragung der geschützten Bezeichnung nicht weiterbestehen kann[512].

Auch die Auslegung von Art. 13 Abs. 2 VO bestätigt dieses Ergebnis[513]. Dieser regelt, wann es den Mitgliedstaaten erlaubt ist, Ausnahmen von dem Schutz eingetragener Bezeichnungen nach Art. 13 Abs. 1 VO zu machen. Unter den Bedingungen des Art. 13 Abs. 2 VO dürfen die Mitgliedstaaten ausnahmsweise die Benutzung einer geschützten Bezeichnung mit entlokalisierenden Zusätzen für eine Übergangsfrist von einigen Jahren zulassen. Die Formulierung des Gesetzestextes macht deutlich, daß es sich hierbei um eine Ausnahme von der Regel handelt. Eine einzelstaatliche Regelung, die von Art. 13 Abs. 1 VO abweicht, ist somit in allen anderen Fällen unzulässig. Aus der Wertung von Art. 13 Abs. 2 VO ergibt sich, daß die Mitgliedstaaten grundsätzlich nicht berechtigt sind, Regelungen, die eingetragene Bezeichnungen betreffen, zu treffen.

Es kommt hinzu, daß die Verordnung ausweislich der Erwägungsgründe 7 und 12 der Verordnung bezweckt, einen einheitlicheren Schutz der ihr entsprechenden geographischen Bezeichnungen in der Gemeinschaft sicherzustellen. Das Mittel, einen solchen einheitlicheren Schutz zu gewährleisten, ist das Schutzsystem der Verordnung und die nach den Vorschriften der Verordnung erfolgende Eintragung einer Bezeichnung[514]. Dieser Zweck würde aber unterlaufen werden, wenn jeder Mitgliedsstaat eingetragene geographische Angaben beliebig zusätzlich nach einzelstaatlichem Recht schützen oder abändern könnte[515]. Die angestrebte Harmonisierung und Rechtssicherheit würde dadurch unmöglich. Auch

---

510 So insbesondere die *Kommission*, Mitteilung der Kommission vom 9.10.1993 an die Mitgliedstaaten, ABl. C 273, S. 4.

511 So etwa *Harte-Bavendamm*, GRUR 1996, 717 ff., 724 f.; *Wichard*, WRP 1999, 1005 ff., 1008.

512 Vgl. auch *Rüffler*, in: Koppensteiner (Hrsg.), Österreichisches und europäisches Wirtschaftsprivatrecht, Teil 6/2, 1998, 371 ff., 373; A. A. *Harte-Bavendamm*, GRUR 1996, 717 ff., 724 f.

513 Vgl. *Wichard*, WRP 1999, 1005 ff., 1008.

514 EuGH Slg. 1998, I-3315 ff., 3337, Erw. 25 - Chiciak.

515 EuGH Slg. 1998, I-3315 ff., 3337, Erw. 29 - Chiciak.

hieraus ergibt sich, daß die Verordnung grundsätzlich eine abschließende Regelung für eingetragene Bezeichnungen trifft[516].

Allerdings kann die Ausschließlichkeit der Verordnung in Bezug auf den Schutz eingetragener geographischer Bezeichnungen nur soweit reichen, wie die Verordnung Geltung beansprucht und nicht das Europarecht selbst ergänzende Regelungen vorsieht[517]. Eingetragenen Bezeichnungen kann daher ein nationaler Schutz, der auf europarechtlichen Vorgaben beruht, nicht verwehrt werden. Die nationalen Vorschriften des Verbraucherschutzes, die auf der Etikettierungsrichtlinie und der Richtlinie gegen die irreführende Werbung beruhen, sind daher auch auf eingetragene Bezeichnungen anwendbar[518]. Eine eingetragene geographische Bezeichnung ist außerdem als Kollektivmarke eintragungsfähig[519].

Des weiteren bleiben auch diejenigen nationalen Vorschriften auf eingetragene geographische Bezeichnungen anwendbar, die durch die Verordnung selbst in ihren Anwendungsbereich mit einbezogen worden sind. So bestimmt Art. 4 Abs. 2 i) VO, daß gemeinschaftliche und einzelstaatliche Vorschriften, welche Anforderungen an das zu schützende Erzeugnis enthalten, auch in der Spezifikation genannt werden müssen. Solche Vorschriften sind z. B. die deutsche Käseverordnung oder die französischen Dekrete, mit denen eine Bezeichnung ursprünglich zur appellation d`origine erklärt worden ist.

Ergänzende nationale Regelungen sind außerdem möglich und erforderlich, soweit die Rechtsfolgenseite der Verordnung unvollständig ist[520]. Denn insoweit enthält die Verordnung bewußt eine Lücke und beansprucht gerade keine das nationale Recht ausschließende Wirkung.

---

516 So auch *Rüffler*, in: Koppensteiner (Hrsg.), Österreichisches und europäisches Wirtschaftsprivatrecht, Teil 6/2, 1998, 371 ff, 374; *v. Danwitz*, GRUR 1997, 81 ff., 84.

517 Siehe oben Kap. 12, A. II. 2. Vgl. *Rüffler*, in: Koppensteiner (Hrsg.), Österreichisches und europäisches Wirtschaftsprivatrecht, Teil 6/2, 1998, S. 371 ff., 374 f.

518 In Deutschland handelt es sich um § 17 Abs. 1 Nr. 5 LMBG, § 3 UWG sowie die Vorschrift des § 127 Abs. 1 und 2 MarkenG. Siehe dazu auch oben Kap 12, A II. 2 a) und b).

519 Art. 15 MarkenRL i. V. m. den nationalen Markengesetzen (§§ 97 ff. dMarkenG). Die Eintragungspraxis der Kommission selbst bestätigt das Ergebnis, vgl. nur die Spezifikationen von „Tomme de Savoie", http://www.maff.gov.uk/food/foodname/cheese/france/tomme.htm, und „Svecia", http://www.maff.gov.uk/food/foodname/cheese/sweden/svecia.htm; vgl. auch *Meyer*, WRP 1995, 783 ff., 785; *Tilmann*, GRUR Int. 1993, 610 ff., 615.

520 So *Tilmann*, GRUR 1996, 959 ff., 962. Vgl. auch *Berg*, GRUR Int. 1996, 425 ff., 427 (dort Fn. 23); *Harte-Bavendamm*, GRUR 1996, 717 ff., 725; *Rüffler*, in: Koppensteiner (Hrsg.), Österreichisches und europäisches Wirtschaftsprivatrecht, Teil 6/2, 1998, S. 371; A. A. *Schanda*, öMarkenschutzG, § 68f MSchG, Rn. 6 f.

III. Angemeldete, aber noch nicht eingetragene geographische Angaben

1. Im Verfahren nach Art. 17 VO angemeldete geographische Angaben

Gemäß Art. 17 Abs. 3 VO können die Mitgliedstaaten den einzelstaatlichen Schutz für Bezeichnungen, die gemäß Art. 17 Abs. 1 VO an die Kommission mitgeteilt wurden, bis zu dem Zeitpunkt beibehalten, zu dem über die Eintragung entschieden ist. Nach Anmeldung kann allerdings - wie bereits dargestellt - nach der Chiciak-Entscheidung des EuGH die angemeldete Bezeichnung selbst nicht mehr durch Erlaß nationaler Vorschriften geändert werden[521].

2. Im Verfahren nach Art. 5 ff. VO angemeldete geographische Angaben

Auch für im Verfahren nach Art. 5 VO angemeldete Bezeichnungen ist die Frage nach der Möglichkeit eines nationalen Schutzes unproblematisch. Ab Übermittlung des Eintragungsantrags an die Europäische Kommission besteht gemäß Art. 5 Abs. 5, Unterabsatz 2 VO die Möglichkeit, der Bezeichnung auf einzelstaatlicher Ebene übergangsweise einen der Verordnung gleichwertigen Schutz zu bieten[522].

IV. Noch nicht angemeldete, aber grundsätzlich eintragungsfähige Bezeichnungen

1. Problemstellung

Bezüglich der Zulässigkeit eines nationalen Schutzes für nicht angemeldete, aber eintragungsfähige geographische Bezeichnungen sieht die Verordnung keine eindeutige Regelung vor. Dieses wäre dann unproblematisch, wenn die Verordnung unangemeldete eintragungsfähige geographische Bezeichnungen gar nicht regeln wollte. Denn dann wäre der nationale Gesetzgeber frei, diesen Bezeichnungen Schutz zu gewähren. Ausweislich der neunten Begründungserwägung in Verbindung mit Art. 1 Abs. 1 und Art. 2 Abs. 1 der Verordnung fallen jedoch *alle* Agrarerzeugnisse und Lebensmittel in den Geltungsbereich der Verordnung, die einen Zusammenhang zwischen den Eigenschaften der Produkte und deren Her-

521 Vgl. dazu ausführlich oben unter Kap. 12, B. II. 1.

522 Ein solcher Schutz ist nach deutschem Recht nicht vorgesehen. Es bleibt daher in Deutschland bei einem mittelbaren, über das Irreführungsverbot erreichten Schutz.

kunft aufweisen[523]. Es könnte daher sein, daß die Verordnung die Möglichkeit eines nationalen Schutzes unangemeldeter eintragungsfähiger Bezeichnungen entweder ganz ausschließt[524] oder zumindest einschränkt[525].

2. *Grundsätzliche Möglichkeit eines nationalen Schutzes neben der Verordnung*

a) *Die Auffassung des EuGH*

Der EuGH hat zur Frage, ob ein nationaler Schutz unangemeldeter geographischer Bezeichnungen, die grundsätzlich eintragungsfähig sind, möglich ist, direkt noch nicht Stellung genommen.

Aus den Gründen des Urteils „Chiciak" ergibt sich lediglich, daß der EuGH nationale Regelungen, die Schutz und Bestand bereits *angemeldeter oder eingetragener* geographischer Bezeichnungen betreffen, als nicht zulässig ansieht[526].

Auch die Entscheidung „Pistre" betrifft nicht direkt die Frage eines nationalen Schutzes für eintragungsfähige, nicht eingetragene geographische Bezeichnungen[527]. Dennoch lassen sich aus den Gründen dieses Urteils Anhaltspunkte für die Haltung des EuGH zu dieser Frage gewinnen[528]. Gegenstand der Entscheidung war eine französische Regelung, welche ganz *allgemein* den Schutz von Erzeugnissen aus Gebirgsregionen sowie den Schutz der Bezeichnung „montagne" bezweckte. Diese Regelung erfaßte auch geographische Bezeichnungen, die im Namen auf ein Gebirge Bezug nahmen, so auch die im Fall „Pistre" streitgegenständliche Bezeichnung „Monts de Lacaune". Die Angeklagten rügten deswegen einen Verstoß der französischen Regelung gegen die VO 2081/92[529]. Nach Aussage der französischen Regierung handelte es sich bei der Regelung jedoch nicht um eine Regelung bezüglich geographischer Angaben, sondern um eine Bestimmung des Verbraucherschutzes, welche die Voraussetzungen festlege, unter de-

---

523 EuGH Slg. 1997, I-2343 ff., Erw. 35- Pistre. Vgl. auch *GA Jacobs*, Schlußanträge zu „Warsteiner" vom 25.5.2000, Rn. 36; *Tilmann*, WRP 2000, 1039.

524 So wohl die *Kommission*, Mitteilung vom 9.10.1993 an die Mitgliedstaaten, ABl. C 273, S. 4 f.

525 *GA Jacobs*, Schlußanträge zu „Warsteiner" vom 25.5.2000, Rn. 41.

526 EuGH Slg. 1998, I-3315 ff. - Chiciak; zum Sachverhalt siehe oben Kap. 12, B. II. 1.

527 EuGH Slg. 1997, I-2343 ff. - Pistre. Zur „Pistre"-Entscheidung siehe auch unten Kap. 12, B. V. 2.

528 Vgl. *Rüffler*, in: Koppensteiner (Hrsg.), Österreichisches und europäisches Wirtschaftsprivatrecht, Teil 6/2, 1998, 371 ff, 375; vgl. auch *Obergfell*, GRUR 1999, 551, 557 f.

529 EuGH Slg. 1997, I-2343 ff., 2368, 2372, Erw. 21 und 33

nen ein Produkt den als Qualitätsmerkmal verstandenen Bezug zu Gebirgsregionen herstellen dürfe[530].

Der EuGH führte in seinem Urteil aus, daß eine nationale Regelung, welche die Voraussetzungen für die Verwendung der Bezeichnung „montagne“ für Agrarerzeugnisse und Lebensmittel festlege, nicht als eine Regelung betreffend eine Ursprungsbezeichnung oder eine geographische Angabe im Sinne der Verordnung 2081/92 angesehen werden könne[531]. Die Bezeichnung „montagne“ habe nämlich einen ganz allgemeinen Charakter, der über die nationalen Grenzen hinausgehe, während nach der Verordnung zwischen der Qualität oder den Merkmalen des Erzeugnisses und seinem spezifischen geographischen Ursprung ein unmittelbarer Zusammenhang (sog. „Link“) bestehen müsse[532]. Eine Regelung, die sich darauf beschränke, eine Bezeichnung zu schützen, bei der der Verbraucher an Eigenschaften denke, die abstrakt mit der Herkunft der Erzeugnisse aus Gebirgsregionen zusammenhängen, sei zu weit vom sachlichen Gegenstand der Verordnung entfernt, als daß die Verordnung der Regelung entgegenstünde[533]. Es sei daher unerheblich, wenn die fragliche nationale Regelung nicht nur die allgemeine Bezeichnung „montagne“ als solche schütze, sondern unter denselben Voraussetzungen auch spezifische geographische Bezugnahmen auf Gebirgsregionen wie etwa die Angabe „Monts de Lacaune“[534].

Der EuGH hat in der französischen Regelung „montagne“ also keinen Verstoß gegen die Verordnung gesehen[535]. Dieses begründet er damit, daß die französische Regelung, die die Kennzeichnung eines Erzeugnisses mit der Herkunft aus Gebirgsregionen bestimmten Erzeugnissen vorbehält, keinen direkten Bezug zu Bezeichnungen geographischer Herkunft hat[536]. Denn die Regelung knüpft an die topographische Lage eines Herstellungsorts, nicht jedoch an einen konkreten Ort an. Die Tatsache, daß mit der Kennzeichnung eines Erzeugnisses als „Bergprodukt“ teilweise auch dessen Kennzeichnung mit seiner geographischen Herkunft erfolgt, ändert nach Ansicht des EuGH nichts am Charakter der französischen Regelung. Der EuGH stellt außerdem ganz wesentlich darauf ab, daß die französische Regelung im Gegensatz zur Verordnung gerade keinen Zusammenhang zwischen geographischer Herkunft und dem Produkt verlangt.

530 EuGH Slg. 1997, I-2343 ff., 2368, Erw. 22 - Pistre; so auch die *Kommission*, zitiert nach EuGH „Pistre“, Erw. 23.
531 EuGH Slg. 1997, I-2343 ff., Erw. 35 - Pistre.
532 EuGH Slg. 1997, I-2343 ff., Erw. 35 - Pistre.
533 EuGH Slg. 1997, I-2343 ff., Erw. 37 - Pistre.
534 EuGH Slg. 1997, I-2343 ff., Erw. 38 - Pistre.
535 EuGH Slg. 1997, I-2343 ff., Erw. 40 - Pistre.
536 EuGH Slg. 1997, I-2343 ff., Erw. 37 - Pistre.

Aus den Ausführungen des EuGH läßt sich zunächst schließen, daß er Regelungen, die den Schutz geographischer Herkunftsangaben betreffen, dann als unvereinbar mit der Verordnung ansehen wird, wenn sie auf einen Zusammenhang zwischen Ursprung und Erzeugnis abstellen. Außerdem läßt sich daraus ableiten, daß eine Regelung, die einen Zweck verfolgt, der vom Schutz geographischer Bezeichnungen unabhängig ist und nur anläßlich dieses Zwecks solche geographischen Bezeichnungen mit erfaßt, wohl mit der Verordnung vereinbar wäre[537].

b) Der Standpunkt der Kommission

Die Kommission hat ursprünglich in einem Schreiben an die Mitgliedstaaten die Auffassung vertreten, alle Bezeichnungen, die auf nationaler Ebene geschützt und nicht innerhalb der Frist des Art. 17 Abs. 1 VO zur Eintragung angemeldet worden seien, verlören ihren nationalen Schutz[538]. Daraus ließ sich folgern, daß die Kommission *jeglichen* nationalen Schutz, gleich welcher Art, ablehnt. Gestützt wurde der Ausschließlichkeitsanspruch der Verordnung einzig auf Art. 17 Abs. 3 VO[539].

Diesen Standpunkt hat die Kommission in einem Schreiben an die Bundesregierung zur Vereinbarkeit des Markengesetzes mit dem Gemeinschaftsrecht abgemildert[540]. Sie erachtet nunmehr einen mittelbaren Schutz geographischer Bezeichnungen, wie er sich als Ausfluß des allgemeinen Irreführungsverbots ergibt und wie er etwa in § 127 Abs. 1 und Abs. 2 MarkenG geregelt ist, für zulässig, zumindest soweit dieser durch die Etikettierungsrichtlinie gedeckt ist[541]. Allerdings hält die Kommission auch weiterhin einen von einer Irreführungsgefahr unabhängigen Schutz für eintragungsfähige geographische Bezeichnungen, die einen besonderen Ruf genießen, wie er etwa durch § 127 Abs. 3 MarkenG gewährt wird, für unzulässig[542].

537 Zu der Pistre-Entscheidung siehe auch unten Kap. 12, B. V. 2.

538 Mitteilung der Kommission vom 9.10.1993 an die Mitgliedstaaten, ABl. C 273, S. 4.

539 Mitteilung der Kommission vom 9.10.1993 an die Mitgliedstaaten, ABl. C 273, S. 5.

540 Schreiben der Kommission an die Bundesregierung vom 5.9.1994, CSM/sm/533.94.

541 Schreiben der Kommission an die Bundesregierung vom 5.9.1994, CSM /sm/633.94; ebenso Schreiben der Kommission an die Bundesregierung vom 18.10.1995, VI.B.I.3/GV/jt D (95) 1029; vgl. dazu auch *Harte-Bavendamm*, GRUR 1996, 717 ff., 721; *Meyer*, WRP 1995, 783; *Tilmann*, GRUR 1996, 959 ff., 960.

542 Schreiben der Kommission an die Bundesregierung vom 5.9.1994, CSM /sm/633.94. Siehe zur Vereinbarkeit von § 127 Abs. 3 MarkenG mit der Verordnung unten Kap. 12, B. VI. 2.

c) *Stellungnahme*

aa) *Möglichkeit eines mittelbaren Schutzes nach Maßgabe des Irreführungsverbotes*

Die Verordnung verbietet es den Mitgliedstaaten nicht, eintragungsfähigen geographischen Bezeichnungen die Möglichkeit eines mittelbaren Schutzes über das Verbot der Irreführung zu bieten. Denn Regelungsziel der Verordnung ist die Errichtung eines EG-weiten Schutzsystems für geographische Bezeichnungen. Damit soll den europäischen Landwirten ein zusätzliches Marketinginstrument und mehr Schutz für ihre Erzeugnisse mit bestimmter geographischer Herkunft an die Hand gegeben werden. Teil dieses Schutzes durch die Verordnung ist zwar auch ein Irreführungsschutz für eingetragene geographische Bezeichnungen. Damit ist jedoch nicht bezweckt, auf nationaler Ebene sämtlichen Schutz der Verbraucher und der Mitbewerber vor einer wettbewerbswidrigen Verwendung nichteingetragener Bezeichnungen bezüglich der geographischen Herkunft auszuschließen. Vernünftigerweise kann es auch nicht sein, daß die Verbraucher in Folge der Verordnung zukünftig über die Herkunft eines eintragungsfähigen Erzeugnisses irregeführt werden dürfen[543]. Daß sich aus dem Verbot der Irreführung als Reflex ein Schutz der Bezeichnung bzw. der Benutzer der Bezeichnung ergibt, kann jedenfalls nicht zu einem Wegfall des Verbraucherschutzes führen.

Die Zulässigkeit eines mittelbaren nationalen Schutzes geographischer Bezeichnungen gegen irreführende Verwendung ergibt sich schon aus den neben der Verordnung geltenden Richtlinien über die Etikettierung von Waren und über die irreführende Werbung. Allerdings ist dabei zu berücksichtigen, daß der durch die Umsetzung dieser Vorschriften in nationales Recht entstehende Schutz nicht über den hinausgehen darf, den die Verordnung gewährt[544].

Die Zulässigkeit eines nationalen Schutzes, der sich aus dem Irreführungsverbot ergibt, folgt außerdem auch aus Art. 22 des TRIPs-Abkommens. TRIPs verlangt von seinen Mitgliedern einen Mindestschutz geographischer Angaben mit Link nach Maßgabe eines Verbots der Irreführung über die geographische Herkunft. Da durch die Verordnung selbst uneingetragenen, nach TRIPs schutzfähigen Bezeichnungen kein Schutz geboten wird, wäre ein Verbot des Irreführungsschutzes auf nationaler Ebene nicht TRIPs-konform. Denn auf Ebene des EG-Rechts wird solchen Bezeichnungen kein unmittelbar durchsetzbarer Schutz ge-

---

543 So wohl auch *Hohmann/Leible*, ZLR 1995, 265 ff., 270; *Wichard*, WRP 1999, 1005 ff., 1010.

544 Siehe oben Kap. 12, A. II. 2. b) zum Problem des Art. 7 Abs. 1 der RL 84/450.

boten, der den Anforderungen des TRIPs-Abkommens genügt[545]. Will man daher das EG-Recht TRIPs-konform auslegen, so muß zumindest auf Ebene der Mitgliedstaaten Ebene ein Verbot der Irreführung über die geographische Herkunft gelten[546].

Eine nationale Vorschrift, die eintragungsfähige geographische Angaben in der Weise schützt, daß sie die Irreführung der Verbraucher über die Herkunft sowie über die mit der Herkunft verbotene Qualität verbietet, ist somit neben der Verordnung anwendbar[547].

bb) Möglichkeit eines Schutzes der dem der Verordnung gleichkommt

Die Verordnung beansprucht abschließende Geltung für alle geographischen Bezeichnungen, bei denen ein Zusammenhang zwischen den Eigenschaften der Produkte und ihrer Herkunft vorliegt. Dieses ergibt sich aus Erwägungsgrund 9 der Verordnung[548].

Ein Schutz, der über den allgemeinen Irreführungsschutz hinausgeht und der dem der Verordnung gleichkommt[549], ist deshalb nicht mehr mit dem Geltungsanspruch der Verordnung vereinbar[550]. Denn solch nationaler Schutz würde in Konkurrenz zu dem der Verordnung stehen[551]. Das durch die Verordnung angestrebte Ziel, alle eintragungsfähigen Bezeichnungen einem einheitlichen Schutz auf Gemeinschaftsebene zu unterstellen, wäre gefährdet[552]. Im Gegensatz zu dem allgemeinen Irreführungsschutz besteht für einen Schutz, der dem der Verordnung gleichkommt, auch keine gemeinschaftsrechtliche Grundlage. Es besteht darüber hinaus auch kein Bedürfnis, neben der Verordnung ein ihr gleichkommenden Schutz auf nationaler Ebene zuzulassen. Eintragungsfähigen Bezeichnungen steht der Schutz der Verordnung jederzeit offen und sobald sie angemeldet sind, darf ihnen der jeweilige Mitgliedstaat gemäß Art. 5 Abs. 5, 2. Unterabsatz auch einen Schutz „im Sinne der Verordnung" bieten.

---

545 Siehe oben Kap. 12, A. I. 2 c).

546 Vgl. *Tilmann*, WRP 2000, 1039 ff., 1043.

547 *Rüffler*, in: Koppensteiner (Hrsg.), Österreichisches und europäisches Wirtschaftsprivatrecht, Teil 6/2, 1998, 371 ff., 378; *Wichard*, WRP 1999, 1005 ff., 1009 f.; so wohl auch *Steeger*, WRP 1994, 584 ff., 588; im Ergebnis auch *Tilmann*, GRUR 1996, 959 ff., 961, 964; a. A. *Ullmann*, GRUR 1999, 666 ff., 669.

548 So auch *GA Jacobs*, Schlußanträge zu „Warsteiner" vom 25.5.2000, Rn. 36.

549 Einen solchen Schutz stellt beispielsweise der in Frankreich und Italien vor Inkrafttreten der Verordnung gewährte dar. Siehe oben Kap. 2, A.

550 So auch *Rüffler*, in: Koppensteiner (Hrsg.), Österreichisches und europäisches Wirtschaftsprivatrecht, Teil 6/2, 1998, 371 ff., 378.

551 A. A. *Wichard*, WRP 1999, 1005 ff., 1009.

552 Erw. 9 und 12 VO.

Aus Art. 17 und Art. 5 VO ergibt sich nichts anderes. Denn beide Normen treffen zwar Aussagen zur Weitergeltung nationalen Rechts neben der Verordnung. Sie beziehen sich jedoch ausschließlich auf den Schutz bereits eingetragener Bezeichnungen und gerade nicht auf den hier diskutierten Fall der nicht angemeldeten Bezeichnungen. Im übrigen läßt sich vor dem Hintergrund des Schutzzwecks von Art. 5 und 17 VO ableiten, daß wenn die Mitgliedstaaten schon für angemeldete Bezeichnungen einen Schutz „im Sinne der Verordnung" nur übergangsweise gewähren dürfen, sie einen solchen Schutz für unangemeldete Bezeichnungen in dauerhafter Weise ebenfalls nicht bieten dürfen.

cc) Möglichkeit eines markenrechtlichen Schutzes unangemeldeter eintragungsfähiger Bezeichnungen

Das Markenrecht gibt die Möglichkeit, Angaben, die auf die geographische Herkunft hinweisen, als Kollektivmarken eintragen zu lassen. Dieser Möglichkeit steht die Verordnung nicht entgegen. Denn sie enthält - wie bereits oben ausgeführt - keinerlei Anhaltspunkte dafür, daß sie die Geltung des Markenrechts einschränken möchte[553]. Ein markenrechtlicher Schutz unangemeldeter eintragungsfähiger geographischer Herkunftsangaben ist somit möglich.

V. Nicht eintragungsfähige geographische Bezeichnungen

1. Problemstellung

Eine Bezeichnung, die einen Hinweis auf die geographische Herkunft eines Erzeugnisses enthält, ist entweder dann nicht eintragungsfähig, wenn es sich um eine „einfache"[554] geographische Bezeichnung oder um eine Gattungsbezeichnung handelt[555]. Im folgenden wird nur die nationale Schutzfähigkeit einfacher geo-

553 Siehe oben Kap. 12, A. II. c); so auch *Harte-Bavendamm*, GRUR 1996, 717 ff., 727 f.; wohl auch *Ullmann*, GRUR 1999, 666 ff., 672; a. A. *Meyer*, WRP 1995, 783 ff., 785.

554 Der Begriff der „einfachen geographischen Herkunftsangabe" ist der Verordnung nicht bekannt. Es wird deshalb hier auf die im deutschen Recht gebräuchliche Bezeichnung zurückgegriffen.

555 Unter nichteintragungsfähigen Bezeichnungen werden sowohl die wegen mangelndem Link abgelehnten Bezeichnungen verstanden, als auch die Bezeichnungen, die gar nicht erst zur Anmeldung kommen, weil von vorneherein ihre Nichteintragungsfähigkeit feststeht.

graphischer Herkunftsangaben behandelt, da dem Thema Gattungsbezeichnungen ein eigenes Kapitel gewidmet ist[556].

Aufgrund der oben bereits erwähnten Äußerungen der Kommission[557] wird bezüglich sogenannter „einfacher" geographischer Herkunftsbezeichnungen diskutiert, ob die Verordnung ihren Schutz auf nationaler Ebene verbietet. Der BGH hat dem EuGH dieses Problem in dem Vorlagebeschluß „Warsteiner I" in Form folgender Frage gestellt[558]:

„Steht die Regelung der Verordnung Nr. 2081/92 vom 14. Juli 1992 zum Schutz von geographischen Angaben und Ursprungsbezeichnungen für Agrarerzeugnisse und Lebensmittel der Anwendung einer nationalen Regelung entgegen, welche die irreführende Verwendung einer einfachen geographischen Herkunftsbezeichnung verbietet, d. h. einer Angabe, bei welcher kein Zusammenhang zwischen den Eigenschaften des Produkts und seiner geographischen Herkunft besteht?".

2. *Die Auffassung des EuGH*

Der EuGH hat sich zur Frage der Ausschließlichkeit der Verordnung für einfache geographische Herkunftsbezeichnungen bisher nur indirekt in der Entscheidung „Pistre" geäußert, die eine einfache Herkunftsangabe betraf[559]. Der BGH meint, daß die Entscheidung keine abschließende Antwort auf die Vorlagefrage enthält[560].

Meines Erachtens läßt sich aus der Entscheidung jedoch eine Tendenz bezüglich der Richtung, in welcher der EuGH die Vorlagefrage beantworten könnte, ablesen[561]. Der EuGH hat unter Erwägungsgrund 37 aufgeführt, daß der Schutz einer Bezeichnung „montagne" oder „Monts de Lacaune" vom Regelungsgegenstand der Verordnung 2081/92 zu weit entfernt sei, als daß diese der Beibehaltung des Schutzes entgegenstünde. Die Verwendung des Wortes „Regelungsgegenstand" durch den EuGH impliziert, daß es einen Bereich gibt, innerhalb dessen der „Regelungsgegenstand" der Verordnung berührt ist und deshalb ein na-

---

556 Kap. 6, A.

557 Siehe oben Kap. 12, B. IV. 2. b). In der mündlichen Verhandlung zu „Warsteiner" hat sich die Kommission inzwischen dahingehend geäußert, daß die Verordnung ausschließlich für geographische Angaben mit Link gilt, so *GA Jacobs*, Schlußanträge zu „Warsteiner" vom 25.5.2000, Rn. 31.

558 BGH ZIP 1998, 1503 ff. - „Warsteiner I" = GRUR Int. 1999, 70 ff. mit Anm. *Loewenheim*, LM H. 1/1999 § 126 MarkenG, Nr. 1, *Obergfell*, GRUR 1999, 551 ff. und *Wehlau*, ZLR 1998, 585 ff. Siehe auch *Meyenburg*, MarkenR 1999, 227 ff., 231.

559 Siehe auch oben zur „Pistre"-Entscheidung, Kap.12, B. IV. 2. a).

560 BGH ZIP 1998, 1503 ff., 1507 - „Warsteiner I" = GRUR Int. 1999, 70 ff.

561 So auch *Obergfell*, GRUR 1999, 551, 557 f.

tionaler Schutz nicht möglich ist. Umgekehrt heißt das aber, daß es auch einen Bereich gibt, in dem nationale Vorschriften den Bereich der Verordnung nicht mehr berühren. Die Grenze für diesen Bereich scheint der EuGH einmal dort zu ziehen, wo Schutzvoraussetzung das Bestehen eines Links ist[562]. Außerdem scheint eine Grenze dort zu bestehen, wo eine Bezeichnung, bei der der Verbraucher an Eigenschaften denkt, die mit der Herkunft des Erzeugnisses zusammenhängen, (also ein Link besteht) nicht mehr nur allgemein durch die fragliche Regelung „mitgeschützt", sondern deren Schutz dadurch ausdrücklich bezweckt wird[563]. Eine nationale Regelung wie § 127 Abs. 1 MarkenG, die nicht auf das Bestehen eines Links abstellt und lediglich Ausfluß des allgemeinen Irreführungsverbotes ist, wird wohl deshalb vom EuGH als mit der Verordnung vereinbar angesehen werden[564].

3. *Stellungnahme zur Frage der Zulässigkeit des nationalen Schutzes einfacher geographischer Herkunftsangaben*

a) *Möglichkeit eines mittelbaren Schutzes gegen Irreführung für einfache geographische Herkunftsangaben (z. B. § 127 Abs. 1 MarkenG oder § 3 UWG)*

Für die Zulässigkeit eines nationalen Schutzes einfacher geographischer Herkunftsangaben spricht bereits der Wortlaut der Verordnung. Der neunte Erwägungsgrund und Art. 1 i. V. m. Art. 2 der VO begrenzen den Schutz nach der Verordnung auf Herkunftsangaben *mit* Link. Herkunftsangaben *ohne* Link fallen deshalb schon gar nicht in den Anwendungsbereich der Verordnung[565]. Wollte

562 EuGH Slg. 1997, I-2343 ff., 2372, Erw. 35 - Pistre. Dieses ist möglicherweise auch die Tendenz in der Sache „Warsteiner". Hier ist der Generalanwalt in seinen Schlußanträgen ohne weiteres davon ausgegangen, daß sich die Beschränkung der Verordnung auf Link-Bezeichnungen aus Erwägungsgrund 9 der VO und Art. 1 Abs. 1 i. V. m. Art. 2 Abs. 2 VO ergibt, *GA Jacobs*, Schlußanträge zu „Warsteiner" vom 25.5.2000, Rn. 35 und 36.

563 EuGH Slg. 1997, I-2343 ff., 2373, Erw. 37 - Pistre.

564 Problematisch im Hinblick auf die Warenverkehrsfreiheit könnte aber die Interpretation von § 127 Abs. 1 durch den BGH sein. Nach Auffassung des BGH greift der Schutz nach § 127 Abs. 1 MarkenG auch dann ein, wenn die Herkunft für die Kaufentscheidung des Verbrauchers nicht die für § 3 UWG erforderliche Bedeutung hat. Aus den Schlußanträgen des GA Jacobs geht die Tendenz hervor, diese BGH-Rechtsprechung als einen Verstoß gegen Art. 28, 30 EGV anzusehen, *GA Jacobs*, Schlußanträge zu „Warsteiner" vom 25.5.2000, Rn. 43 ff.

565 So auch *GA Jacobs*, Schlußanträge zu „Warsteiner" vom 25.5.2000, Rn. 36. Vgl. außerdem *Harte-Bavendamm*, GRUR 1996, 717 ff., 723, 726; *Meyer*, WRP 1995, 783; *Obergfell*, GRUR 1999, 551 ff., 555; *Rüffler*, in: Koppensteiner (Hrsg.), Öster-

die Verordnung dennoch einen nationalen Schutz einfacher geographischer Herkunftsangaben verbieten, so müßte ein ausdrücklicher Hinweis im Wortlaut vorliegen. Ein solcher Hinweis fehlt jedoch in der Verordnung[566].

Wie für den nationalen mittelbaren Schutz eintragungsfähiger geographischer Angaben gilt außerdem auch hier, daß die Verordnung in das Verbot der Irreführung der Verbraucher über die geographische Herkunft eines Erzeugnisses auf nationaler Ebene nicht eingreifen kann und will[567]. Sowohl die Etikettierungsrichtlinie als auch die Richtlinie gegen die unlautere Werbung enthalten einen Schutz für einfache geographische Herkunftsangaben. Begrenzt wird der Schutz einfacher geographischer Herkunftsangaben über das Irreführungsverbot nur durch Art. 28 (ex-Art. 30) EGV[568].

Letztlich kann ein nationaler Schutz einfacher geographischer Herkunftsangaben auch nur im Sinne des Verordnungsgebers sein. Denn wären einfache geographische Herkunftsangaben auch von nationalem Schutz ausgeschlossen, so wäre für diese Bezeichnungen - und damit auch den Herstellern der damit gekennzeichneten Erzeugnisse - jegliche Möglichkeit, Schutz nach Maßgabe der Verordnung zu erwerben, versperrt. Vielmehr würde eine Bezeichnung, sobald sie einen gewissen Bekanntheitsgrad erreicht, der Gefahr der Denaturierung zur Gattungsbezeichnung ausgesetzt. Damit wäre sie für die berechtigten Benutzer wertlos. Dieses Ergebnis wäre jedoch angesichts des erklärten Zieles der Verordnung, Landwirten mit der Verordnung ein möglichst effektives Marketinginstrument an die Hand zu geben, geradezu kontraproduktiv[569].

b) Unmittelbarer nationaler Schutz für einfache geographische Herkunftsangaben

aa) Unmittelbarer Schutz für einfache geographische Herkunftsangaben

Fraglich ist, ob ein unmittelbarer nationaler Schutz für einfache geographische Herkunftsangaben möglich ist.

---

reichisches und europäisches Wirtschaftsprivatrecht, Teil 6/2, 1998, 371 ff., 374; *v. Danwitz*, GRUR 1997, 81 ff., 84; *Wichard*, WRP 1999, 1005 ff., 1007.

566 Vgl. auch *Wichard*, WRP 1999, 1005 ff., 1007.

567 Siehe oben unter Kap. 12, B. IV. 2 c) aa).

568 Vgl. ausführlich *GA Jacobs*, Schlußanträge zu „Warsteiner" vom 25.5.2000, Rn. 43 ff.

569 So *Harte-Bavendamm*, GRUR 1996, 717 ff., 724; *Tilmann*, GRUR Int. 1993, 610 ff., 614. Vgl. auch *Heine*, GRUR 1993, 96 ff., 98, wonach der Schutz der geographischen Angaben nur ein Mittel zur Erreichung dieses Ziels war.

Ein unmittelbarer Schutz nach Vorbild der Verordnung scheidet zumindest aus. Denn zum einen fehlt einfachen geographischen Herkunftsangaben ja gerade der Link. Zum anderen gilt das Verbot des Art. 8 VO auch für die Vergabe von Gütesiegeln für einfache geographische Herkunftsangaben. Eine solche Vorschrift würde daher keinen Sinn machen.

Man könnte jedoch daran denken, für einfache geographische Herkunftsangaben einen kennzeichenähnlichen Schutz zu schaffen, der unabhängig von einem Link ist und kein Gütesiegel verschafft. Ein solcher Schutz wäre durch die Verordnung nicht ausgeschlossen, da einfache geographische Herkunftsangaben gänzlich aus dem Anwendungsbereich der Verordnung herausgenommen sind. Es steht den Mitgliedstaaten deswegen m. E. frei, einfachen geographischen Herkunftsangaben nicht nur mittelbaren Schutz nach Maßgabe des Irreführungsverbots zu gewähren, sondern auch eigenständigen Schutz.

Bisher existiert ein solcher unmittelbarer Schutz für einfache geographische Herkunftsangaben allerdings in keinem europäischen Mitgliedstaat.

bb) Schutz einfacher geographischer Herkunftsangaben nach Markenrecht

Das Markenrecht gibt die Möglichkeit, Angaben, die auf die geographische Herkunft hinweisen, als Kollektivmarken eintragen zu lassen. Dieser Möglichkeit steht die Verordnung auch nicht entgegen. Denn wie bereits oben ausgeführt, erstreckt sich der Regelungsanspruch der Verordnung erstens nicht auf einfache geographische Angaben und zweitens enthält die Verordnung auch keinerlei Anhaltspunkte dafür, daß sie die Geltung des Markenrechts einschränken möchte[570]. Ein markenrechtlicher Schutz einfacher geographischer Herkunftsangaben als Kollektivmarken ist somit möglich.

---

570 So auch *Harte-Bavendamm*, GRUR 1996, 717 ff., 727 f.; wohl auch *Ullmann*, GRUR 1999, 666 ff., 672; a. A. *Meyer*, WRP 1995, 783 ff., 785. Siehe oben Kap. 12, A. II. 2. c).

VI. Vereinbarkeit speziell der deutschen Vorschriften zum Schutz von geographischen Herkunftsangaben in §§ 126 ff. MarkenG mit der EG-Verordnung

1. Vereinbarkeit von § 127 Abs. 1 und 127 Abs. 2 MarkenG mit der EG-Verordnung

In Deutschland ist der Schutz von Angaben, die auf die geographische Herkunft hinweisen, in den §§ 126 ff. des deutschen Markengesetzes geregelt[571]. Die in § 126 Abs. 1 MarkenG festgelegte Definition einer geographischen Herkunftsangabe erfaßt sowohl geographische Bezeichnungen im Sinne der Verordnung als auch einfache geographische Herkunftsangaben.

§ 127 MarkenG normiert den Schutzinhalt. § 127 Abs. 1 MarkenG schützt sowohl einfache geographische Herkunftsangaben als auch eintragungsfähige geographische Bezeichnungen i. S. d. Verordnung gegen irreführende Benutzung. § 127 Abs. 1 MarkenG setzt sowohl die Etikettierungsrichtlinie als auch die Richtlinie gegen die irreführende und vergleichende Werbung in deutsches Recht in Bezug auf geographische Herkunftsangaben um[572].

Bezüglich der einfachen geographischen Herkunftsbezeichnungen ist der Schutz des § 127 Abs. 1 MarkenG unproblematisch, da die Verordnung hier gar nicht erst betroffen ist[573].

Doch auch der durch § 127 Abs. 1 MarkenG für eintragungsfähige geographische Angaben gewährte Schutz ist unproblematisch[574]. Denn die Verordnung läßt für eingetragene geographische Bezeichnungen[575] einen ergänzenden Irreführungsschutz, der sich aus dem allgemeinen Irreführungsverbot bzw. aus der Etikettierungsrichtlinie und der Richtlinie gegen die irreführende Werbung ergibt, zu. Auch für eintragungsfähige Bezeichnungen läßt die Verordnung einen nationalen Schutz nach Maßgabe des Irreführungsverbotes zu[576].

---

571 Zum Schutz nach §§ 126 ff. MarkenG vgl. *Ingerl/Rohnke*, MarkenG, § 126 ff. MarkenG m. w. N.; *Helm*, FS für Vieregge, Berlin, 1995, S. 335 ff.

572 So auch die Kommission, Schreiben an die Bundesregierung vom 5.9.1994, CSM /sm/633.94. Vgl. auch *Meyer*, WRP 1995, 783; *Obergfell*, GRUR 1999, 551 ff., 558; *Rüffler*, in: Koppensteiner (Hrsg.), Österreichisches und europäisches Wirtschaftsprivatrecht, Teil 6/2, 1998, 371 ff., 376; *Tilmann*, GRUR 1996, 959 ff., 960; *Wichard*, WRP 1999 ff., 1005, 1010.

573 Siehe oben Kap. 12, B. V. 3. a).

574 Siehe aber *GA Jacobs*, Schlußanträge zu „Warsteiner" vom 25.5.2000, Rn. 43 ff., der der Ansicht ist, daß die Auslegung von § 127 Abs. 1 MarkenG durch den BGH gegen Art. 28, 30 verstößt.

575 Siehe oben Kap. 12, B. II. 2.

576 Siehe oben unter Kap. 12, B. IV. 2 c) aa).

§ 127 Abs. 2 MarkenG erfaßt ausschließlich Bezeichnungen, die einen Link aufweisen. Danach ist es verboten, eine geographische Herkunftsangabe, die Erzeugnisse bezeichnet, die besondere Eigenschaften haben, für Erzeugnisse zu benutzen, die diese Eigenschaften nicht aufweisen. Jedoch verstößt auch § 127 Abs. 2 MarkenG nicht gegen die Verordnung. Denn da sowohl ein Schutz bezüglich der Irreführung über die Herkunft als auch bezüglich der Irreführung mit der Qualität mit der Verordnung vereinbar wäre, ist auch ein Verbot der kombinierten Irreführung zulässig[577].

2. *Problem im Hinblick auf § 127 Abs. 3 MarkenG*

Es könnte hingegen sein, daß § 127 Abs. 3 MarkenG nicht mit der Verordnung vereinbar ist. § 127 Abs. 3 MarkenG verbietet es, geographische Herkunftsangaben, die einen besonderen Ruf genießen, im geschäftlichen Verkehr für Waren anderer Herkunft zu benutzen, auch wenn *keine Gefahr der Irreführung* über die geographische Herkunft besteht. Damit das Verbot eingreift, muß die Ware außerdem geeignet sein, den Ruf der geographischen Herkunftsangabe oder ihre Unterscheidungskraft ohne rechtfertigenden Grund in unlauterer Weise auszunutzen oder zu beeinträchtigen. Mit § 127 Abs. 3 MarkenG hat der deutsche Gesetzgeber den durch die deutsche Rechtsprechung in Anwendung von § 1 UWG entwickelten Schutz bekannter geographischer Herkunftsangaben gegen Rufausbeutung kodifiziert[578].

§ 127 Abs. 3 MarkenG bezieht sich nur auf geographische Herkunftsangaben mit einem besonderen Ruf. Der Ruf muß sich dabei zwar nicht zwingend aus der geographischen Herkunft ergeben, zumeist wird dieses allerdings der Fall sein[579]. In der Regel werden die durch § 127 Abs. 3 MarkenG schutzfähigen Bezeichnungen daher auch nach der Verordnung schutzfähige Bezeichnungen sein.

Die Verordnung regelt den unmittelbaren Schutz eintragungsfähiger Bezeichnungen grundsätzlich abschließend[580]. Allerdings reicht ihr Regelungsanspruch, wie oben bereits festgestellt, nicht soweit, auch Regelungen des Verbraucher- und des Mitbewerberschutzes auszuschließen[581]. Man könnte deshalb der Ansicht sein, daß § 127 Abs. 3 MarkenG, als Ausfluß von § 1 UWG, auch weiterhin auf

577 So auch die Kommission, Schreiben an die Bundesregierung vom 5.9.1994, CSM /sm/633.94.; *Tilmann*, GRUR 1996, 959 ff., 960; *Wichard*, WRP 1999 ff., 1005, 1010.

578 Begründung zu § 127 MarkenG, BT-Drs. 12/6581, S. 118; vgl. auch *Ingerl/Rohnke*, MarkenG, § 127 Rn. 9.

579 Vgl. *Ullmann*, GRUR 1999, 666 ff., 668.

580 Siehe oben Kap. 12, B. II. 2.

581 Siehe oben Kap. 12, B. II. 2.

Bezeichnungen, die nach der Verordnung schutzfähig sind, anwendbar ist. Bei der Beurteilung der Vereinbarkeit von § 127 Abs. 3 MarkenG mit der Verordnung sollte man allerdings berücksichtigen, daß als Teleologie des § 127 Abs. 3 MarkenG der allgemeine Schutzzweck des Wettbewerbsrechts[582] zwar noch angeführt werden kann. Bei dem durch § 127 Abs. 3 MarkenG gewährten Schutz gegen Rufausbeutung steht im Gegensatz zu § 127 Abs. 1 und Abs. 2 MarkenG jedoch eindeutig das Bedürfnis im Vordergrund, den Besitzstand der zur Benutzung einer bekannten geographischen Herkunftsangabe Berechtigten zu schützen. Anders als für den Schutz nach § 127 Abs. 1 und Abs. 2 MarkenG fehlt für den Schutz nach § 127 Abs. 3 MarkenG außerdem eine gemeinschaftsrechtliche Grundlage[583].

Bei der Prüfung der Vereinbarkeit von § 127 Abs. 3 MarkenG mit der Verordnung muß außerdem berücksichtigt werden, daß der Schutz des § 127 Abs. 3 MarkenG stark kennzeichenähnliche Züge trägt[584] und mit Art. 13 Abs. 1 a) der Verordnung vergleichbar ist.

Der Schutz des § 127 Abs. 3 MarkenG reicht damit in den Bereich hinein, in welchem die Verordnung für sich ausschließliche Geltung beansprucht. Die Anwendung von § 127 Abs. 3 MarkenG auf Bezeichnungen, die der Verordnung unterfallen, ist ausgeschlossen. Dieses führt auch nicht zu unbilligen Ergebnissen. Schließlich bleiben bekannte geographische Bezeichnungen auch weiterhin nach Maßgabe von § 127 Abs. 1 und Abs. 2 MarkenG geschützt. Für bekannte geographische Bezeichnungen besteht außerdem die Möglichkeit, ohne weiteres den Schutz der Verordnung zu erwerben.

3. Nationaler Schutz nach Maßgabe von § 137 MarkenG

§ 137 MarkenG ermächtigt das Bundesministerium für Justiz, durch Rechtsverordnung nähere Bestimmungen über einzelne geographische Herkunftsangaben zu treffen. Gedacht wurde dabei wohl an Regelungen nach Vorbild der *Verordnung zum Schutz des Namens Solingen*[585]. Sofern eine solche Regelung Bezeichnungen betrifft, die durch die Verordnung erfaßt werden, verstößt sie gegen die Verordnung[586]. Jedoch scheint die Bundesregierung nicht zu beabsichtigen, von der Ermächtigung außer im Fall der VO Solingen Gebrauch zu machen.

582 Vgl. dazu nur Baumbach/Hefermehl, 20. Aufl., 1998, UWG Einl Rn. 42.
583 *Tilmann*, WRP 2000, 1039 ff., 1042.
584 Vgl. nur die Ähnlichkeit im Wortlaut mit § 14 Abs. 2 Nr. 3 MarkenG.
585 Verordnung zum Schutz des Namens Solingen vom 16.12.1994, BGBl. I S. 3833.
586 Siehe oben Kap. 12, B. II. 2 und IV. 2. c) bb); *Tilmann*, GRUR 1996, 959 ff., 961.

4. Die Ermächtigungstatbestände der §§ 138 und 139 MarkenG

a) Ermächtigung zum Erlaß von Rechtsverordnungen über das Antrags- und Einspruchsverfahren

§ 138 MarkenG ermächtigt das Bundesministerium der Justiz, durch Rechtsverordnung ohne Zustimmung des Bundesrates nähere Bestimmungen über das Antrags- und Einspruchsverfahren zu treffen[587]. Die Bestimmung ist mit der Verordnung vereinbar. Die Verordnung hat in Art. 5 Abs. 6 VO die Ausgestaltung des Antrags- und Einspruchsverfahren auf nationaler Ebene den Mitgliedstaaten überlassen.

b) Ermächtigung zum Erlaß von Durchführungsbestimmungen zur Verordnung

§ 139 MarkenG ermächtigt das Bundesministerium für Justiz in Zusammenarbeit mit anderen Bundesministerien mit Zustimmung des Bundesrats weitere Einzelheiten des Schutzes von Ursprungsbezeichnungen und geographischen Angaben zu regeln. Das Erfordernis für den Erlaß einer Rechtsverordnung muß sich aus der Verordnung 2081/92 oder den zu ihrer Durchführung erlassenen Vorschriften des Rates oder der Kommission der EG ergeben. In Rechtsverordnungen sollen insbesondere Vorschriften über die Kennzeichnung der Agrarerzeugnisse oder Lebensmittel, die Berechtigung zum Verwenden der geschützten Bezeichnungen oder die Voraussetzungen und das Verfahren bei der Überwachung oder Kontrolle beim innergemeinschaftlichen Verbringen oder bei der Ein- oder Ausfuhr erlassen werden.

Die Vorschrift ist mit der Verordnung vereinbar. Rechtsverordnungen können nach § 139 MarkenG nur dann erlassen werden, wenn sie zur Umsetzung der Verordnung 2081/92 notwendig sind. Der Regelungsbedarf muß sich also aus den gemeinschaftsrechtlichen Vorschriften ergeben[588]. Die Vorschrift dient dazu sicherzustellen, daß die Verordnung auf nationaler Ebene ihre Wirkung in optimaler Weise entfalten kann.

---

587 Vgl. zu § 138 MarkenG nur *Fezer*, MarkenG, § 138, Rn. 1.
588 *Fezer*, MarkenG, § 139 Rn. 1.

VII. Bilaterale Abkommen zum Schutze von geographischen Angaben mit Link

1. Bilaterale Abkommen zwischen EG-Mitgliedstaaten

Soweit bilaterale Abkommen, die zwischen Deutschland und anderen EG-Mitgliedstaaten abgeschlossen wurden, auch geographische Bezeichnungen mit Link schützen, sind diese nicht mehr anwendbar[589]. Denn geographische Bezeichnungen mit Link werden durch die Verordnung abschließend geschützt[590]. Es bleibt daher kein Raum mehr für den durch die bilateralen Abkommen gewährten Schutz.

2. Bilaterale Abkommen zwischen EG-Mitgliedstaaten und Drittstaaten

Die Zulässigkeit des Schutzes von geographischen Bezeichnungen mit Link durch bereits bestehende bilaterale Abkommen zwischen EG-Mitgliedstaaten und Drittstaaten richtet sich nach Art. 307 EGV (ex-Art. 234 EGV). Nach Inkrafttreten der Verordnung dürfte der Abschluß weiterer bilateraler Abkommen mit Drittstaaten durch die EG-Mitgliedstaaten im Hinblick auf Art. 12 VO nicht mehr zulässig sein.

---

589 A. A. *Fritzsche*, WiB 1994, 330 ff.; *Streber*, Die Vereinbarkeit des Schutzes geographischer Herkunftsangaben, 1994, S. 229 f.; *von Gamm*, FS für Brandner, 1996, 375 ff., 379.

590 Eine Ausnahme gilt nur für das nationale Wettbewerbsrecht vgl. oben Kap.12, B. IV. 2. c) bb).

Kapitel 13: Schlußbetrachtungen

Gegen die Verordnung sind ursprünglich insbesondere von Seiten der deutschen Literatur schwerwiegende Bedenken geäußert worden[591]. Diese Bedenken richteten sich primär gegen den vermuteten Ausschließlichkeitsanspruch der Verordnung und einen sich daraus ergebenden Ausschluß des nationalen Schutzes für nicht eingetragene geographische Herkunftsangaben. Wie das oben festgestellte Ergebnis zeigt, haben sich diese Bedenken im Ergebnis jedoch als unberechtigt erwiesen.

Die Verordnung hat sich vielmehr als ein wichtiger Schritt zur Vereinheitlichung des Schutzes geographischer Herkunftsangaben in Europa erwiesen. So ist für den Schutz des überwiegenden Teils der geographischen Bezeichnungen von wirtschaftlicher Bedeutung in Europa die Verordnung mittlerweile die maßgebliche Norm. Soweit der Schutz der Verordnung reicht, ist ein umfassendes und weitreichendes Schutzsystem geschaffen worden, das insbesondere gegenüber dem vorher in etlichen Mitgliedstaaten bestehenden nur wettbewerbsrechtlichen Schutzsystem eine erhebliche Verbesserung des Schutzniveaus darstellt.

Zu bedauern ist allerdings der einseitige agrarpolitische Ansatz der Verordnung, der dazu geführt hat, daß nur Agrarerzeugnisse und Lebensmittel in den Genuß des Schutzes nach Maßgabe der Verordnung kommen können. Auch hinter ihrem Ziel, den Schutz geographischer Herkunftsangaben in Europa zu vereinheitlichen, ist die Verordnung leider zurückgeblieben, indem sie einfache geographische Herkunftsangaben aus ihrem Schutzbereich ausgenommen hat. In „rechtlicher" Hinsicht ist die Verordnung dennoch ein großer Erfolg, was sich in der großen Zahl der angemeldeten und mittlerweile eingetragenen Bezeichnungen niederschlägt.

Die Absicht der Verordnung, neue Märkte für die Benutzer geographischer Bezeichnungen zu schaffen und diesen mit den Gütezeichen g. U. und g. g. A. ein weiteres, besseres Marketinginstrument an die Hand zu geben, ist gleichwohl weitgehend in die Leere gegangen. Die Gütezeichen der Verordnung sind bei den Verbrauchern außerhalb Frankreichs, Portugals und Italiens nicht bekannt und werden dementsprechend auch nicht nachgefragt. Allerdings tun die Benutzer geographischer Bezeichnungen bzw. die Verbände auch nur wenig, um die Bekanntheit dieser Gütezeichen zu forcieren. Die Chance, die in dieser neuen Mög-

591 Vgl. die Nachweise oben Kap. 12, B. I.

lichkeit liegt, wird nicht wahrgenommen. Dieses zeigt sich auch daran, daß sehr häufig für Erzeugnisse, die eigentlich die Anforderungen einer geschützte Ursprungsbezeichnung erfüllen würden, nur die Eintragung als g. g. A. beantragt wird. Als Beispiel sei etwa der als g. g. A. eingetragene Odenwälder Frühstückskäse[592] genannt. Dieser wird, wie es von einer geschützte Ursprungsbezeichnung verlangt würde, vom Rohstoff Milch bis zum Endprodukt in der Region Südlicher Odenwald hergestellt. Ausweislich der Spezifikation besteht der Link aus den spezifischen geographischen Verhältnissen am Ursprungsort, insbesondere dem Artenreichtum der Pflanzen, die dort wachsen und die die Nahrung der Kühe darstellen. Der Käse hätte daher ohne weiteres als geschützte Ursprungsbezeichnung eingetragen werden können. Aufgrund der Unkenntnis der Eintragungsvoraussetzungen, aber wohl auch aus Respekt vor den vermeintlich unerreichbaren Anforderungen, die an die geschützte Ursprungsbezeichnung gestellt werden, wird hier eine Vermarktungschance, insbesondere für den Export in die klassischen AOC-Länder, vertan. Ein ähnliches Phänomen zeigt sich außerdem bei den französischen Eintragungen. Hier wurden nur solche Bezeichnungen als geschützte Ursprungsbezeichnung angemeldet, die diesen Status auch vorher schon besessen haben. Alle anderen Erzeugnisse, auch wenn sie ausweislich ihrer Spezifikation die Kriterien für die geschützte Ursprungsbezeichnung erfüllen, werden konsequent als g. g. A. angemeldet und von Seiten der Kommission auch eingetragen. Es steht zu hoffen, daß die Möglichkeiten, die die Verordnung den Erzeugern als Vermarktungsinstrument bietet, in Zukunft besser genutzt werden.

---

592 Eingetragen durch die VO 2325/97 vom 24.11.1997, ABl. L 322 S. 33; vgl. die Spezifikation unter www.maff.gov.uk/foodrin/foodname/cheese/germany/odenwald.htm

Literaturverzeichnis

Ahrens, Hans-Jürgen: Geographische Herkunftsangaben - Tätigkeitsverbot für den BGH?, in: GRUR Int. 1997, S. 508-515

—: Mozzarella, Champagner und andere geographische Herkunftsangaben, in: Rengeling (Hrsg.), Europäisierung des Rechts, Köln, München 1995, S. 69-90

AIPPI: Resolution zu Frage Q 62, AIPPI-Jahrbuch 1992/II, S. 349-350

Alexandridou, Elisa: in: Ulmer/Beier/Schricker (Hrsg.), Unlauterer Wettbewerb in den Mitgliedstaaten der EWG, Band 7, Griechenland, München 1993

Althammer, Werner/Ströbele, Paul/Klaka, Rainer: Markengesetz, Kommentar, 5. Auflage, Köln u. a. 1997

Amt für amtliche Veröffentlichungen der Europäischen Gemeinschaften: Land- und Ernährungswirtschaftliche Produkte mit besonderen Merkmalen, Grünes Europa 1/96

Baeumer, Ludwig: in: Ulmer (Hrsg.), Unlauterer Wettbewerb in den Mitgliedstaaten der EWG, Band II/2, Niederlande, München 1967

Bassenge, Peter: Kommentierung zu § 1004 BGB, in: Palandt, Kurzkommentar zum BGB, 59. Auflage, München 2000

Baumbach, Adolf/Hefermehl, Wolfgang: Wettbewerbsrecht, 21. Auflage, München 1999

Beier, Friedrich-Karl: Unterscheidungskraft und Freihaltebedürfnis, in: GRUR Int. 1992, S. 243-250

—/Knaak, Roland: Der Schutz der geographischen Herkunftsangaben in der europäischen Gemeinschaft - Die neueste Entwicklung, in: GRUR Int. 1993, S. 602-610

—/Knaak, Roland: Der Schutz geographischer Herkunftsangaben in der Europäischen Gemeinschaft, in: GRUR Int. 1992, S. 411-424

Bendekgey, Lee/Mead, Caroline H.: International Protection of Appelations of Origin and Other Geographic Indications, in: TMR 82, S. 556-792, (1992)

Bereskin, Daniel R.: A Comparison of the Trademark Provisions of NAFTA and TRIPs, in: TMR 83, S. 1-17, (1993)

Berg, Günter: Die geographische Herkunftsangabe - ein Konkurrent für die Marke?, in: GRUR Int. 1996, S. 425-432

Blanco White, T. A./Jacob, Robin: Kerly's Law of Trade Marks and Trade Names, 12. A., London 1986

Bodenhausen, Georg Hendrik C.: Guide to the Application of the Paris Convention for the Protection of Industrial Property as revised at Stockholm in 1967, Genf 1968

Borchardt, Klaus-Dieter: Kommentierung zu Art. 164 EGV, in: Lenz (Hrsg.) EG-Vertrag, Köln 1994

Bredow, Günther: in: Schricker (Hrsg.), Recht der Werbung in Europa, Band 4, Spanien, Bonn 1990

Brody, Peter M.: Protection of Geographical Indications in teh Wake of TRIPs: Existing United States Laws and the Administrations's Proposed Legislation, in: TMR 84, S. 520-535, (1994)

Cappelli, Fausto/Luzzani, Anja: Die Beanstandung der Zuerkennung einer geschützten Ursprungsbezeichnung im Sinne der EG-Verordnung Nr. 2081/92 für den Käse Feta, in: ZLR 1997, S. 120-122

Cornish, William R.: Intellectual Property: Patents, Copyright, Trade Marks and Allied Rights, 3. Auflage, London 1996

Cottier, Thomas: Das Abkommen über handelsrelevante Aspekte der Rechte an geistigem Eigentum (TRIPs), in: Thürer, Daniel/Kux, Stephan (Hrsg.): GATT 94 und die Welthandelsorganisation, Zürich 1996, S. 193-204

Danwitz, Thomas von: Ende des Schutzes der geographischen Herkunftsangabe? – Verfassungsrechtliche Perspektiven -, in: GRUR 1997, S. 81-90

Dawson, Norma: Locating Geographical Indications - Perspectives From English Law, TMR 90, S. 590-614, (2000).

De Vlétian, A.: The Protection of Appellations of Origin and Indications of Source, in: Industrial Property 1989, S. 318-332

Dimov, Diman: Das neue bulgarische Markengesetz, in: GRUR Int. 2000, S. 129-136

Dreier, Thomas: TRIPs und die Durchsetzung von Rechten des geistigen Eigentums, in: GRUR Int. 1996, 205-218

Drexl, Josef: The TRIPs Agreement and the EG: What Comes Next After Joint Competence?, in: Beier/Schricker (Hrsg.), From GATT to TRIPs - The Agreement on Trade-Related Aspects of Intellectual Property Rights, Weinheim, Tokyo, 1996, S. 18-58

Dutoit, Bernard: La protection des indications de provenance et des appellations d'origine en France, en Italie, en République fédérale d'Allemagne et en Suisse, in: Les indications de provenance et les appellations d'origine en droit comparé, Actes du Colloque de Lausanne, Genf 1983, S. 117-144

Fritzsche, Jörg: Anmerkung zu den BGH-Entscheidungen Mozzarella I und II, in: WiB 1994, S. 330-331

Gevers, Florent: Conflicts betwen Trademarks and Geographical Indications - The Point of View of the International Association for the Protection of Industrial Property (AiPPI), in: WIPO (Hrsg.), WIPO-Publikation No. 739 (E), S. 143-177

Gilsdorf, Peter/Priebe, Reinhard: Kommentar zu Art. 38 EGV, in Grabitz/Hilf, Kommentar zur Europäischen Union, München Stand EL. 13 Mai 1999

Gleiss, Alfred: Besseres Deutsch mit lebendigen Beispielen, Stuttgart 1976

Gloy, Wolfgang: Anmerkung zu EuGH - „Feta“, in: ZLR 1999, S. 341-345

—: Geographische Herkunftsangaben, wettbewerbsrechtliche Relevanz und klarstellende Zusätze, in: Festschrift für Henning Piper, Hrsg. v. Erdmann, Willi, Gloy, Wolfgang, Piper, Herbert München 1996. S. 543-563

Goebel, Frank Peter: Schutz geographischer Herkunftsangaben nach dem neuen Markenrecht, in: GRUR 1995, S. 98-103

Gommlich, Alexander: Die Beseitigungsansprüche im UWG, Berlin, 2001

Grabitz, Eberhard/Hilf, Meinhard: Kommentar zur Europäischen Union, München, Stand EL. 13, Mai 1999

Groeben, Hans von der/Thiesing, Jochen/Ehlermann, Claus-Dieter (Hrsg.): Kommentar zum EU-/EG-Vertrag, 5. Auflage, Baden-Baden 1997

Grüner Verein: Eingabe zum Vorschlag für eine Verordnung des Rates über den Schutz geographischer Angaben und von Ursprungsbezeichnungen bei Agrarerzeugnissen und Lebensmitteln (SEK 90 2415 endg., Rats-Dokument 10837/90) vom 26.3.1992, in: GRUR 1992 S. 368-370

Harte-Bavendamm, Henning: Ende der geographischen Herkunftsbezeichnungen? - „Brüsseler Spitzen“ gegen den ergänzenden nationalen Rechts-schutz -, in: GRUR 1996, S. 717-729

Hauer, Christian: Anmerkung zu EuGH - „Cambozola“, in: ZLR 1999, S. 314-318

Heine, Joachim Friedrich: Das neue gemeinschaftsrechtliche System zum Schutz geographischer Bezeichnungen, in: GRUR 1993, S. 96-103

Holm, Horst: Der Schutz geographischer Herkunftsangaben nach dem Markengesetz, in: Festschrift für Ralf Vieregge zum 70. Geburtstag am 6. November 1995, Hrsg. von Baur, Jürgen F., Jacobs, Rainer u.a., 1995, Berlin, New York, S. 335-359

Henning-Bodewig, Frauke: in: Schricker (Hrsg.), Recht der Werbung in Europa, Band 2, Belgien, Bonn 1990

Hofstötter, Michael: Feta: Das Ende einer geschützten Ursprungsbezeichnung, in: ELR 1999, S. 171-173

Hohmann, Gert/Leible, Stefan: Probleme der Verwendung geographischer und betrieblicher Herkunftsangaben bei Lebensmitteln, in: ZLR 1995, S. 265-293

Ingerl, Reinhard: Die Gemeinschaftsmarke, Stuttgart 1996

Ingerl, Reinhard/Rohnke, Christian: Markengesetz, München 1998

Joliet, René: Das Recht des unlauteren Wettbewerbs und der freie Warenverkehr, in: GRUR Int. 1994, S. 1-14

Jung, Alfred: Der Schutz von geographischen Herkunftsangaben im multi- und bilateralen europäischen Vertragsrecht sowie im EG-Recht, Bern 1988

—: Der Schutz von geographischen Herkunftsbezeichnungen für Weine und Spirituosen im internen und externen Recht der EG, Bern 1990

Knaak, Roland: Der Schutz geographischer Angaben nach dem TRIPs-Abkommen, in: GRUR Int. 1995, S. 642-652

—: Urteilsanmerkung zu OLG Frankfurt a. M., Urt. v. 5. Juni 1997 - Gorgonzola/Cambozola, in: GRUR Int. 1997, S. 754-755

—: Der Schutz geographischer Herkunftsangaben im neuen Markengesetz, in: GRUR 1995, S. 103-112

—/Wiszniewska, Irena: Die polnischen Vorschriften zum Schutz von geographischen Angaben und der Novellierungsbedarf durch TRIPs und das EG-Gemeinschaftsrecht, in: Revue internationale de la concurrence 1997, S. 37-46

Kolia, Marina: Monopolising Names: EEC Proposals on the Protection of Trade Descriptions of Foodstuffs, in: EIPR 1992, S. 233-238

Korte, Joost/van Rijn, Thomas: Kommentierung zu Art. 38 EGV und Art. 43, in: GTE, 5. Auflage, Baden-Baden 1997

Krasser, Rudolf: in: Ulmer (Hrsg.), Unlauterer Wettbewerb in den Mitgliedstaaten der EWG, Band 4, Frankreich, München 1967

Krieger, Albrecht: Der internationale Schutz von geographischen Bezeichnungen aus deutscher Sicht, in: GRUR Int. 1964, S. 499-509

Krimphove, Dieter: Das neue europäische Waren- und Herkunftszeichenrecht, in: ZLR 1992, S. 674-684

Krück, Hans: Kommentierung zu Art. 164 EGV, in: GTE, 5. Auflage, Baden-Baden 1997

Kur, Annette: in: Schricker (Hrsg.), Recht der Werbung in Europa, Band 3, Dänemark, Bonn 1990

—: Die Harmonisierung der europäischen Markengesetze, Resultate - offene Fragen – Harmonisierungslücken, in: GRUR 1997, S. 241-254

Leible, Stefan: Wettbewerbswidriges Handeln mit Lebensmitteln, in: Lebensmittelrechtshandbuch, Gesamtredaktion Streinz, Rudolf, München 1997

Lenz, Carl Otto (Hrsg.): Kommentar zu dem Vertrag zur Gründung der Europäischen Gemeinschaften, 1. A., Köln 1994

Levin, Marianne: Der Schutz außerhalb des Gleichartigkeitsbereichs in der EU aus schwedischer Sicht, in: GRUR Int. 1996, S. 454-462

Lindacher, Walter F.: Kommentierung zu § 3 UWG, in: Großkommentar zum UWG, Hrsg. von Jacobs u. a., 5. Lieferung, Berlin 1992

Loewenheim, Ulrich: Verwendung einer einfachen geographische Herkunftsangabe mit entlokalisierendem Zusatz („Warsteiner II"), in: LM H. § 126 MarkenG Nr. 1

Loschelder, Michael/Schoene, Volker: Die VO 2081/92 und die Verfahrensökonomie, in: WRP 2000, S. 959-963

Mayr, Margot: Was ist unter der Bezeichnung „Parmesan" zu verstehen?, in: ZLR 1994, S. 445-452

Meyenburg, Michael: „Feta" - Eine Scheibe weißen Käses, in: MarkenG 1999, S. 339-340

—: Über die Herkunft von alpinem Bergkäse, Gorgonzola, Tiroler Schinkenspeck und „schlichtem" Pils, in: MarkenR 1999, S. 227-233

Meyer, Alfred Hagen: Lebensmittelrecht, Stuttgart 1998

—: Verordnung (EWG) Nr. 2081/92 zum Schutz von geographischen Herkunftsangaben und Ursprungsbezeichnungen, in: WRP 1995, S. 783-785

Meyer, Peter/Koch, Matthias: Rechtsschutz im Verfahren zum Schutz geographischer Angaben und Ursprungsbezeichnungen, in: GRUR 1999, S. 113-120

Michel, Wolf-Friedrich: Der Schutz geographischer Herkunftsangaben durch das Markenrecht und certification marks, Berlin 1995

Miosga, Willy: Internationaler Marken- und Herkunftsschutz, Kommentar, München 1967

Mostert, Frederick: Unauthorized Use of Geographical Indications on Noncompeting Goods, in: Symposium on the International Protection of Geographical Indications, WIPO Publication 739(E), Genf 1995, S. 199-212

Mühlendahl, Alexander von: Der Schutz geographischer Herkunftsangaben in der Europäischen Gemeinschaft nach der Verordnung Nr. 2081/92 vom 24. Juli 1992, in: ZLR 1993, 187-201

Mühlendahl, Alexander von/Ohlgart, Dietrich/ Bomhard, Verena von: Die Gemeinschaftsmarke, Bern, München 1998

Obergfell, Eva Inès: „Warsteiner" - ein Fall für den EuGH - zugleich eine Anmerkung zu BGH, Beschl. vom 2.7.1998 - I ZR 54/96 - und BGH, Urt. vom 2.7.1998 - I ZR 55/96, in: GRUR 1999, S. 551-558

Oppermann, Thomas: Europarecht, 2. A., München 1999

Pernice, Ingolf: in: *Grabitz/Hilf,* Kommentar zur Europäischen Union, EL. 8, Mai 1995, Art. 164, Rn. 54

Plaisant, Robert: Le droit français des appellations d'origine, in: Les indications de provenance et les appellations d'origine en droit comparé, Actes du Colloque de Lausanne, Genf 1983, S. 68-77

Reger, Gerald: Der internationale Schutz gegen unlauteren Wettbewerb und das TRIPS-Übereinkommen, Köln, München 1999

Rüffler, Friedrich: Der Einfluß des Europarechts auf das österreichische UWG, in: Koppensteiner (Hrsg.), Österreichisches und europäisches Wirtschaftsprivatrecht, Teil 6/2: Wettbewerbsrecht - UWG, Wien 1998

Ruijsenaars, Heijo E.: Champagner mit Beigeschmack in Italien?, in: GRUR Int. 1990, S. 937-939

Sack, Rolf: Die Auswirkungen des europäischen Rechts auf das Verbot irreführender Werbung, in: Schwarze (Hrsg.), Werbung und Werbeverbote im Lichte des europäischen Gemeinschaftsrechts, Baden-Baden 1999

—: Die Präzisierung des Verbraucherleitbildes durch den EuGH, in: WRP 1999, S. 399-402

—: Die Bedeutung der EG-Richtlinien 84/450/EWG und 97/55/EG über irreführende und vergleichende Werbung für das deutsche Wettbewerbsrecht, in: GRUR Int. 1998, S. 263-272

—: Die Berücksichtigung der Richtlinie 97/55/EG über irreführende und vergleichende Werbung bei der Anwendung der §§ 1 und 3 UWG, in WRP 1998, S. 241-244

—: Die Verwässerung bekannter Marken und Unternehmenskennzeichen, in: WRP 1985, S. 459-467

—: Probleme des Markenschutzes im Ähnlichkeitsbereich, in: WRP 1998, S. 1127-1141

—: Sonderschutz bekannter Marken, in: GRUR 1995, S. 81-98

—: Bewegliche Systeme im Wettbewerbs- und Warenzeichenrecht, in: Das Bewegliche System im geltenden und künftigen Recht, FS für Walter Wilburg, Wien, New York, S. 177-198

Schanda, Reinhard: Markenschutzgesetz in der Fassung der Markenrechts-Nov 1999, Wien 1999

Scherer, Inge: Normative Bestimmung von Verwechslungs- und Irreführungsgefahr im Markenrecht?, in: GRUR 2000, S. 273-279

—: Kurskorrektur bei der Beurteilung der mittelbaren Herkunftsangaben, in: WRP 2000, S. 362-367

Schmidt, Gudrun: Kommentierung zu Art. 190 EGV, in: Groeben/Thiesing/Ehlermann (Hrsg.), Kommentar zum EU-/EG-Vertrag, Band 5, 5. Auflage, Baden-Baden 1997

Schricker, Gerhard: Internationalrechtliche Fragen, in: Jacobs, u. a. (Hrsg.), Großkommentar zum UWG, Einleitung, F., 9. Lieferung, Berlin 1994

—: Der Schutz der Ursprungsbezeichnungen und Herkunftsangaben gegen anlehnende Bezugnahme, in: GRUR Int. 1982, S. 515-521

—: in: Ulmer (Hrsg.), Unlauterer Wettbewerb in den Mitgliedstaaten der EWG, Band 5, Italien, München 1965

—*:* in: Ulmer (Hrsg.), Unlauterer Wettbewerb in den Mitgliedstaaten der EWG, Band II/1 Belgien. und Luxemburg, S. 447 ff., München 1967
Schwab, Bertold: The Protection of Geographical Indications in the European Economic Community, in: EIPR (1995) 5, S. 242-245
Sena, Giuseppe: La protection des indications de provenance, des appellations d'origine et autres dénominations géographiques en droit italien, in: Les indications de provenance et les appellations d'origine en droit comparé, Actes du Colloque de Lausanne, Genf 1983, S. 98-116
Simon, Jürg: Feta: Gattungsbezeichnung, in: sic! 1999, S. 594-595
Sinanioti, Aristea: Der Schutz geographischer Herkunftsangaben und Ursprungsbezeichnungen, München 1987
Sosnitza, Olaf: Subjektives Recht und Ausschließlichkeit – Zugleich ein Beitrag zur dogmatischen Einordnung der geographischen Herkunftsangaben, in: MarkenR 2000, S. 77-88
Staehelin, Alesch: Das TRIPs-Abkommen: Immaterialgüterrechte im Licht der globalisierten Handelspolitik, Bern 1997
Steeger, Ulrich: Die neue VO der EU zum Schutz von geographischen Herkunftsangaben und „Dresdner Stollen", in: WRP 1994, S. 584-592
Streber, Albert Christian: Die Internationalen Abkommen der Bundesrepublik Deutschland zum Schutz geographischer Herkunftsangaben, Köln, Berlin u. a. 1994
Streinz, Rudolf: Europarecht, 4. Auflage, Heidelberg, 1999
—*:* Werbung für Lebensmittel - Verhältnis Lebensmittel- und Wettbewerbsrecht, in: GRUR 1996, S. 16-31
Tilmann, Winfried: Die geographische Herkunftsangabe, München 1976
—*:* EG-Schutz für geographische Herkunftsangaben, in: GRUR 1992, S. 829-835
—*:* Ausschließlicher Schutz für geographische Herkunftsbezeichnungen nach der EG-VO 2081/92?, in: GRUR 1996, S. 959-965
—*:* Grundlage und Reichweite des Schutzes geographischer Herkunftsangaben nach der VO/EWG 2081/92, in: GRUR Int. 1993, S. 610-617
—*:* Die Ausschließungsregeln der EG-VO 2081/92 und TRIPS, in: WRP 2000, S. 1039-1045
Ullmann, Eike: Der Schutz der Angabe zur geographischen Herkunft - wohin?, in: GRUR 1999, S. 666-673
Ulmer, Eugen/Beier, Friedrich Karl: Unlauterer Wettbewerb in den Mitgliedstaaten der EWG, Band I, Vergleichende Darstellung, München 1965
von Gamm, Otto-Friedrich: Der Schutz geographischer Herkunftsangaben nach mehr- und zweiseitigen Staatsverträgen in der BRep Deutschland, in: FS für Brandner, das 1996, Köln, S. 375-385

von Zumbusch, Ludwig: Das Verhältnis des EG-Weinbezeichnungsrechts zum deutschen Wein- und Wettbewerbsrecht, München 1990

Walchner, Wolfgang: Der Beseitigungsanspruch im gewerblichen Rechtsschutz und Urheberrecht, München 1998

Wehlau, Andreas: Anmerkung zu „Warsteiner I und II", in: ZLR 1989, S. 585-589

Wenig, Fritz Harald: in: *Grabitz/Hilf*, Kommentar zur Europäischen Union, Art. 173, Rn. 42

Westerholt, Hartwig Graf von: in: Ulmer (Hrsg.), Unlauterer Wettbewerb, Band IV, Vereinigtes Königreich von Großbritannien und Nordirland, München 1981

Westerholt, Hartwig Graf von: Die Passing off-Klage im englischen Recht, Köln, Berlin u. a. 1976

Wichard, Johannes Christian: Von Warstein nach Europa?, in: WRP 1999, S. 1005-1010

WIPO (Hrsg.): Protection Against Unfair Competition, WIPO-Publication No. 725 (E), Genf 1994

Wohlgemuth, Max: Schutz von geographischen Angaben und Ursprungsbezeichnungen, in: ecolex 1998, S. 642-645

Wunderlich, Detlef: in: Ulmer (Hrsg.), Unlauterer Wettbewerb in den Mitgliedstaaten der EWG, Band II/1 Belgien. und Luxemburg, S. 750 ff., München 1967

Zuleeg, Manfred: Kommentierung zu Art. 1 EGV, in: GTE, 5. Auflage, Baden-Baden 1997

FSC
www.fsc.org
MIX
Papier | Fördert gute Waldnutzung
FSC® C083411

Kolibri 360 GmbH
Ferdinand-Jühlke-Straße 7
99095 Erfurt, Deutschland
produktsicherheit@kolibri360.de

Druck:
CPI Druckdienstleistungen GmbH
im Auftrag der
Kolibri 360 GmbH
Ferdinand-Jühlke-Str. 7
99095 Erfurt